非洲研究丛书

IS "AFRICA'S CENTURY" COMING ?

AFRICAN OWNERSHIP AND CHINA-AFRICA COOPERATION

非洲世纪的到来？

非洲自主权与中非合作研究

周玉渊／著

社会科学文献出版社

SOCIAL SCIENCES ACADEMIC PRESS (CHINA)

序言一

　　非洲的自主性是关系到非洲国家发展的关键问题，但一直未得到中国学者的重视。周玉渊博士作为一位青年学者，能够认识到这一问题的重要性，很了不起。他提出的主要问题有两个：非洲国家如何保护和提升其自主性？中国作为当前非洲发展重要的参与者，以及在从拓展利益发展到保护海外利益的新阶段，如何在中非合作论坛框架下适应、应对、利用非洲自主性的变化和促进非洲自主性发生变化？

　　在人类历史的长河中，非洲人从来就不缺少自主性。古罗马历史学家、《博物志》的作者老普林尼（Pleny, the Elder, 公元 23 ~ 79 年）说过一句名言："非洲总是不断有新鲜事物产生。"当代非洲历史学家基 - 泽博（Ki - Zerbo）认为："在非洲，这种创造活动，几百万年前就已开始的人类的自我创造活动，仍在进行着。"没有自主性，何来新鲜事物？没有自主性，何来创造活动？

　　非洲人的自主性表现在其丰富多彩的创造活动之中。在保障人类生存的经济活动中，他们创造了冶铁方法。非洲是世界上最早产生冶铁技术（公元前 1800 年）的地区之一。根据美国非洲裔学者亨利·路易斯·盖茨教授的研究，这一技术甚至早于印度和中东。非洲的黄金生产也曾在世界上独领风骚。在公元 1000 年至公元 1500 年，欧洲几乎所有的黄金都产于西非的三个地区之一，即位于现今塞内加尔和马里的边境地区、隶属加纳王国的班布克（Bambuk）、于 11 ~ 12 世纪被开发出来的位于现今几内亚、马里交界处之布雷（Bure）和现今加纳阿肯人生活的雨林地区。没有自主性，这些经济生活的成果有可能被创造吗？

　　非洲的政治文明也是自主性的体现。公元前 9 世纪的库施王国将努比亚地区的辉煌写入了世界史。在公元前 8 ~ 前 7 世纪，它征服了埃及，成为古埃及第 25 王朝的统治者，以"努比亚的统治者"的名称流传至今。将库施击败的是源于埃塞俄比亚的阿克苏姆王国，虽然早期它受到南阿拉伯地区的影响，但其本土特征不容置疑。古代帝国加纳、马里和桑海曾长期称雄于西部非洲，在世界史上留下了自己的印记。马里帝国国王曼萨·穆萨一世因占有大量黄金而出现在 14 世纪欧洲的地图上。加涅姆－博尔努是位于乍得湖地区的古代商业帝国，其领土在不同时期涵盖中非和西非部分地区。刚果王国的成就曾令欧洲人震惊，至今仍留有一幅荷兰代表团跪地拜见刚果国王的图片。大津巴布韦遗址是世界文化遗产中的著名古迹。

非洲的自主性更重要的表现是在文化上。在撒哈拉沙漠和南部非洲出现的早期岩画表明了非洲人艺术的自然风格。早于秦兵马俑的尼日利亚赤陶享誉世界，贝宁王国栩栩如生的铜雕使欧洲人赞叹不已，英国人最后用武力击败这个古老王国才抢劫到 2500 件精美的铜雕艺术品。非洲的宗教随着大西洋奴隶贸易而流传到美洲并在全球传播。非洲的鼓乐成为美洲现代音乐的基石并开始在全世界流行，非洲人的美术和舞蹈更是令颓废的欧洲艺术重新焕发朝气。这种文化的原创性和感染力非其他民族可比。

近代以来，非洲人的自主性因建立在种族主义之上的奴隶贸易和殖民统治而遭到严重摧残。非洲国家独立后，虽然在政治上有一定的自主权，但原西方宗主国的各种干涉使非洲难以达到理想的目标。发展战略与发展结果严重脱节是一个最为明显的例证，这种情况导致了对非洲自主性的双重摧残。这些非洲国家的发展战略或规划多为西方国家的发展专家制定，而这些脱离非洲现实的战略或计划当然无法成功。正如一位肯尼亚议员指出的："外国援助给非洲带来的坏处远比我们愿意承认的要多得多。它导致了这样一种局面的形成：非洲无法在没有外来干涉的情况下决定自身的发展速度和方向。今天，非洲的发展计划已经在国际货币基金组织和世界银行的回廊里划了数千英里。令人悲哀的是，国际货币基金组织和世界银行内部制订这些发展计划的'专家们'是那些与当地非洲现实毫无接触的人。"[1]最令人愤慨的是，无人对这些发展战略的

---

[1] "New Africa，" June 1992，p. 20，in George B. N. Ayittey，*Africa in Chaos* (London：Macmillan，1999)，p. 275.

策划者——发达国家的发展问题专家们——进行批评,受指责的却是非洲的领导人和民众,他们被认为是无能的,是导致发展失败的原因。在世界银行推行结构调整时,相当多的非洲国家为了获得援款,不得不放弃自己对政治、经济和社会的自主权,从而对国家的政治稳定、经济制度和社会政策造成极大伤害。

近年来,随着新兴国家与非洲的合作日益加强,亚洲国家特别是中国经济快速增长的现实给非洲国家以新的启示。非洲国家领导人认识到:没有任何一个国家是靠他人的援助发展起来的。有鉴于此,非洲的自主性显得尤其重要。周玉渊博士注意到非洲国家的这一变化,其著作指出近年来非洲国家自主权意识的增强。他认为,"向东看只是非洲国家发展过程中的一个阶段,不是最终结果",与新兴国家加强合作并不意味着"非洲国家将把重心转向新兴国家,而是希望通过实践更加全面和平衡的国际关系策略来最大限度地利用国际资源"。这种看法实际上支撑了他有关非洲国家自主权加强的观点。通过多个维度的分析以及对不同非洲国家的实例的展示,他力图说明:本土传统文化是非洲国际关系的思想根源。

在发展理念和实践中,非洲国家的自主性表现得更为明显,"向东看"是突出表现之一。面对非洲"向东看"的现实,西方处于一种极度焦虑的状态:一方面对新兴国家的援助吹毛求疵,另一方面力图寻找新兴国家在非洲取得成功的"秘方",同时不断变换策略、手法和措辞以维护自身在国际援助体系中的主导权。诚然,"主事权原则"(即受援国在发展政策、战略和协调发展行动中行使高效的领导角色)出现在《巴黎宣言》(2005年)中,"发展主导权"(即发展中国家政府将加强对其本国发展政策的领导能力,对其发展政策有主导权和实施权)体现在《阿克拉行动议程》(2008年)中,《釜山宣言》(2011年)中出现了"从有效援助到为了有效发展的合作"的提法,这些无疑都是进步,但只是修修补补。

非洲国家意识到,西方援助的历史表明了西方国家为了自身的利益不择手段,往往通过牺牲非洲国家的利益来达到自身目的。正是在这种意识中,非洲逐渐提出了自己的发展理念。周玉渊博士认为,当前非洲本土的发展理论框架设想是自下而上的以人为中心的发展战略,其主张从非洲本土找到发展的答案,更重视社会文化因素在发展中的作用。"基于非洲本土发展的理论构建是对主流发展范式批评的产物，其为非洲发展提供了新的视角和理念，虽然在全球化背景下，其很难上升到主导理论的高度，但是非洲本土发展理论指明了未来非洲发展战略的基石。"

周玉渊博士的另一个分析重点是非洲国家在和平安全方面的自主性。这种自主性表现在"非洲问题非洲解决"的理念以及非洲和平安全框架的提出。在对非洲问题非洲解决的核心指标的阐述中，作者对和平安全的执行能力（非洲常备军）、决策能力（非洲和平安全理事会）、非洲的和平文化培育能力、非洲和平行动的保障能力（非洲和平基金）、非洲冲突和安全威胁的感知能力（非洲早期预警体系）等方面进行了分析，并提出了自己的看法。他认为，"当前的非洲和平安全治理是一个多元、多层次、开放的安全治理复合体，在这一复合体中，非洲自主权、'非洲问题非洲解决'是其他行为体参与非洲安全事务的重要认知前提，其他行为体在非洲的行动必须以承认、尊重并支持这一原则为前提"。由于这种决策牵涉其他国家行为体的利益，"外部国家与非洲的和平安全关系，与本国的理念、主张和利益发生冲突的时候，发挥决定性作用的依然是本国的国家利益，非洲的自主权肯定会退居次要地位"。因此，非洲国家在和平安全上的自主权的实现不是一件轻而易举的事，需要长时期的努力。借助索马里和南苏丹的实例，作者指出了非洲问题非洲解决理念在实践中的落实以及存在的四个方面的问题。

作者还对中国、欧盟与非洲的三方合作及其与非洲自主权的关系问题进行了探讨。

作者的最后着眼点在于分析非洲自主权的加强对中非合作的影响。他认为这种新的发展战略、政策空间以及多元化的社会生态对中国的非洲战略提出了新的更高的要求，具体表现在三个方面："第一，非洲国家'再平衡'战略压缩了中国战略影响力提升的空间。第二，非洲发展战略和政策自主能力的提升对中非发展战略对接提出了更高要求。第三，非洲社会发展对中国在非洲的实践提出了更高的规范要求。"

周玉渊博士的这一著作旁征博引，对国际上的各种发展理论的和平安全观念多有涉猎。他在北京大学国际关系学院从事博士后研究期间，与我多有交往，也不时探讨相关问题。他的好学深思使我印象颇深。对这一议题的探讨必将加深他对国际政治的思考，从而为他在这一领域的持续研究打下坚实的基础。我相信，这一著作必将对中国人认识非洲的政治现实起到重要作用，同时将为中非合作论坛在维护和增进非洲国家自主权方面起到某种咨询作用。

是为序。

李安山

于京西博雅西苑

2017 年 10 月 12 日

序言二

很高兴借玉渊作品出版之际，谈一点我对中国非洲研究的想法。

最近这些年，中国的非洲研究出现前所未有的盛况。不仅国务院所属部委和各省区市政府设置了不少涉及中非关系的课题经费，而且有关高校和研究机构招募了更多的研究生和专业人员，双边、多边的中非学术和教育往来及智库对话日益频繁，包括手边这部作品在内的大量非洲研究著述问世。更重要的是，中国学界开始提出非洲学的全新目标，努力创设兼具国际视野及本土意识、问题导向和理论基础的非洲研究的更高学术平台。这种盛景在其他国家并不多见，也是国内其他区域和国别研究领域所不及的。里面的原因有很多，既有经济方面的推动，又有政府和社会的需求，也有学者自身的自觉，也是大量新生代学者加入后产生的新气象。可喜可贺的同时，须看到，这中间依然存在基础薄弱的问题，存在浮躁与跟风的问题，存在流动性过快但制度建设不足的问题；它也是中国整个学界"成长的烦恼"的一个侧影。总体来看，中国的非洲研究的未来让人充满期待，任重而道远。

玉渊给我的印象是，他为人一向比较沉静，写作有自己的追求，是新一代中国非洲学研究者的代表之一。开卷有益，图书提智。相信他的这一作品会给读者带来新的感受，让读者见证中国的非洲研究的进步。

王逸舟
于北京
2017 年 10 月 4 日

目　录

上篇　理论篇

第一章　国际关系视野下的非洲自主性 ……………………………………… 3

　第一节　问题的提出 ……………………………………………………… 3

　第二节　作为主体的非洲国际关系研究 ………………………………… 9

　第三节　非洲发展合作中的自主权争论 ………………………………… 11

　第四节　非洲和平安全建设中的自主权争议 …………………………… 13

　第五节　相关概念与研究方法 …………………………………………… 16

　第六节　总体框架 ………………………………………………………… 20

第二章　非洲的国际关系思想及其表达 ……………………………………… 26

　第一节　本土意识的回归：非洲对国际秩序的理解 …………………… 27

　第二节　泛非主义：非洲联合的理想与现实 …………………………… 34

　第三节　本土文化：非洲国际关系思想的文化根源及表达形式 … 40

　第四节　结语 ……………………………………………………………… 44

第三章　从被发展到要发展：非洲发展理念的变迁 ………………………… 47

　第一节　从产业化战略到经济结构调整计划 …………………………… 48

　第二节　从新千年发展目标到非洲发展新伙伴计划 …………………… 51

　第三节　超越正统理论：立足非洲本土的发展理论构建 ………… 56

第四节　结语 ……………………………………………………… 60

中篇　实践篇

第四章　非洲的自主发展实践：加纳 ……………………… 65
    第一节　加纳的国际发展合作战略 ………………………… 65
    第二节　国际金融机构对加纳的援助战略 ………………… 73
    第三节　加纳与国际金融机构合作中的自主性 …………… 79
    第四节　结语 ………………………………………………… 91

第五章　加纳与中国发展合作中的自主性 ………………… 94
    第一节　中国对非援助的阶段、理念和政策 ……………… 94
    第二节　中国对加纳的援助 ………………………………… 101
    第三节　加纳与中国的发展合作谈判 ……………………… 105
    第四节　结语 ………………………………………………… 114

第六章　非洲和平安全建设中的自主性 …………………… 116
    第一节　非洲问题非洲解决：非洲和平安全理念的变迁 … 117
    第二节　非洲问题非洲解决的核心指标 …………………… 123
    第三节　从非洲自主权到非洲化：非洲和平安全建设的理想与
           现实 ……………………………………………………… 134

第七章　从索马里到南苏丹：非洲和平支持行动能力探析 ……… 143
    第一节　处于十字路口的联合国维和行动 ………………… 144
    第二节　非洲和平支持行动 ………………………………… 153
    第三节　索马里问题上的非洲方式 ………………………… 159
    第四节　南苏丹问题上的非洲方式 ………………………… 168
    第五节　联合国非洲维和行动的转型 ……………………… 176
    第六节　非洲方式的成效与挑战 …………………………… 179

下篇　中非合作篇

第八章　中非合作机制及其与欧盟的比较 ·············· 185

　　第一节　地区间主义与中非合作论坛 ·············· 186

　　第二节　制度化的区域间合作：合作还是对立？ ·········· 191

　　第三节　论坛化的区域间合作：实用主义还是体系构建？ ····· 197

　　第四节　结语 ······························· 204

第九章　中欧非三方合作与非洲自主性 ················ 205

　　第一节　三方合作：概念与历史 ·················· 206

　　第二节　从理念到实践：中欧非三方合作的进展 ········· 210

　　第三节　三方合作中的非洲自主性 ················· 221

　　第四节　结语 ······························· 228

第十章　中非合作论坛：面向未来 ·················· 230

　　第一节　中非合作论坛的特殊价值 ················· 231

　　第二节　中非合作论坛成功的经验 ················· 235

　　第三节　中非合作论坛机制下中非合作可持续发展的压力和

　　　　　　动力 ······························ 237

　　第四节　中非合作论坛展望 ····················· 240

第十一章　非洲自主设置议程时代的中非关系 ··········· 248

　　第一节　非洲自主性发展对中国的新要求 ············· 249

　　第二节　中非合作论坛的新方向 ·················· 253

　　第三节　"非洲梦"与"中国梦"的新融合 ············ 257

参考文献 ································· 259

后　记 ··································· 277

图表目录

图 4 - 1 加纳、肯尼亚和埃塞俄比亚 GDP（当前价格）变化趋势 …… 67
图 4 - 2 加纳、肯尼亚和埃塞俄比亚人均 GDP（当前价格）变化
趋势 …………………………………………………… 67
图 5 - 1 中国对加纳的援助 …………………………………… 103

表 4 - 1 加纳接收的官方发展援助 ……………………………… 68
表 4 - 2 贷款项目计划所占比重范围（1996~1998 年） ………… 74
表 4 - 3 G - JAS 对加纳金融支持（2007~2010 年） …………… 76
表 4 - 4 世界银行在加纳的主要项目（正在运行） …………… 78
表 7 - 1 联合国正在开展的维和行动 …………………………… 147
表 7 - 2 联合国非洲维和行动概况 …………………………… 152
表 7 - 3 欧盟在非已结束的 CSDP 行动 ……………………… 154
表 7 - 4 欧盟在非正在进行的 CSDP 行动 …………………… 155
表 7 - 5 非盟领导的和平支持行动概况 ……………………… 157
表 7 - 6 索马里维和行动的目标 ……………………………… 168
表 9 - 1 中欧非三方合作进展 ………………………………… 215

上篇 理论篇

第一章　国际关系视野下的非洲自主性

第一节　问题的提出

  21 世纪的非洲已经不同于历史上任何一个时期的非洲。在扁平化的全球体系中，很难再将非洲只看作体系的"边缘地带""没有希望的大陆"，将非洲国家只看作落后国家、失败国家。因为 21 世纪的"非洲狮正在奔跑""非洲崛起""非洲设置议程时代已经到来""非洲是充满希望和机遇的大陆"等正在成为非洲新的符号。在全球化的推动下，历史上任何一个时期的非洲都没有像现在的非洲一样：地区一体化形式如此多样；与国际体系的互动程度如此之高；接纳如此多的国际行为体，包括国家、非政府组织、跨国公司和个人。如果说以前的非洲是国际贸易体系的"边缘"的话，那么现在的非洲正成为越来越多的国际话语的"中心"：世界经济新的增长点，传统大国与新兴国家利益交织新的域外中心，国际发展合作的中心，气候变化等非传统安全话语的中心。这些新的身份和地位正影响甚至塑造着非洲国家对国际体系、大国关系、地区问题、非洲自身安全和发展的理解。这一国际现实的变化酝酿着两个含义：一是非洲作为全球治理的一个重要组成部分，为全球治理和国际合作提供了重要议题；二是在这一不断变化的非洲国际合作格局中，国际对非合作意愿、兴趣和政策的加深，对非洲如何更好地理解、适应和引领这一合作格局提出了新的要求。"非洲问题非洲解决"正是对这一变化的反映，其更深层次地呼应了非洲国家长期以来对自主权的追求，反映了非洲国家希望通过塑造和影响国际对非合作格局实现自身发展和话语权构建的努力。

  非洲追求自主性的历史集中体现在两个层面：一是非洲自主发展的努力；二是非洲自主安全的努力。这两个层面的努力共同构成了自独立以来非洲谋求自主发展的两条历史脉络。在非洲的自主发展上，独立的非洲经历了现代化理论下产业化战略、进口替代战略、非洲社会主义、国际发展话语主导下的最低标准方案、经济结构调整计划、人的发展、重债穷国方案、非洲发展新伙伴计划、援助有效性改革等以及非洲国家在此过程中的自主性抗争。当前非盟《2063年议程》以及次区域组织和国家层面的一体化和发展战略的不断出台都反映了非洲在塑造自主发展议程上能力和自主性的提升。在自主安全上，非洲经历了从独立初期第一代领导人提出的非洲合众国以及非洲共同防卫政策，到冷战结束前后次区域组织在地区安全上的大量实践，非盟成立后非洲和平安全框架的提出，再到当前非盟等在非洲开展的和平支持行动以及集体安全责任的履行，尤其是非盟《2063年议程》以及第一个十年行动计划表达出的非洲在和平安全上对外部依赖的强烈意愿。这一历史过程中，虽然非洲的和平安全能力一直备受诟病，但总体上非洲的自主和平安全能力以一种稳步向上的趋势在发展。

然而，与其他地区和国家相比，一个重要的差异是，非洲的自主性发展与外部世界的对非合作乃至介入之间一直存在密切的关系。非洲的自主性发展不是单向的，即非洲在尝试提升自主性努力的同时，外部世界的援助、干预和介入也在增加，而且往往这一干预和介入是结构性的、颠覆性的，包括非洲独立时期西方国家推动的经济上的"新殖民主义"、经济结构调整计划时期的强势经济政策输入、非洲发展新伙伴计划时期的"援助换良治"等。因此，这导致了一个现实性的问题，从非洲单向的角度看，其自主性努力程度和实践水平在不断提高，然而，如果将其放在其与外部世界共同构成的非洲治理框架中，其相对自主性就受到了更多的外部影响甚至束缚。因此，当前的非洲自主权是国际社会支持（甚至主导）下的非洲自主权，或者是"名义上的自主权"。① 因此，从"名义上的自主权"

① 一些论述可参见 Shittu, Raji, "Africa and the Philosophy of the New Partnership for Africa's Development (NEPAD)," *Acta Universitatis Danubius Communicatio*, Vol. 10, No. 2, 2016, pp. 118 – 135; Benedikt Franke, "Who Owns African Ownership? The Africanisation of Security and Its Limits," *South African Journal of International Affairs*, Vol. 15, No. 2, 2008, pp. 137 – 158; Osita Agbu, "NEPAD: Origin, Challenges and Prospects," *The Indian Journal of Political Science*, Vol. 64, No. 1/2, 2003, pp. 97 – 115。

向谋求实质上的自主权转变的努力就构成了当前非洲发展和安全的一个重要历史任务。

一　非洲国际发展合作的新问题

对外援助或官方定义的发展援助是二战结束以来人类历史上最宏大的发展试验，其包含了发达国家对前殖民地的"救赎"，先进国家对落后国家的"改造"，发展中国家之间的"共同发展"，非政府组织、企业乃至个人等的国际人道主义"使命"。① 在这一宏大的发展试验中，精心设计的援助方案、大量的援助战略和文件被提出，庞大的发展项目被推出，巨额的援助资金被分配到世界各地，众多的援助实践者活跃在受援国的领土上。这一试验过程，也伴随着新的发展话语的形成和发达国家对落后国家的标签化，更导致了传统援助者对发展援助道义高地的占据和对发展援助"国际标准"的自信。发达国家对外援助中的一个逻辑是向落后地区输入资金、技术、人才和国家发展规划，落后地区通过效仿发达国家的成功经验就能实现发展。但是，此后的发展计划包括经济结构调整计划，其在非洲的大规模失败使落后国家和国际社会对传统发展援助的批评达到了顶点，大的说是援助的合法性，小的说是援助的效率。② 这些批评和前期的失败经验也开始促使发展话语向强调受援国的自主性和援助协调中的领导权等貌似有利于受援国的方向发展。

21世纪的非洲是国际发展合作的中心，欧洲50%的援助流向非洲，欧盟《增强发展政策的作用：新的变革议程》将撒哈拉以南非洲作为未来欧盟集中援助的两个战略地区之一（另一个是欧洲邻国）。③ 中国近一半的援助流向了非洲。非洲不仅成了国际发展资金的中心，而且成为各种合作平

---

① Jeffery Sachs, *The End of Poverty: Economic Possibilities for Our Time* (London: Allen Lane, 2005).

② William Easterly, *The White Man's Burden: Why the West's Efforts to Aid the Rest Have Done So Much Ill and So Little Good* (New York: Penguin Press, 2006); Samia Waheed Altaf, *So Much Aid, So Little Development: Stories from Pakistan* (Washington D. C.: Woodrow Wilson Center Press, 2011); 〔赞比亚〕丹比萨·莫约：《援助的死亡》，王涛、杨惠等译，世界知识出版社，2010。

③ European Commission, *Increasing the Impact of EU Development Policy: An Agenda for Change*, Commission Staff Working Paper, Brussels, October 13, 2011.

台、国际机制和公共产品供给的中心。在传统的国际对非合作框架之外，中非合作论坛、印度－非洲论坛峰会、韩国－非洲论坛、土耳其－非洲峰会、金砖峰会－非洲发展议程等众多的合作平台或新的国际机制正在丰富非洲的国际发展合作格局，成为非洲发展新的推动力量。这一多元的发展合作格局也扩大了非洲国家的外部选择范围，增强了战略制定和执行的灵活性。作为非洲国家对外关系重要组成部分的发展合作关系的变化也正是这一历史进程的反映。这些变化表现在：虽然国际发展伙伴在履行承诺上还存在很大的问题，但是以强调受援国的自主权和依赖国家体系为重要原则的国际发展话语正在赋予非洲国家更大的政策空间。中国等新兴援助者对非洲援助力度的加大以及在发展合作中经验的积累不仅为非洲的发展带来了新的机遇和动力，而且在很大程度上影响着非洲国家对发展的理解和发展战略的制定。南南合作开始取得新的实质性的进展，以南非、尼日利亚等非洲大国以及加纳、肯尼亚等次区域重要国家为代表，非洲国家在地区和国际事务上的话语权得到了很大的提升。非洲如何应对这一变化了的国际发展格局？非洲国家如何通过与国际发展合作伙伴的互动和谈判来实现自身的发展目标？本书正是建立在对这些问题的思考上。

长期以来对发展援助的研究主要基于援助国的角度，关注的是援助者与受援国的关系，援助者的动机、政策、实践及援助的效果，尽管国际发展话语越来越强调非洲等受援国的自主权和自身发展战略，但是，"从非洲国家的角度探讨国际对非援助，尤其是非洲国家在发展合作中的谈判战略很大程度上是被忽视的"[1]。为什么非洲国家的发展合作或谈判战略并没有受到重视？本质上这可归因于非洲国家长期处于国际体系中的边缘以及援助关系中的弱势地位。然而，这并不意味着非洲没有自身的发展合作战略，甚至在某些国家如博茨瓦纳和特定的场合，非洲国家在援助过程中具有很强的谈判能力和对援助进程的管控能力。非洲国家的发展合作谈判战略是非洲国家通过谈判互动来吸引、利用和有效管理外部援助的战略。其根源于非洲国家对国际关系格局的理解和适应，以及非洲国家的发展理念和战略。因此，非洲对国际关系的理解以及非洲国家的发展理念和战略的

---

[1] Lindsay Whitefield, Alastair Fraser, "Negotiating Aid," in Lindsay Whitefield ed., *The Politics of Aid: African Strategies for Dealing with Donors* (Oxford: Oxford University Press, 2009), p. 27.

变迁是认识非洲国家发展合作谈判战略的重要基础。

二　非洲自主和平安全建设的新问题

从独立伊始，和平安全就是非洲国家及其相关国际组织合法性的根本来源，为此非洲国家以及后来的非统、非盟和次地区共同体一直努力探索在和平安全上的相关性。但受制于冷战时期的两极阵营对抗，非洲国家沦为大国对抗的附属，非洲国家和平安全建设的步伐服务于大国需要而非本国的现实。大国的援助和介入保证了冷战时期相对的和平，但是这一安全依赖直接削弱了非洲国家和非洲地区组织在地区和平安全建设上的能力。冷战结束前后，由于大国的战略退出而非洲集体安全能力又无法填补这一真空，非洲的冲突集中爆发，和平安全问题成为影响非洲发展的最核心问题。这一背景下，非洲国家和国际组织不得不通过自身的努力来促进非洲的和平安全，"非洲问题非洲解决""从不干涉到不冷漠"开始成为非洲和平安全建设的主流话语。作为影响非洲大陆发展的核心问题，和平安全上的自主性和能力建设也成为理解非洲自主性发展的核心。

20世纪90年代到21世纪第一个十年，"非洲问题非洲解决"的理念和实践经历了非常深刻的变化。这一时期，非洲国家的核心任务是如何在大国战略退出的背景下构建起非洲的集体安全架构。早期，西部非洲共同体、南部非洲共同体等次区域组织在利比里亚、塞拉利昂、莱索托等地区安全问题上进行了重要的尝试，虽然备受诟病，但是仍在地区和平安全上发挥了积极作用。这为后来非洲共同安全与防务政策以及非洲和平安全框架的出台提供了实践经验。对非洲冲突的介入、非洲领导的和平支持行动也成为非洲在和平安全上区别于其他地区的重要特征。2004年非洲和平安全框架的出台为非洲的和平安全建设提供了机制化目标，构建起了以非洲为中心的和平安全建设框架。非洲和平安全框架被理解为非洲在和平安全上自主性提升的一个重要标志。然而，非洲和平安全框架的建设过程伴随着另外一个更深刻的问题：非洲和平安全框架的建设加剧了非洲对外部的依赖。因为非洲国家自身的条件限制，非洲和平安全框架一开始就缺乏内部资金支持，而这一框架的建设尤其是和平支持行动等急需大量的资金、技术和能力。这事实上又加剧了非洲对国际社会的依赖，也使非洲的和平安全框架建设很容易受到欧美等主要援助者的影响。

这一现实使非洲国家在新时期具有的一个重要任务是降低在非洲和平安全建设中对外部的依赖。为此，非盟《2063 年议程》及第一个十年计划明确提出了具体的目标，非盟峰会通过了新的自主融资方案。然而，非洲国家以及非盟的这一努力面临着现实性的问题。首先，非洲多元安全治理框架的存在大大降低了非洲实现自主安全的意愿和可能性。联合国维和、欧美的维和、新兴国家（包括中东国家等）的投入，以及国际非政府组织的关注共同构成了当前非洲多元的安全治理结构，非洲自身的和平支持行动只在其中发挥非常小的作用，大量外部力量的存在降低了非洲进行安全投入的意愿，这事实上不利于非洲自主安全能力的建设。其次，非洲和平安全的话语、机制、规范和能力建设主要是由外部塑造的。国际社会中的主要欧美国家通过对非洲和平安全建设框架的支持和对接将自身的理念、制度和规范转移到非洲和平安全框架的建设上。联合国、欧盟以及欧美国家与非洲国家的和平安全合作以项目的形式，通过设置具体的政策目标，从而将自己的关切转化为非洲和平安全的目标。这大大降低甚至阻碍了非洲本土和平方案生成的可能性。这事实上构成了当前非洲自主安全努力的最大挑战。因此，如何克服这两大挑战已成为当前非洲实现自主安全的最核心问题。

综上，在多元复杂的外部力量仍发挥着决定性作用的非洲治理环境中，非洲国家如何保护和提升其自主性？作为当前非洲发展重要的参与者，以及在从拓展利益发展到保护海外利益的新阶段，中国如何适应、应对、利用和促进非洲自主性的变化？中非合作论坛如何在这一问题上发挥作用？总体上，国际和国内政治经济环境的变化在影响非洲国家发展合作战略和和平安全建设上发挥着关键的作用。一方面，非洲国家和地区组织追求发展自主和安全自主的步伐在加速，从非洲发展新伙伴计划，到非洲和平安全框架（APSA）再到非盟《2063 年议程》，非洲在发展和安全上的倡议、制度、规划和项目具有越来越明显的自主性。另一方面，非洲自主性的发展在很大程度上需要国际伙伴的尊重、支持和"让渡"，这导致的一个现象是非洲自主性的发展事实上仍伴随着非洲对国际社会的严重依赖，尤其是资金、理念、规范以及国际社会过度干预的"降低"。这一矛盾甚至悖论共同构成了当前非洲复杂多元的治理结构：非洲是主体，但国际社会的支持仍不可或缺，甚至在核心问题上仍发挥主导性作用。那么，在这一多元治理结构中，中国如何审慎处理这一矛盾？如何在非洲的自主性和中非合作的效率间建立一个平衡？这不仅是中国需要面对的问题，而且这一问题的处理方式对于国际社会具有重要的引领意义。

第二节　作为主体的非洲国际关系研究

从独立解放到"非洲问题非洲解决"，谋求自主性一直是非洲国家国际关系中的一个重要原则和目标。21 世纪以来，随着非洲国家经济的复兴，非洲国家在国家发展、地区一体化乃至国际事务中的地位和行动能力得到了更大的提高，非洲自主设置议程的时代已经来临开始成为许多非洲国家的共识。然而，与此相对应的是，学术界对此的关注很少。大量关于非洲与外部关系的研究仍将非洲作为一个客体，非洲仍被理解为被动地参与、适应和接受由大国主导的国际关系规则。那么，即使承认这一论断，也并不能否认非洲国家国际战略中的自主权和主动性。事实上，在主流的关于非洲国家只处于国际体系边缘的论断之外，也存在对作为主体的非洲的国际关系的研究。一个重要的代表是让-弗朗索瓦·贝亚特（Jean-Francois Bayart），他质疑非洲只是被动进入世界体系的论断，相反，他认为非洲从很早开始就具有明显的外向性，而且与外部世界建立起了联系。其中一个重要的案例是，奴隶贸易正是当时非洲外向性的一种表现，因为，"在奴隶贸易上，我们必须承认，非洲是自愿参与的，这是由非洲决策者们控制的，欧洲人没有使用经济和军事手段来强迫非洲领导人贩卖奴隶"[①]。

20 世纪 80 年代末期，非洲的主体性开始引起国际关系学者的重视。克拉帕姆（Christopher Clapham）的《非洲与国际体系：国家生存的政治》探讨了外部环境和结构如何对非洲政治施加影响。[②] 最有代表的是《非洲

[①]　J. Thornton, *Africa and Africans in the Making of the Atlantic World*, *1400 - 1800* (Cambridge: Cambridge University Press, 1998), p. 125; Jean - Francois Bayart, "Africa in the World: A History of Extraversion," *African Affairs*, Vol. 99, No. 365, 2000, p. 220.

[②]　Christopher Clapham, *Africa and the International System*: *The Politics of State Survival* (Cambridge: Cambridge University Press, 1996).

对国际关系理论的挑战》一书。杜恩（Kevin C. Dunn）和肖（Timothy M. Shaw）认为非洲位于众多范式和话语的中心，却往往被传统国际关系理论忽视，"非洲位于环境、移民、生态多样性、生态环境、人的安全、发展、非政府组织、国际金融机制和结构调整计划等全球话语的中心。如果说非洲位于世界贸易体系的边缘的话，那么它是毒品、武器和象牙等非法贸易的中心"①。杜恩和肖的重要贡献在于《非洲对国际关系理论的挑战》引起了更多的学者关注非洲的国际关系，产生了一些新的经验和理论研究，例如在气候变化、生态多样性和水资源等问题上形成的新地区主义和多边主义的研究。2012 年《非洲与 21 世纪的国际关系》的出版则标志着学界对非洲国际关系的认识和研究达到一个新的高度。这一时期，非洲国家政治经济的发展以及国际环境的变化很大程度上提升了非洲的重要性，非洲已经成为世界传统和新兴大国利益交织的重要地区，如果仍将非洲视为边缘地区的话则显然是错误的。"中国对非洲不断深入的介入，以及其对非洲机制和精英的影响表明，如果仍将非洲国家归类为失败国家、脆弱国家或者脱离于世界经济格局之外的话，这显然就是对非洲现实重要变化的误读。"②

尽管非洲的重要性获得了巨大的提升，有关非洲的国际关系的研究已经产生了大量的成果，③ 但是，这些研究更多关注的仍是外部行为体的行为和战略，忽视了非洲国家及其国际代表对全球关系的共同影响。④ 2011

---

① Kevin C. Dunn, Timothy M. Shaw, *Africa's Challenge to International Relations Theory* (New York: Palgrave, 2001), p. 3.

② Scarlett Cornelissen, Fantu Cheru, Timothy M. Shaw, *Africa and International Relations in the 21st Century* (New York: Palgrave Macmillan, 2012), p. 8.

③ 例如，近些年来，尤其是中非关系引起了更大程度的重视。Christ Alden, *China in Africa* (London: Zed, 2007); Christ Alden, Danial Large, *China Returns to Africa: A Rising Power and Continent Embrace* (London: Hurst, 2007); Kweku Ampiah, Sanusha Naidu, eds., *Crouching Tiger, Hidden Dragon? Africa and China* (Scottsville: University of Kwazulu - Natal Press, 2008); Horace Campbell, "China in Africa: Challenging US Global Hegemony," *Third World Quarterly*, Vol. 29, No. 1, 2008, pp. 89 - 105; Giles Mohan, "China in Africa: A Review Essay," *Review of African Political and Economy*, Vol. 35, No. 115, pp. 155 - 166; Ian Taylor, *China's New Role in Africa* (Boulder CO: Lynne Rienner, 2009); Ian Taylor, *The International Relations of Sub - Saharan Africa* (New York: Continuum, 2010).

④ Ton Dietz, Kjell Havnevik, Mayke Kaag, Terje Oestigaard, *African Engagements: Africa Negotiating An Emerging Multipolar World* (Leiden: Koninklijke, 2011), p. 6.

年，莱顿大学唐·迪亚兹教授等编著的《非洲参与：非洲在新的多极世界上的谈判》在很大程度上是对这一缺失的回应。在他们看来，非洲国家及其代表在国家、地区和国际层面采取各种形式、利用各种权力关系、通过持续的谈判和再谈判来获得机遇。[1]贾尔斯·莫汉（Giles Mohan）和本·兰珀特（Ben Lampert）则从非洲国家的角度研究，通过非洲精英、非洲社会组织、在华商人、中国企业的非洲工人等不同层面来理解非洲国家与中国的关系。他们认为，在中非关系中，非洲不应该仅被认为处于被动的位置。"非洲的不同行为体能够通过影响双方的关系来实现自身的利益、野心或者不同类型的社会效益。"[2]

第三节　非洲发展合作中的自主权争论

2005 年《巴黎宣言》正式将自主权作为国际援助的一个原则，这既是受援国长期以来抗争的结果，也反映了传统受援者在援助效率问题上的反思。[3] 自主权一直是非洲国家国际发展合作关系中的一个争论很大的话题，长期以来非洲国家的发展政策和战略制定、援助和发展项目执行等深受世界银行、国际货币基金组织（IMF）以及其他双边援助者的影响，本国的需求和优先发展项目并没有受到足够的重视，因此，确立本国在发展合作中的自主权和领导权是非洲国家的一个重要目标，而实现这一目标需要非洲国家不断地与国际发展伙伴进行谈判。然而，即使在《巴黎宣言》之后，非洲国家的自主权也依然存在很大的争论。一方面，传统发展伙伴表示愿意尊重和参与非洲国家主导的发展战略和发展项目，给非洲国家提供更大的政策空间。但事实上，其并没有被有效执行。[4] 另一方面，国际发

① Ton Dietz, Kjell Havnevik, Mayke Kaag, Terje Oestigaard, *African Engagements*: *Africa Negotiating An Emerging Multipolar World*（Leiden: Koninklijke, 2011）.

② Giles Mohan, Ben Lampert, "Negotiating China: Reinserting African Agency into China – Africa Relations," *African Affairs*, Vol. 112, No. 446, 2012, p. 109.

③ 关于援助理念的变迁可参见贺文萍《从"援助有效性"到"发展有效性"：援助理念的演变及中国经验的作用》，《西亚非洲》2011 年第 9 期。

④ Lindsay Whitefield, Alastair Fraser, "Introduction: Aid and Sovereignty," in Lindsay Whitefield ed. , *The Politics of Aid: African Strategies for Dealing with Donors*（Oxford: Oxford University Press, 2009）, p. 2.

展伙伴对非援助中的条件约束、援助协调等仍然限制甚至削弱了非洲国家的自主权。有研究表明,欧盟对非援助一定程度上导致受援国的主权更加弱化,[①] 因为,"援助者之间的协调共识往往会以牺牲受援国的自主权为代价",[②]"援助者提高受援者对援助过程的管理能力和自主权的意愿是有条件的,即必须根据援助者偏好设置政治承诺"[③]。世界银行和IMF对非洲国家的贷款是代表性的例子,在第三章有详细的论述。

非洲国家的自主权体现在国际发展合作中的谈判能力、发展战略的制定权以及发展援助和项目的管理上。然而,相当多的研究主要集中于对非洲国家自主权的实质、执行情况、实现途径、效果和原因分析等,而且大部分研究更多的仍然是从外部援助者的视角来理解非洲国家的自主权。[④] 很大程度上,当前的研究忽视了非洲国家在发展合作中的谈判过程,或利用各种资源(包括国内和国际资源)来影响国际发展伙伴的政策或行为。2009年怀特菲尔德(Lindsay Whitefield)等编著的《援助的政治:非洲国家对援助者的战略》一书可以说是少有的从非洲国家的角度研究和探讨非洲国家与国际发展伙伴谈判过程的成果。该书选取了博茨瓦纳、埃塞俄比亚、卢旺达、加纳、马里、莫桑比克、坦桑尼亚、赞比亚八个国家,将其作为案例,梳理不同时期非洲国家与国际发展伙伴(主要是世界银行和IMF)的谈判过程,分析非洲国家国内政治因素,包括政府部门、利益集

---

① 周玉渊、唐翀:《欧盟对非援助协调新变化及对中国的启示》,《教学与研究》2013年第7期。

② Maurizio Carbone, Between EU Actorness and Aid Effectiveness: The Logics of EU Aid to Sub - Saharan Africa [paper presented at the annual meeting of Societa Italiana di Scienza Politia (SISP), University of Rome Ⅲ, September 13 – 15, 2012], pp. 7 – 8.

③ Alastair Fraser, Lindsay Whitefield, The Politics of Aid: African Strategies for Dealing with Donors (GEG working paper 2008/42, July, 2008), p. 4.

④ Benedikt Franke, Romain Esmenjaud, "Who Owns African Ownership? The Africanisation of Security and Its Limits," *South African Journal of International Affairs*, Vol. 15, No. 2, 2008, pp. 137 – 158; Maurizio Carbone, "Better Aid, Less Ownership: Multi - Annual Programming and the EU's Development Strategies in Africa," *Journal of International Development*, Vol. 20, Issue 2, 2008, pp. 218 – 229; David Booth, Aid Effectiveness: Bringing Country Ownership (and Politics) Back in (Working Paper 336 of ODI, London, August, 2011); Luís Mah, Raquel Freitas, The Possibilities for Enhancing Ownership of Development in Africa: the Role of Regional Integration in the External Relations of Africa (CEsA Working Paper 112), 2012; Kweku Ampiah, "The Discourse of Local Ownership in Development: Rhapsodies about 'Self - Help' in Japan's Economic Assistance to Africa," *Japanese Studies*, Vol. 32, No. 2, 2012, pp. 161 – 182.

团、非政府组织等在非洲国家与国际发展合作伙伴谈判中的作用，以及非洲国家如何利用这些因素来实现谈判的目的，从该书选择的案例分析来看，非洲国家能通过利用国内资源，采取抵制、拖延等策略来影响和改变谈判或合作的进程，进而达到自己的目的。①但是需要注意的是，这八个国家都是在援助关系中具有较高自主权和谈判能力的国家，非洲国家发展的不平衡性决定了其他国家不太可能达到这样的能力和水平。

怀特菲尔德等通过具体案例和翔实的论证为人们理解非洲国家发展战略的构建和发展合作谈判提供了重要的来源。然而，该研究主要关注的是非洲国家与国际金融机制，很少涉及与其他大国的双边援助谈判。尤其是作为新兴援助者的中国正在很大程度上影响着非洲国家的发展选择，在目前大部分研究集中于中国对非援助的背景下，该书并没有对此做出回应确实有点遗憾。② 中国的参与至少带来两个问题：非洲国家如何与中国互动从而影响中国的援助行为？中国的援助是不是很大程度上影响着非洲国家与传统援助者的关系，非洲国家如何处理（平衡）两者的关系？

第四节 非洲和平安全建设中的自主权争议

自主权是非洲和平安全建设的一个重要目标，当前非洲和平安全框架的建设就是希望通过系统的、全面的制度、机构和能力建设提升非洲国家在非洲安全事务上的领导权。非洲安全自主权的建设包含三个方面的深层次目标：一是非洲和平安全话语的引领者；二是非洲和平行动的领导者；三是非洲和平建设进程的协调者。第一个目标，非洲和平安全话语的引领者，指非洲能够在其冲突管理上引领和平方案的制定，而不仅仅是国际安全话语的追随者甚至是牺牲品，如非盟在北约针对利比亚行动上的被忽

---

① Lindsay Whitefield ed. , *The Politics of Aid: African Strategies for Dealing with Donors* (Oxford: Oxford University Press, 2009).

② 关于中国对非援助的研究成果很多，尤其是近三四年来，仅著作和博士论文就有很多部。例如，张海冰《发展引导型援助——中国对非洲援助模式研究》，上海人民出版社，2013；王玉红《和合发展：中国对非洲援助研究》，吉林大学博士学位论文，2012；〔尼日利亚〕艾法姆《中国对非洲的援助：中国对尼日利亚基础设施建设援助案例分析》，吉林大学博士学位论文，2011；〔美〕黛博拉·布罗蒂加姆《龙的礼物——中国在非洲的真实故事》，沈晓雷、高明秀译，社会科学文献出版社，2012。

视。第二个目标，非洲和平行动的领导者，指非洲地区组织能够更加独立有效地领导针对非洲内部的和平行动。第三个目标，非洲和平建设进程的协调者，指非洲国家和国际组织能够在解决非洲冲突的根源和推动和平建设进程中扮演核心协调者的角色。这三个目标构成了理解和评估非洲和平安全建设自主权的主要标准。

"非洲性"是非洲建构自身和平安全话语的重要根源，也是区别于国际对非安全话语的重要来源。非洲性的研究也构成了非洲和平支持行动研究的重要基础。然而，相比于目前非洲的和平安全话语被西方主流话语垄断的现实，非洲的和平文化、和平方案、能力供给都很"弱"。因此，如何挖掘非洲自身的和平资源、如何增强非洲和平构建中的非洲性、如何凸显非洲的和平优势和能力，是非洲和平安全研究的重要议题。贝林·穆提姆库鲁（Bereng Mtimkulu）指出，非盟应推动联合国维和行动改革以使其更适应非洲的现实需求，非洲地区机制应该在非洲的和平支持行动上发挥更加积极的作用。周琦、成璐（2012）认为联合国、非盟和次区域组织的合作推动了有非洲特色的维和机制的形成。莫翔（2013）认为非洲国家和国际组织在地区冲突上的干预机制具有非洲特色。邓延庭（2013）认为体现非洲特殊性的价值观将是非盟构建集体安全的关键。姆鲁杰塔·吉伯雷希瓦特（Mulugeta Gebrehiwot）和阿莱士·德·瓦尔（Alex de Waal）认为非洲正在形成自身的和平方式（peace doctrine），其表现为不漠视原则、派遣和平支持行动、非洲待命部队的建设、前线国家的作用等。①然而，也有很多学者对"非洲性"的作用尤其是"非洲问题非洲解决"的实际效果持悲观态度。最典型的观点是，保罗·威廉姆斯（Paul D. Williams）认为"非洲问题非洲解决"存在根本性的问题，它将削弱联合国的作用，纵容西方推卸责任，这反而会加剧非洲的安全挑战。本尼迪克特·弗兰卡（Benedikt Franke）和史蒂芬·甘茨勒（Stefan Ganzle）（2012）更是直言，当前非洲的安全话语和行为方式并不是由非洲自身塑造的，在这一由西方主导的安全话语中，非洲安全的"非洲化"事实上是一个错误的提法，在现实中将面临严峻的问题，而且非洲

---

① Mulugeta Gebrehiwot Berhe, Alex de Waal, *Peace Missions in Africa: Constraints, Challenges, and Opportunities*, Preliminary Report to the African Union, March, 2015.

国家不可能真正获得安全事务的主导权。①

"非洲性"面临的质疑源于对非洲和平安全能力的质疑，非洲的和平安全能力建设也是非洲和平安全研究的核心议题。总体上，从发展的角度理解，非洲的和平安全能力是不断提升的，非洲和平安全框架的五大支柱取得了不同程度的进展，非洲在地区冲突和安全威胁处理上比之前有更强的意愿和机制框架，非洲领导的和平支持行动不同程度地体现了非洲的独特优势和特色。然而，在和平安全能力提升的同时，各种问题和挑战也随之而来。在很多情况下，这些问题和挑战甚至削弱了和平安全能力提升的作用。在相关的研究中，罗建波（2006）认为非盟在安全机制、自主维和等方面取得了重要突破。但非洲集体安全机制的理想预期与实际效果之间还有巨大差距。蒂姆·穆里提（Tim Murithi）（2009）认为在目标明确、后勤保障充分并且由非盟独立领导的维和行动中，非盟和平支持行动取得成功的概率更大，起始阶段由非盟领导，后期再移交给联合国并不是有效的方式。阿莱士·瓦因斯（Alex Vines）（2013）、马特·弗里尔（Matt Freear）（2013）等认为非盟索马里行动是成功的，其成功经验包括国际伙伴的经费支持，邻国的兵力贡献、政治意愿，非盟与索马里政府、地方武装的沟通关系等。SB Maphosa（2014）则指出，军事手段的作用相对有限，非洲的和平支持行动必须进行调整以使其能真正发挥作用。张春（2016）、郑先武（2011）认为伊加特在苏丹、索马里和南苏丹的冲突调解中发挥了积极作用。通过对伊加特领导的苏丹和索马里和平进程的分析，莎莉·希利（Sally Healy）（2011）认为，伊加特在塑造苏丹和索马里的和平支持行动议程上发挥了核心作用，然而，伊加特的成功更多是地缘政治而非伊加特机制作用的结果。

在上述基础上，提升非洲的和平安全能力尤其是和平支持行动能力是维持和提升非洲自主权的重要选择，这也是目前非洲和平安全研究的重要关切。赛德里克·德·康宁（Cedric de Coning）（2016）等主编的《非洲和平支持行动的未来》一书认为未来非洲和平支持行动应聚焦非盟与联合国关系的重新评估、非洲地区组织的能力提升、可持续的行动支持和融资

---

① Benedikt Franke, Romain Esmenjaud, "Who Owns African Ownership? The Africanisation of Security and Its Limits," *South African Journal of International Affairs*, Vol. 15, No. 2, 2008, pp. 137 – 158.

体系的建设。这意味着，非洲自主权的提升不仅要依赖内部的融资和能力建设等途径，还要协调好与外部行为体的关系。科琳娜·杰因茨（Corinna Jentzsch）（2014）指出国际和非洲地区行为体之间的沟通成本、机构重叠以及资源浪费阻碍了非盟以及次区域组织的资源动员能力，因此，通过征税等方式实现自主融资非常必要。保罗·威廉姆斯（Paul D. Williams）（2013）则认为，和平支持行动不是政治战略的替代手段，而必须以明确的政治战略为前提，比如应加强与经济和社会发展、国家和解、民族关系、宗教对话等层面的配合。所罗门·德尔索（Solomon A. Dersso）（2010）则认为应更重视非洲待命部队的法律和机制建设，建立更有效的沟通和决策机制。在国际协调与非洲和平支持行动能力建设的关系上，西奥·尼斯林（Theo Neethling）（2007）认为，非盟和非洲次区域组织没必要建立类似联合国维和部队的部队，而应该加强与国际伙伴的合作，非洲待命部队的重点应该是主动性进攻和平民保护。康拉德·瑞恩（Conrad Rein）（2015）认为，非盟－欧盟－联合国合作的重点是冲突预防，优先合作项目应是非洲待命部队和斡旋能力建设。阿博伊顿·巴舒亚（Abiodun Bashua）（2014）认为，联合国与非盟混合行动中的领导权是一个现实问题，非盟在其中的作用受到了影响。瓦西里斯·皮尔甘迪斯（Vassilis Pergantis）（2016）等认为当前联合国与非盟在非洲和平支持行动中的关系已经超出了授权关系，两者之间应建立更明确的责任分配框架，否则，非盟会因为责任不明而降低参与意愿，这不利于非盟能力的提升。

第五节　相关概念与研究方法

本书中经常出现的词，如发展、发展合作、非洲和平支持行动、自主权等，需要进行相应的界定和说明。另外，对研究方法也需要做出简要的说明。

一　相关概念

发展：从19世纪初开始到现在，发展的概念和内涵在不同时期经历了重大的变化，大致包括11个阶段（从最开始的经济增长、产业化到当前新千年发展目标提出的结构改革）。新千年发展目标将发展界定为增长、人的发展、环境保护和机制转型等，其核心和操作性目标是减贫。[①]由此可见，发展是相对笼统的概念，其体现在不同的具体指标上。本书中出现的发展、发展战略主要以经济增长为标准。

发展合作：无论对于中国还是传统援助者来说，发展合作都已经成为国际合作中的一个重要话语。发展合作是以实现发展为目的的合作，相对而言，它是一个更加笼统、覆盖面更广的词。然而，具体到国际社会与发展中国家或落后国家的合作上，发展合作很多情况下指的就是发展援助。经合组织对发展援助有专门的定义：由官方机构，包括国家和地方政府或者其执行机构向有关国家和领地提供的资金转移。一是这个转移过程以推进发展中国家的经济发展和福利事业为目标，二是资金转移具有优惠性质，其赠款比例不少于25%。[②]如果按照 OECD‒DAC 的定义，中国进出口银行的买方信贷等贷款工具就不能被界定为发展援助。但是，这一贷款工具（包括中国国家开发银行的信用贷款）在帮助非洲国家进行经济发展尤其是在基础设施改善上发挥着非常关键的作用。因此，本书更愿意采取发展合作来代指国际发展合作伙伴与非洲国家主要以援助为形式的合作关系，然而，在具体情况下，本书也会使用援助的概念。

自主权：在不同的语境下，自主权的含义和暗含的目标是不同的。自主权的概念实际上是由援助者提出的，20 世纪 80 年代，随着传统援助者对外援助的增加，出于对援助资金的使用和最后改革成效的担心，援助者希望受援国能够效仿其他国家的成功经验，有效地履行对其的承诺，在援助使用上真正担负起应有的责任。因此，就援助者而言，自主权就是受援国必须履行承诺和承担责任。而就受援国而言，自主权就是本国政府能够在发展政策制定、援助资金使用和管理上发挥主导作用。怀特菲尔德将自主权界定为：受援国政府在保障政策执行结果上的控制程度。[③]这一定义把

---

① Jan Nederveen Pieterse, *Development Theory* (London: Sage, 2010).

② 转引自张永蓬《国际发展合作与非洲：中国与西方援助非洲比较研究》，社会科学文献出版社，2012，第 2 页。

③ Lindsay Whitefield, Alastair Fraser, "Introduction: Aid and Sovereignty," in Lindsay Whitefield ed., *The Politics of Aid: African Strategies for Dealing with Donors* (Oxford: Oxford University Press, 2009), p. 4.

结果作为衡量自主权的标准，并不可能完全涵盖自主权所应用的过程和范围，因此，本书更愿意将自主权界定为受援国在政策和项目设计以及执行过程中的领导和管理能力。

非洲和平支持行动：相比于联合国维和行动（Peacekeeping Operations）的定义，非盟提及的非洲领导的和平行动的英文名称为 Peace Support Operations，即和平支持行动。学界对这两个概念并没有明确的研究和定论。在笔者看来，透过非洲和平支持行动概念本身能够更清楚地理解非洲和平支持行动的本质。非洲和平支持行动最明显的差异是其"支持"的特征，具体表现在两个层面：一个层面，相比于联合国维和行动、欧美国家的和平行动，非洲的和平行动是"支持"性的，即非洲的和平行动很大程度上从属于和服务于国际对非的维和行动，如非盟、非洲次区域组织与联合国维和行动之间的移交模式；另一个层面，相对于冲突问题和安全威胁本身，非洲的集体和平行动是支持性的，即非洲国家通过和平行动支持冲突的预防、管理和解决，主张从根源上消除冲突并期望构建可持续的和平，因此这在本质上是一个系统性的和平参与方式。不论其实际参与效果如何，非洲的这种和平理念与国际维和以及大国直接的军事干预方式是不一样的。在实践中，非洲自主权的提升才能保证非洲的和平支持行动在非洲问题的解决上发挥更大的作用。

非洲方式："非洲方式"是对"非洲问题非洲解决"理念新的解读。两者的区别表现在以下两个方面。一是"非洲问题非洲解决"是一个理想化的目标，这塑造了自主融资、独立的军事反应能力、非洲安全上的话语权等政策目标。而"非洲方式"则要在非洲和平支持行动实践和经验基础上，总结出非洲的特殊性和创新性，以指导未来的实践。二是"非洲问题非洲解决"很大程度上只是一种名义上的"非洲解决"。虽然名义上非洲的自主权得到了尊重和提升，但是主导非洲安全的理念、规范、机制和措施很大程度上仍是西方的。相反，"非洲方式"更强调非洲和平支持行动中的非洲性，这需要从非洲和平文化以及以往的实践中进行提炼、总结。

二　研究方法

本书主要采用历史分析、比较分析和田野调查的方法。

(一) 历史分析

本书首先对非洲在国际关系中的主体性发展进程进行了梳理，以观察不同时期，非洲国家的国际关系主张和理念。其次从非洲总体发展理念和发展战略变迁的角度，观察非洲国家与国际发展合作伙伴之间的互动关系和结果。两个案例的研究也基本以加纳与两者之间发展合作谈判的历史为主线，从而分析不同时期或不同政府任期，加纳与国际发展合作伙伴的谈判以及国内国际因素在影响这一谈判过程和结果上的作用。本书也通过对非洲和平安全建设理念的变化来分析非洲国家和地区组织如何在与外部世界的联系中实现和提升自身的自主权。

(二) 比较分析

在自主权构建上，笔者把加纳作为一个案例，以比较加纳与国际金融机构和中国在发展合作中互动的差异。加纳是世界银行、IMF 以及传统援助者援助的重点国家，是西方民主在非洲的橱窗，是传统援助者援助非洲的样板。同时，加纳与中国不仅有着传统的友谊，而且基本维持了长期的友好合作关系，2000 年以来，双方发展合作关系更取得了快速的发展，中国最大的一笔贷款就给了加纳。因此，加纳与两者的关系，甚至三者之间的关系是一个非常有意思的问题。虽然本书中并没有刻意对加纳与两者之间的关系进行具体的对比，但还是能够比较容易地看出两者的不同，尤其是加纳与世界银行和 IMF 的谈判主要是以政策和结果为导向的发展合作谈判，而与中国的谈判则更多的是以发展项目为基础的谈判。

在安全自主权的构建上，笔者将索马里和南苏丹作为一个主要比较案例。本书通过对非洲和平行动在这两个国家的不同表现，来理解非洲领导的和平行动；通过包含了非洲冲突解决理念和文化的非洲方式在实践中的具体差异，来认识非洲和平行动成功所需要的条件以及面临的主要挑战。在这一案例中，联合国维和行动、国际方案与非洲和平支持行动、可能的非洲方案之间的比较也有助于更好地认识当前和未来非洲冲突治理的可能方式。

(三) 田野调查

自主权是一个抽象的概念，如何透过"名义自主权"的表象，更真实

地了解非洲的自主权？这需要对非洲国家的发展战略制定过程、国际发展
合作谈判过程、地区和国家的和平方案制定过程、和平支持行动的政策和
实践等进行深入的了解。因此，这需要通过与非洲国家、非盟、次区域组
织以及非洲学者围绕上述议题进行访谈和交流。在过去的几年内，笔者多
次赴非洲国家（包括埃塞俄比亚、赞比亚、南非、尼日利亚、肯尼亚等
国）进行调研和交流。通过这些调研，一方面，本书的核心观点和认识得
到了不同程度的印证；另一方面，获得了一些具体的案例和素材，从而提
高了本书的完整性。

第六节　总体框架

本书共分三篇十一章。上篇为理论篇，包括第一、二、三章，主要从
理论角度来理解非洲发展中的自主性。中篇为实践篇，包括第四、五、
六、七章，通过发展合作谈判和非洲和平安全能力建设来认识非洲在和平
与发展问题上的自主性努力。下篇为中非合作篇，包括第八、九、十、十
一章，主要从中非关系和中非合作论坛的可持续发展角度来观察中国的非
洲参与在非洲自主发展和安全上的关系和作用。

第一章对本书的研究问题、相关概念、研究方法和基本框架等进行
介绍。

第二章主要从非洲主体性的角度探讨非洲国家对国际关系的理解、适
应、参与以及可能的贡献。近些年来，国际关系理论学者开始改变对非洲
与国际关系理论之间存在难以逾越的鸿沟的判断，认为非洲能够为国际关
系理论的创新带来贡献，进而提出了一些规范性的思考和建议，希望在两
者之间建立联系。这种研究即将非洲作为国际关系主体的研究对于深入理
解非洲具有重要的导向意义。然而，理论的创新更应该建立在经验研究的
基础上。因此，这一章主要从非洲国际关系思想的角度进行思考，选取了
非洲国际关系的三个维度：国际秩序、泛非主义和本土文化。在这三个维
度中，非洲国家在不同时期对国际关系都有深刻的理解，同时也塑造了非
洲特有的国际关系思想和经验。

第三章主要探讨非洲国家发展理念和战略的变迁。二战结束以来，非
洲国家的发展理念和战略框架基本是由西方国家和国际组织主导的。从产

业化战略到经济结构调整计划，从联合国新千年发展目标到非洲发展新伙伴计划，正统的发展范式在非洲发展问题上备受指责。从 20 世纪 70 年代开始，非洲自主的发展战略构建尝试一直没有中断过，但是由于西方国家和国际金融机构的阻挠，非洲国家没有真正构建起本土的发展战略。进入 21 世纪以来，从被发展到要发展开始成为非洲发展理念的主流价值，相应的，学界开始尝试运用替代发展和后发展理论构建非洲本土的系统性发展框架，以为非洲发展带来新理念。与此同时，新兴国家的崛起不仅为非洲的发展带来了机遇，还丰富了非洲国家在发展理念和道路上的外部选择。

第四章是通过案例研究加纳与世界银行和 IMF 在其发展战略和政策制定上的自主权应用。20 世纪 80 年代初，加纳政府在世界银行和 IMF 的支持下，开启了自由化改革的进程，《经济复兴计划》的出台既是加纳构建发展战略和推行新的发展政策的开始，也是加纳援助依赖的起源。自此之后，加纳经济的复兴使其成为国际多边和双边援助的宠儿。然而，这一过程也伴随着加纳与世界银行和 IMF 持续的谈判，如果说在《经济复兴计划》实施初期，加纳还能很好地维持自主权，而且具备非常强硬的谈判能力，那么随着经济结构调整计划的深入，以及加纳国内政治经济形势的变化，加纳的谈判能力和自主权逐渐受到削弱。2000 年以后，随着新政府的上台，国内经济的复苏和快速发展，以及国际发展格局的变化，加纳能够更容易从中国等新兴国家获得新的甚至更有优势的发展合作机遇，这在一定程度上增加了加纳在与世界银行和 IMF 等谈判中的筹码。以《加纳援助战略和政策》文件为代表的相关发展和援助管理政策的出台标志着加纳在利用和管理发展援助上的自主权和能力得到进一步的提升。2020 年前后逐渐摆脱援助依赖的目标如果能实现，那么这对于加纳、整个非洲来说都具有重要的意义。

第五章是加纳与中国在发展合作上的互动关系。在很大程度上，加纳在与中国进行发展合作的过程中很好地维护了本国的自主性，是非洲国家将中国机遇与本国发展有效结合的成功案例。这主要归因于两点。一是中国对非发展合作的原则和方式，有别于传统国际发展合作伙伴的政策导向，中国对非洲国家的援助更多以项目为导向，这些项目往往又是非洲国家优先发展或重点发展的项目，这既尊重了非洲国家在发展项目上的主导权，又很好地解决了非洲国家面临的资金、技术和建设难题。二是随着加纳等非洲国家自身能力建设水平的提高，其在与中国政府或企业谈判的过程中能够更大程度地实现自身的利益，而同时随着国内政治经济的发展，国内政治因素（包括反对党、议会、利益集团等）也在要求或影响着非洲国家与包括中国在内的国际发展合作伙伴的谈判，这能更好地实现发展合作的目的。虽然不能断言加纳等非洲国家利用中国的发展合作机遇是为了平衡与传统国际发展合作伙伴的关系，但基本的事实是中国的发展合作丰富了非洲国家的外部发展合作框架，现在国际发展格局朝着更有利于非洲国家的方向发展。在与国际发展合作伙伴的关系上，非洲国家开始拥有更多、更有力的外部和国内筹码。

第六章在梳理非洲和平安全建设理念和实践的基础上理解非洲在安全上的自主性。从不干涉到不冷漠、非洲问题非洲解决、非洲的集体安全开始成为非洲国家和平安全合作的基本理念。非洲和平安全框架事实上界定了非洲和平安全的五大能力建设目标：非洲和平安全理事会、贤人小组、非洲和平基金、早期预警和预防体系、非洲常备军。非洲和平安全理事会代表的是非洲国家对非洲冲突安全的总体应对和管理能力；贤人小组代表的是非洲的和平文化培育能力，即非洲国家在非洲冲突安全上的理解、预防和协调能力；非洲和平基金则反映的是非洲国家在和平安全上的融资和资金支持能力；早期预警和预防体系反映了非洲国家对非洲冲突根源和安全走向的预判能力；非洲常备军则直接反映了非洲国家在应对非洲冲突安全上的军事能力。总体上看，非洲和平安全框架事实上是一个包含短期目标和长期目标的安全应对机制，但目前的重点主要集中于短期的和平维持上。从这一角度看，非洲国家如何推动这一框架下各要素充分发挥作用才是实现非洲和平安全框架所期待的目标的关键。虽然就纵向比较而言，非洲的自主权和能力建设比非统时期获得了巨大的发展，但是这一过程伴随着非洲自主权结构性难题的形成。第一，非洲传统文化在构建非洲和平文化上的作用正在削弱。非洲正在丧失构建"非洲特色"和平安全范式的文化来源。与此同时，文化因素与冲突之间的关联性则在增强。第二，非洲集体权力和能力的提升意味着非洲国家必须增强相应的责任，做出相应的贡献，这持续考验着非洲国家的政治意愿。第三，非洲自主权的非洲化与西方化之间的边界越来越模糊，当前的非洲自主权到底是非洲化的非洲自主权还是西方化的非洲自主权？在非洲和平安全建设的话语理念、行为范式、制度框架上非洲国家到底发挥了多大的作用？非洲国家是否已沦为西方安全话语理念和制度框架的"执行者"？从根本上，这构成了当前"非洲问题非洲解决"所面临的合法性挑战。

第七章通过对在索马里和南苏丹的和平支持行动的研究来理解和评估非洲国家和地区组织在非洲自主安全上的努力和尝试。非洲的非洲和平支持行动按照核心领导力量可以分为三个类型：一是非盟独立领导或核心参与的和平支持行动；二是次区域组织领导的和平支持行动；三是核心国家或联盟领导的和平支持行动。从早期的军事介入到当前的和平行动，非洲自主和平安全的方式正在经历深层次的变化，上述三类非洲和平行动既反映了非洲国家在构建地区集体和平安全上的各种自主尝试和努力，同时也推动着各层次和平行动间协调关系的发展。具体表现在：第一，合法性与行动能力之间的反转；第二，非洲次区域组织、非盟、联合国在和平行动上协作关系的建立；第三，从早期重视军事维和、恢复国家秩序向重视政治谈判、通过综合性手段巩固军事成果、从根源上预防和解决冲突以及国家建设的方向发展。从索马里到南苏丹，非洲国家在本地区和平安全上的作用总体上呈现上升的趋势。非洲国家和国际组织已经能够独立领导或者在地区和平支持行动上发挥更加重要的作用，非洲国家在预防冲突、冲突解决和冲突后政治重建上的话语权开始提升，非洲国际组织在协调国际合作伙伴上的能力也不断提高。然而，尽管非洲方式在地区安全上的地位有所提升，但其在完全有效应对地区和平安全上仍面临结构性的问题和挑战。

第八章通过比较中国与欧盟对非合作机制和政策尤其是对非洲自主性的认识程度来解释这两种不同的地区间合作形式在非洲的实践。欧盟与中国在对非的区域间合作上采取的是两种不同的合作形式：制度化和论坛化。这种合作制度工具的选择是对国际环境改变、各自利益变化、非洲自身发展等客观因素的回应，同时又体现了宣示权力、重心转移、战略调整等主观因素的作用。一个可以判定的事实是，欧盟与非洲的关系目前正处于下降通道，而中国与非洲的关系正处于上升的趋势中。欧盟更关注其对非结构性权力的国际意义，一体化模式和政治价值观的输出，多边而非双边、象征性外交，或者自身利益，而忽视了非洲日益变化的政治经济需求，这种失衡的权力结构在很大程度上影响着非洲国家的选择。中国基于国家发展的需要，高度重视非洲的作用，从早期的经济合作逐步向政治安全、人文交流等全方位的合作转型，中非合作论坛的多边形式以密切的双边关系为支撑，最大限度地寻求共识和认同，相比之下，其认同力比欧盟－非洲峰会等机制的认同力要大。以非洲国家需求转向为前提，以援助、贸易和投资为核心的中非相互依赖，以举国体制为支撑的全方位、多层次合作格局，以及由国际法内化而成的中非合作原则和规范，共同构建着一个隐形的合作体系。这一合作体系更好地适应了非洲发展的需要，这也根本回答了为什么目前中国在非洲更受欢迎。

第九章尝试探讨非洲的自主性与中欧非三方合作的关系。中欧非三方合作的提出反映了国际对非合作正在进入一个新的阶段。三方合作主要在三个方面取得了进展：一是对话和沟通机制建设；二是合作机制建设；三是合作领域选择和项目实施。然而，非洲是三方合作的中心，因此非洲的认识和政策至关重要。目前来看，非洲的对外关系构建一直存在三个矛盾：一是西方殖民遗产以及近代非洲实践在非洲所导致的认识上的二元对立；二是极力维护非洲自主性与自身实力弱小而不得不严重依赖外部的矛盾；三是多元国际对非合作格局赋予的非洲灵活性与国际对非协调有可能缩小非洲灵活性空间的矛盾。这种认识也导致了当前非洲在中欧非三方合作中处于一个比较尴尬的地位：非洲不是三方合作的首创者和推动者；非洲并不是三方合作模式、制度和规则的塑造者；非洲也并不是三方合作的积极参与者。从当前三方合作的进展来看，非洲对三方合作仍存在很深的疑虑，在三方合作的合作理念、机制和规范设计、项目规划和实施上，非洲的参与度很低，这反过来事实上又导致了三方合作中非洲自主性的缺失。可以说，三方合作确立了名义上的"非洲主导"，但在实践中，三方合作是由中欧主导的。这事实上又建构了一个新"自主性困境"。有限参与导致自主性困境，自主性困境又降低了非洲在三方合作中的积极性。因此，中国在推动三方合作的过程中必须高度重视这一问题。

第十章通过对中非合作论坛经验和问题的总结来理解中国的非洲政策如何与非洲的自主发展战略相结合，并据此提出了中非合作论坛未来可以引领中国国际公共产品供给的方向。自成立以来，中非合作论坛在促进非洲发展和中非关系的快速发展、推动和塑造南南合作、构建中国主导的跨区域合作机制、提升国际对非合作的水平上发挥了重要的作用。中非合作论坛的成功来源于其凝聚了中非合作的核心原则和共识、为非洲国家提供可以借鉴的国家建设经验、重视务实合作、尊重和支持非洲国家的自主发展战略。中非合作论坛和中非关系在发展过程中也累积了诸多问题，这些问题是中非合作论坛未来发展的重要压力和动力。展望未来的中非关系，尤其是在中国推动"一带一路"倡议和命运共同体建设的大背景下，在为中国外交提供实践案例、中非合作机制建设、带动地方政府的对外合作，以及和平安全、卫生医疗等具体领域合作上，中非合作论坛将发挥重要的引领和示范作用，这也是中非合作论坛未来可以努力的方向。

第十一章尝试梳理和总结非洲自主权提升以及非洲自主设置议程时代中非合作所采取的战略和面临的现实压力，并就此探讨中非合作论坛未来发展的新方向。非洲发展战略环境、政策空间以及多元化的社会生态对新时期中国的非洲战略、政策和实践提出了新的更高的要求。第一，非洲国家"再平衡"战略压缩了中国战略影响力提升的空间；第二，非洲发展战略和政策自主能力的提升对中非发展战略对接提出了更高要求；第三，非洲社会发展对中国在非洲的实践提出了更高的规范要求。为此，中非合作论坛必须通过积极的经验总结、品牌提升、功能拓展以及机制创新来进一步巩固中非合作论坛的比较优势，继续为中非关系以及中国与发展中国家关系的构建提供动力和借鉴。展望未来，持续深化的中非合作将为"中国梦"与"非洲梦"的融合带来新的机遇和希望。

第二章　非洲的国际关系思想及其表达

　　独立以来的非洲几乎呈现了世界上所有的国际关系形态，即殖民主义、新殖民主义、意识形态对抗、冲突与安全、泛非主义、一体化、发展合作、种族、难民、民主社会、无政府社会和失败国家等。对非洲国际关系的研究也呈现两条清晰的线路：一是非洲大陆自省、自觉和对自身国际关系理论的探求①；二是国际上对非洲国际关系的关注和研究。非洲的国际关系研究主要专注于非洲的现实问题，直到 20 世纪 90 年代，非洲的国际关系理论开始在真正意义上成为国际关系学界研究的范畴。②在一些学者看来，非洲对国际关系理论的解释力和应用范围产生了重要的挑战，二者之间似乎存在难以逾越的鸿沟。而也有学者认为非洲能够对国际关系理论的创新带来贡献，但前提是，一方面需要跳出固有的西方国际关系理论框架，改变先入为主的思路；另一方面则要认真提炼非洲的国际关系现实，包括领导人的思想、非洲的经验以及非洲学者（包括非洲以外的学者）的研究。③

---

① 刘鸿武、肖玉华、梁益坚：《一个大陆的觉醒、抗争与自强——20 世纪非洲国际关系理论之研究论纲》，《世界经济与政治》2007 年第 1 期。

② 里程碑式的研究成果是 Kevin C. Dunn 等编著的《非洲对国际关系理论的挑战》，当然，之前也存在非洲国际关系的理论研究，但很大程度上只是对西方国际关系理论的解释和应用，如 Olatunde J. C. B. Ojo 等利用权力论来解释冷战时期的非洲国际关系。Olatunde J. C. B. Ojo, D. K. Orwa, C. M. B. Utete, *African International Relations* (New York: Longman, 1985)。

③ 秦亚青、王逸舟等中国学者从国际关系理论生成的角度认为非洲能够对国际关系理论有所贡献。国外学者对此进行了更深入的探讨，比较有代表性的有 Tandeka C. Nkiwane, "Africa and International Relations: Regional Lessons for A Global Discourse," *International Political Studies Review*, Vol. 22, No. 3, 2001, pp. 279 – 290; Karen Smith, J. van der Westhuizen, Developing IR Theory in the South Obstacles to Challenging Northern Dominance (paper presented at the British International Studies Association Conference, St Andrews, December （转下页注）

本章的目的不是去探讨两者之间该如何结合，而是在争论背景下尝试探讨非洲国际关系非洲特有的思想和表达。[①]本章大致界定了三个层面的特殊性。一是泛非主义。这是贯穿非洲国际关系发展的一条重要线索，也是独立以来非洲国际关系出现的两次高潮的基础。二是非洲对国际秩序或国际格局的理解。只有把非洲国家放在国际关系理解的本体位置上才能真正了解非洲的国际关系，也才能体现非洲的特色，更能挑战固有的观念和判断。[②]三是非洲本土文化及国际关系表达形式。非洲的文化传统是非洲国际关系思想的一个重要来源，这是非洲国际关系的一个重要特色。笔者认为，若提炼非洲对国际关系理论的贡献，就必须对非洲特有的国际关系思想和表达方式进行深入的探究。

第一节　本土意识的回归：非洲对国际秩序的理解

非洲在国际体系中的位置是由外部话语建构起来的，"世界边缘""飞地""孤岛""与外界隔绝"等话语直到现在仍占统治性地位。黑格尔曾讲道，"非洲依然与世界隔绝；非洲是黄金之地，却深受其累；是孩童之国，却不能让其沐浴自我意识历史的阳光，而是将其包裹在黑暗的夜里"。从殖民主义到新殖民主义，乃至当今的全球化，中心与边缘、支配与被支配显然已影响了非洲在国际体系中的地位。然而，这始终主要来自外部的

（接上页注③）19 - 21，2005）；Karen Smith, Has Africa Got Anything to Say? African Contributions to the Theoretical Development of International Relations: A Preliminary Investigation（paper presented at the BISA African and IS Workshop, Milton Keynes, 2008）；Sophie Harman, William Brown, "In from the Margins? The Changing Place of Africa in International Relations," *International Affairs*, Vol. 89, No. 1, 2013, pp. 69 - 87。

① 当然关于国际关系理论与非洲的不适用性以及非洲缺乏自己的国际关系理论的原因有很多解释，诸如西方国际关系是建立在西方现代国家的现实上，非洲现实问题的紧迫性更需要的是应用对策而不是理论空谈，非洲的复杂性和内部的差异性决定了很难建立起具有一定解释力的理论。梁益坚、李兴刚：《非洲国际关系理论研究的困境、渊源与特点》，《世界经济与政治》2008 年第 7 期；Branwen Gruffydd Jones, "Africa and the Poverty of International Relations," *Third World Quarterly*, Vol. 26, No. 6, 2005, pp. 987 - 1003。

② 如有学者就认为，在中心 - 边缘的依附结构中，边缘国家的国际关系实际上在很大程度上是由自身因素决定的。可参见 Jorge I. Dominguez, "Mice That Do Not Roar: Some Aspects of International Politics in the World Peripheries," *International Organization*, Vol. 25, No. 2, 1971, pp. 175 - 208。

话语，非洲本体的认识一直是一个没有被充分重视的问题。事实上，从非洲本体的角度来理解国际关系总能发现一些新的思路，甚至是颠覆传统的认识。如有学者就认为历史上的非洲具有明显的外向性，因为非洲内部的领导力量需要通过建立与外部环境的关系来获取资源以弥补其在权力维护中的不足，例如，"在奴隶贸易上，我们必须承认，非洲是自愿参与的，这是由非洲决策者们控制的，欧洲人没有使用经济和军事手段来强迫非洲领导人贩卖奴隶"①。虽然这种观点值得商榷，但是其能够使我们意识到从非洲本体角度理解国际关系的重要性。

非洲的殖民遗产对非洲独立后的政治和国际关系产生深远的影响。非洲国家虽然取得了政治上的独立，但是面临严峻的外部挑战，其在经济和文化上远未独立，"非洲国家的独立意味着，用间接的经济、政治和文化新殖民主义交换直接的殖民主义政治控制"②。在经济方面，前殖民国根据自身的利益，通过贸易协定、税收体系、货币政策、关税安排和补贴等维持非洲国家对其的依赖关系。在政治和军事方面，原宗主国通过与非洲国家建立军事联盟继续向其进行政治和军事渗透，施加影响，尤其是法国在法语非洲国家的影响。③在这一时期，西方国家和国际组织的政治决定直接影响着非洲国家的政策选择和政权的生存，"帝国中心，尤其是法国，成为非洲国家许多政权生存的仲裁者"④。除此之外，原宗主国还通过文化、

---

① 这一观点肯定是值得商榷的，笔者对此没有深入的认识，这里只是想指出从非洲本体角度理解其国际关系可能带来的不同结果。原文可参见 J. Thornton, *Africa and Africans in the Making of the Atlantic World, 1400 – 1800* (Cambridge: Cambridge University Press, 1998) p. 125; Jean – Francois Bayart, "Africa in the World: A History of Extraversion," *African Affairs*, Vol. 99, p. 220。

② Bruce J. Berman, "Clientelism and Neocolonialism: Center – Periphery Relations and Political Development in African States," *Studies in Comparative International Development*, Vol. 9, Issue 2, 1974, p. 4.

③ 根据法国与原殖民地的军事合作，法国军官直接参与到非洲国家军队中，法国还建立了专门的法国干预部队 (French Intervention Forces)，其名义上是保护非洲新独立国家免受外部侵略，但实际上更是为了保护亲法国的政权。Robert B. Stauffer, "Great – Power Constraints on Political Development," *Studies in Comparative International Development*, Vol. 6, Issue 11, 1970, p. 236。

④ 转引自 Bruce J. Berman, "Clientelism and Neocolonialism: Center – Periphery Relations and Political Development in African States," *Studies in Comparative International Development*, Vol. 9, Issue 2, 1974, p. 7。

通信、意识形态等形式巩固了与非洲国家的依附结构关系。从非洲政治、经济和文化发展轨迹来看，这一依附结构在这一过程中发挥了非常大的作用。一直到现在，新世袭制度主义（neopatrimonialism）仍然是非洲政治的一个明显特征，通过对比发现，这与西方国家和非洲之间的结构关系在本质上是相似的。这两者之间的共同点是，其目的都是维护这一结构中位于高位者的利益（其结果往往是牺牲底层的利益，包括非洲的发展和普通民众的权利）。[1]因此，从这一角度就不难理解，为什么从非洲的快速产业化，到经济结构调整计划，再到联合国新千年发展目标以及非洲发展新伙伴计划，在半个多世纪的时间里，非洲并没有取得真正有效的发展。这也决定了对国际体系或者外部国际关系结构的依赖与抗争是贯穿非洲国际关系发展的一条主线，也是非洲国家对国际体系的基本理解。

对新国际秩序的渴望和对外部世界尤其是原宗主国的依赖导致了非洲国家具有不同的国际秩序观。殖民遗产、超级大国对抗、联合国等国际组织的建立决定了非洲新独立国家对国际秩序的理解。在殖民遗产上，非洲国家在关注殖民主义在新时期的表现形式，关注原宗主国与非洲国家发展之间的关系，关注原宗主国的非洲政策对非洲区域国际关系的影响等时，产生了一些重要的论述。例如，恩克鲁玛提出了著名的新殖民主义是帝国主义最后阶段的论述，恩克鲁玛认为，当前非洲面临的最大威胁是新殖民主义，其主要途径是巴尔干化。"从巴尔干国家的分裂历史来看，如果非洲国家与外部国家建立政治、经济、军事联盟的话，发生在非洲大陆的世界大战就很难避免。"[2]"把非洲划分成一众小国将导致这些国家缺乏资源和人力而不能实现领土完整和自立。这也将使非洲国家很难实现自身的经济增长，从而不得不继续维持殖民时期已有的贸易框架。因此，它们寻求与欧洲国家结盟，这最终放弃了它们开展自主外交的能力，使经济依附关系永久化。"[3]在恩克鲁玛的新殖民主义论述之后，20世纪70年代，依附论被拉美学者提出并开始被广泛用于分析第三世界国家

---

[1] 伊恩·泰勒认为，无论国内政治还是国际关系，非洲都具有明显的新世袭制度主义的特征。

[2] Nkrumah, *Africa Must Unite* (London, 1963), p. 173.

[3] Nkrumah, *Africa Must Unite* (London, 1963), p. 176.

与欧美发达国家之间的关系。①尽管大部分非洲国家领导人都有这样的认识，但是非洲国家很快就又与宗主国建立起了紧密的关系，"这是非洲国际关系一个典型的特征"②。除了前面提到的殖民统治的社会化、制度安排、军事安全、文化霸权等原因之外，还有一种解释是从非洲统治者的角度出发，即在殖民统治确立的结构依附体系中，非洲国家统治者的利益实际上与外部资本主义国家的利益是一致的，由于需要争取普通民众的支持来维持统治，因此，这些统治者采取"防守型激进主义"的策略，具体表现就是，他们在反帝反殖的过程中使用激进的话语，与普通民众站在一条阵线上，但是在获取独立后，利益一致又导致这些统治者继续维持与原宗主国的密切关系。③

在超级大国对抗的背景下，非洲国家积极主张中立和不结盟政策，然而，冷战的现实使非洲国家不得不采取结盟战略。但是，非洲国家并不完全是被动地接受超级大国竞争塑造的国际格局，而是积极主动地利用二战后国际规则的变化来争取自身的利益。这一时期，联合国则成为非洲国家表达对国际秩序理解和建构自身国际关系话语的重要平台。1945 年联合国成立时，51 个成员国中只有 3 个非洲国家，仅仅五年后，100 个成员国中非洲国家的数量达到 25 个，而在 1980 年非洲国家的数量已经占到 1/3，这对于经历了长期奴隶贸易和殖民主义灾难的非洲国家来说具有重要的意义，因为，非洲第一次在真正意义上走上了国际政治的舞台。在非洲国家看来，"联合国已经诞生，但是旧秩序依然存在，联合国主要体现的是大国的意志。随着新成员国数量的增加，联合国必须能够更加平衡地考虑这些新生力量的意志"④。《联合国宪章》确立了主权平等和不干涉内政等一

---

① 两者本质上的区别并不大，关注的都是中央国家主导的结构对边缘国家的发展和外部联系的影响，一些学者在研究中更愿意使用新殖民主义的概念。关于非洲的论述有：Walter Rodney, *How Europe Underdeveloped Africa* (London: Bogle – L'Ouverture Publications, 1973); Bruce J. Berman, "Clientelism and Neocolonialism: Center – Periphery Relations and Political Development in African States," *Studies in Comparative International Development*, Vol. 9, Issue 2, 1974, p. 4; Samir Amin, Unerdevelopment and Dependence in Black Africa: Historical Origin, *Journal of Peace Research*, Vol. 9, No. 2, 1972, pp. 105 – 120。

② Olatunde J. C. B. Ojo, D. K. Orwa, C. M. B. Utete, *African International Relations* (New York: Longman, 1985), p. 109.

③ Claude Ake, *Revolutionary Pressures in Africa* (London: Zed Press, 1978), pp. 92 – 94.

④ Nkrumah, *Africa Must Unite*, London, 1963, p. 197.

系列原则，并致力于建设和平的国际秩序，因此，"非洲愿意接受这样的国际秩序，能够在联合国的合作实践中得到实际收益，同时，非洲国家也更愿意通过集体努力完善联合国机构以及提高具体事务部门的工作效率，例如 UNCTAD、国际货币基金组织、国际复兴发展银行"[1]。早期非洲国家通过联合国取得了一些重大的外交成功，如推动联合国的去殖民化议程，积极呼吁联合国对白人南非的制裁，支持中国恢复联合国的合法席位等。

非洲国家和其他发展中国家长期以来一直与旧的世界经济秩序进行抗争，这些抗争涉及初级商品出口情况、发达国家向非洲国家的科技转移水平、资金流动的数量和趋势、国际金融机构（尤其是国际货币基金组织）和机制、发达国家的保护主义以及非洲国家不断增长的债务等一系列问题。其间，非洲结合自身实际提出了一些自主的主张和设想，例如拉各斯行动计划。[2] 然而，发展中国家的抗争遭到了发达国家的强烈抵制，或者它们只是做出一些象征性的回应，收效甚微。[3]随着非洲发展战略的大规模失败，尤其是经济结构调整给非洲发展带来的巨大冲击，加上冷战结束后西方大国战略重心的转移，非洲的发展与安全经历了最严峻的时期，"为达到外部援助者的要求而进行的结构调整使非洲国家既失去了控制能力也迷失了方向"[4]。这

---

① Olatunde J. C. B. Ojo, D. K. Orwa, C. M. B. Utete, *African International Relations* (New York：Longman, 1985), p. 124.

② 关于这一时期非洲国家的发展设想也可参见周玉渊《从被发展到发展：非洲发展理念的变迁》，《世界经济与政治论坛》2013 年第 2 期。

③ 例如，在西德前总理维利·勃兰特等名人的支持下，发达国家与发展中国家成立了南北委员会，联合国也举行了一届"建立新国际经济秩序的特别会议"，其他一些国际机构和会议尤其是 UNCTAD 在此问题上也进行了相关讨论，并取得了一些进展，如成立了联合国科技转移中心，联合国各机构也制定了一些特别项目。转引自 Benedict S. Mongula, "Development Theory & Changing Trends in Sub – Saharan African Economies 1960 – 1989," in Ulf Himmerlstrand, Kabiru Kinyanjui, Edward Mburugu, eds., *African Perspectives on Development* (Kampala：Foundation Publishers, 1994), p. 93。

④ 非洲国家的经济增长曾经历过短暂的辉煌时期，但是从 20 世纪 70 年代以来，经济开始恶化。围绕经济恶化的原因，非洲国家与世界银行、国际货币基金组织、联合国开发计划署以及西方国家进行了激烈的争论，非洲国家认为与西方国家不平等的经济政治关系是一个重要原因，然而，后者则认为主要原因来自非洲国内因素，包括政府官僚体制、贸易和外汇政策、对有限资源的滥用等。后来，迫于需要西方援助的现实，非洲国家被迫承认对经济恶化负责。Benedict S. Mongula, "Development Theory & Changing Trends in Sub – Saharan African Economies 1960 – 1989," in Ulf Himmerlstrand, Kabiru Kinyanjui, Edward Mburugu, eds., *African Perspectives on Development* (Kampala：Foundation Publishers, 1994), p. 85。

也开始促使非洲国家领导人与知识分子对外部大国的非洲政策和行为进行反思。"非洲的未来不仅依赖非洲国家和地区政策及机制的剧烈转型，还更加依赖与北方发达国家关系的根本转变。非洲国家和其他南方国家应该一道促使北方国家改变其破坏南方发展努力的政策。"① "非洲问题非洲解决""非洲复兴"等思想正是在这一背景下产生的，并很快成为非洲国家实现国家发展和处理国际关系的主要原则。与此同时，非洲知识分子的崛起和自信心的提升，则为非洲自身的发展和国际关系话语带来了巨大动力。在非洲与西方的发展合作关系上，非洲学者呼吁，"在探求民主化道路和经济模式的过程中，非洲国家必须根据自身实际找到一条适合自己的道路。外部力量对非洲这一努力的支持不应该是提供强加方案，而应该是提供道义支持，当然也可以表现为与非洲国家提出的观点进行平等的交流"②。除了观点和政策的讨论之外，非洲学者也开始对西方社会科学的理论和方法进行反思和质疑，"西方社会科学的概念和基本推论部分可以被应用到非洲的实际，非洲社会科学研究者面临的挑战是如何从自己的角度进行新的思考并建立自己的理论框架，或许未来西方学者可以从非洲学者那里学到一些东西"③。

进入 21 世纪以后，非洲的国际关系环境和自身的发展都在发生重大的变化。一方面，非洲开始走出经济停滞的泥潭，显示出强劲的复苏势头。在过去的十几年，非洲经济获得快速的发展，非洲已经成为世界上经济增速第二快的地区，根据国际货币基金组织《2012 年世界经济展望》，世界上经济增长速度最快的 20 个国家中 11 个是非洲国家。非洲的GDP 占世界 GDP 的比重自 2000 年以来也扭转了持续下降的趋势，开始不断提高。一方面，非洲经济的稳步发展使其在世界经济中的重要性相

---

① Donald Chimanikire, "Africa and Globalization: The Case of Economic Partnership Agreements (EPAs) between EU and Africa," in Lily Mafela, Herman Musahara, eds., *Setting of New Social Science Research Agenda for Africa in the 21st Century* (African Books Collective, 2011), p. 60.

② Ulf Himmerlstrand, "Perspectives, Controversies & Dilemmas in the Study of African Development," in Ulf Himmerlstrand, Kabiru Kinyanjui, Edward Mburugu, eds., *African Perspectives on Development* (Kampala: Foundation Publishers, 1994), p. 34.

③ Ulf Himmerlstrand, Kabiru Kinyanjui, Edward Mburugu, "In Search of New Paradigms?" in Ulf Himmerlstrand, Kabiru Kinyanjui, Edward Mburugu, eds., *African Perspectives on Development* (Kampala: Foundation Publishers, 1994), p. 12.

对提高，非洲发展银行行长唐纳德·卡贝鲁卡（Donald Kaberuka）在2011年的G20峰会上就谈道，"非洲是充满机遇的大陆，非洲经济的发展将有助于世界经济的复苏"①。另一方面，在西方传统大国陷入经济衰退的同时，新兴国家的经济则维持高速的增长，其在国际经济和政治事务中的影响力逐步提升。更重要的是，以金砖国家成员为代表的新兴国家采取更加积极的非洲政策，这为非洲国家带来了新的选择和重要机遇。

在这一背景下，非洲对国际关系理解的深度和广度在不断提升。利用国际体系的转型促进非洲的发展和国际关系重要性的提高构成了当前非洲国家对国际关系最深刻的理解和战略选择。在非洲国家看来，当前国际秩序变革的一个重要特征是新兴国家巴西、印度、俄罗斯尤其是中国的崛起，以往西方主宰世界和非洲的历史正在改变，西方的衰落与东方的崛起正在为非洲带来重大的机遇，"中国与非洲关系的快速发展将降低非洲对传统援助者和经济伙伴的依赖，为非洲带来新的战略选择。非洲应该和中国一道推动全球治理机制的改革，应该充分利用中国在国际谈判中的影响力"②。非洲国家越来越意识到与新兴国家深化合作是平衡与西方国家关系、提升自身国际关系主体地位的重要途径。在很大程度上，新兴国家不仅为非洲带来了发展所需的资金、技术和人才，更重要的是其还带来了平等互利、尊重非洲国家的自主性和主体地位的原则，这与长期以来非洲政治和知识精英呼吁的国际伙伴关系原则是一致的。南非国际关系与合作部部长在谈到金砖国家与非洲的关系时指出，"金砖国家合作在推动国际权力转移和多边国际秩序的建立上发挥着重要的作用，金砖国家不仅推动了非洲的经济振兴，而且提升了非洲大陆在当今国际体系中的相关性"③。因此，越来越多的学者开始呼吁，"非洲必须更好地利用与新兴国家之间快速发展的关系来促进自身的发展，非洲领导人应该扮演好主导者的角色，

---

① "Africa Is 'Land of Opportunity' and Can Help World Return to Growth – AfDB President, Donald Kaberuka, Says at G20 in Paris," http://www.afdb.org.

② "A Changing Global Order: East African Perspectives," Dispatches from the Regional Workshop "A Changing Global Order – Eastern Africa's Role and Interests" held in Naivasha, Kenya, June 14 – 15, 2007, p. 35.

③ Maite Nkoana – Mashabane, "The 'S' in BRICS: An African Perspective," http://www.southafrica.info/global/brics/mashabane – 220113.htm#.UWawfqJhBc1.

因为非洲自己设置议程的时代已经到来"①。

然而，这并不意味着非洲国家将把重心转向新兴国家，而是希望通过实践更加全面和平衡的国际关系策略来最大限度地利用国际资源。传统大国与新兴大国具有各自的优势领域，欧美的发展援助，推动非洲国家在冲突与安全、人权与良治和能力建设上的作用以及在非洲和国际事务上的影响力是新兴国家仍无法超越的。与此同时，新兴国家虽然给非洲带来了机遇，但是也带来了问题和挑战，大到对非洲产业和经济的冲击，小到劳工标准问题等。在非洲国家看来，这种外部力量的错综交织导致非洲正在形成一个多层次的、"自然"分工的国际关系格局。因此，权衡并合理地利用外部资源是新时期非洲国际关系的重要特征，"在经济上加强与亚洲的关系，在良治、和平与安全上加强与欧洲的关系，在综合性事务包括安全和卫生上加强与美国的关系。尽管非洲领导人会羡慕中国等国自上而下由政府主导的发展，但是对此有惨痛经历的非洲人民更向往欧洲和美国的自由、消费文化和炫目的科技"②。

第二节　泛非主义：非洲联合的理想与现实

20 世纪初期，在西印度群岛和北美的海外非洲人发起了泛黑人主义和泛非主义运动，揭开了非洲人谋求尊严，反对白人统治、压迫和种族歧视的序幕，这也构成了非洲现代国际关系理论的早期表达形式。③"就非洲大陆而言，泛非主义孕育了非洲兄弟情谊和团结的思想，它激励非洲人为政治独立而斗争，也呼唤着非洲的联合。它奠定了非洲民族主义的基础，也成为 1945 年曼彻斯特会议（第四届泛非会议）之后非洲本土争取大陆联合的一种表达。"④ 1957 年加纳的独立开启了非洲国家独立解放的浪潮，也

---

① K. Mathews, "Emerging Powers in Africa: An Overview," *India Journal of African Affairs*, Vol. 51, No. 3 - 4, 2011 - 2012, p. 16.

② Jakkie Cilliers, Barry Hughes, Jonathan Moyer, *African Futures 2050: The Next Forty years*, Institute of Security Studies, South Africa, 2011, p. 10.

③ 刘鸿武、肖玉华、梁益坚：《一个大陆的觉醒、抗争与自强——20 世纪非洲国际关系理论之研究论纲》，《世界经济与政治》2007 年第 1 期。

④ Olatunde J. C. B. Ojo, D. K. Orwa, C. M. B. Utete, *African International Relations* (New York: Longman, 1985), p. 73.

开启了非洲国家思想解放的新篇章，从恩克鲁玛的泛非主义到卡布拉尔的欧洲社会主义再到尼雷尔的费边社会主义，从加纳－几内亚联盟到塞内加尔－马里联邦再到东非共同体，①从国家建设到地区秩序再到国际秩序，从政治安全到经济发展，非洲国家开始向世界展示曾经被奴役的大陆对国际关系的理解和阐述，非洲开国者们在国家建设和地区国际关系设计上充分展现出对新秩序和新道路的渴望。20世纪60年代，非洲统一组织成立前后是非洲国际关系发展的第一次高潮，是非洲对国际关系第一次系统性地表述和实践。这与冷战结束后，以非洲复兴为代表的新的国际关系思想的兴起共同构成了非洲国际关系发展的两个重要时刻。②

从20世纪50年代开始，非洲国家的纷纷独立为国际关系带来了新的形式和思想，此时的非洲不仅自身在积极探索国际关系的形式，而且冷战的现实也使其卷入超级大国对抗和竞争的旋涡。处于国际体系边缘的非洲如何理解和实践国际关系不仅是关系非洲新独立国家生存的问题，还是关系其未来发展的问题。非洲联合被非洲国家视为维护民族解放成果和应对内外部威胁的重要选择，在20世纪50年代后期到70年代，非洲国家围绕非洲联合展开了激烈的讨论，产生了许多影响深远的思想和主张。非洲国家的非洲联合立场基本一致，然而，联合的形式、范围和程度乃至体制存在巨大的差异。这一时期关于非洲联合的主张大致有三类：一是联邦主义，主张建立非洲合众国；二是新功能主义或次区域合作主张；三是介于两者之间的合作主张。恩克鲁玛是联邦主义的极力推动者，他认为建立非洲大陆联盟政府不仅是非洲每一个国家生存的唯一途径而且是推翻新殖民主义的首要前提。他还提出了涉及宪法、经济、军事和防务等系统的联盟政府纲领，并积极通过各种平台向其他非洲国家宣传其主张。在经济上，

---

① Manuel Manrique Gil, "Ideology and the Possibility of African Political Theory: African Socialism and 'ubuntu' Compared," *7th Congress of African Studies*, Lisbon, 2010, pp. 6 – 7. 在20世纪60年代，社会主义的影响更大，以至于其正在成为一种主导型的意识形态话语，与之对应的是，其他国家虽然实行的是"资本主义"，但是耻于公开拥护，而且对"资本主义者"的称谓也很不舒服。参见 Crawford Young, *Ideology and Development in Africa* (Connecticut: Yale University Press, 1982); Ama Biney, "The Legacy of Kwame Nkrumah in Retrospect," *The Journal of Pan African Studies*, Vol. 2, No. 3, 2008, pp. 129 – 159。

② Gibert M. Khadiagala, "Two Moments in Afrian Thought: Ideas in Africa's International Relations," *South African Journal of International Affairs*, Vol. 17, No. 3, 2010, pp. 377 – 378.

恩克鲁玛认为非洲国家虽然取得了政治的独立，但是经济并没有真正独立，因此他主张对大陆经济发展进行规划，提出了建立非洲共同市场、货币区和中央银行的可能性。① 在军事与防务上，他提议建立统一的军事和防务体系，在他看来，军事资源如果不能整合就将导致非洲的不安全，而且给外部大国介入非洲提供机会，这最终将损害所有非洲国家的安全。②在共同外交政策上，他认为，这能使非洲在国际舞台上用一个声音说话。③但是，恩克鲁玛的主张在当时只获得了乌干达 Milton Obote 的支持，其他大部分国家则倾向于新功能主义合作。这一派主张实行政府间合作，认为非洲一体化最实际的方式应该以区域性合作组织为基础，而且先推动经济领域的合作，如尼日利亚首任总理塔法瓦·巴勒瓦（Tafawa Balewa）提议将非洲划分为三个次区域组织：北非（包括苏丹）、西非（延伸至刚果河）和东非（包括大部分中部非洲国家）。与恩克鲁玛的提议获得很少支持相比，这一提议得到了大部分国家的支持或认同，尼日利亚所在的布拉柴维尔－蒙罗维亚－拉各斯集团基本支持这一主张，而有明显分歧的卡萨布兰卡集团的大部分国家也基本认同这一提议，如埃及纳赛尔、几内亚塞古·杜尔、马里的莫迪博·凯塔等都更偏向于新功能主义合作，而不支持建立非洲联盟政府。在第三种形式上，坦桑尼亚总统尼雷尔支持建立东非联邦，采取渐进主义的路径而不是实行不切实际的"大跃进"，其主张介于联邦主义和新功能主义之间。④

非洲国家利益和主张的严重分歧最终导致了恩克鲁玛非洲合众国理想的破灭，即使是退而求其次的东非联邦等也没有真正变成现实，包括以功能性合作为基础的东非共同体也在十年（1967～1977年）后解体。非洲国家早期关于非洲联合的理想和设计最后都让位于现实，以失败告终。究其原因，首先，恩克鲁玛的理想以及东非联邦等非洲联合尝试超

---

① 在1963年非洲领导人峰会上，恩克鲁玛提议建立三个委员会，分别着手起草非洲联盟政府宪法、大陆经济和产业规划以及共同外交政策。Olatunde J. C. B. Ojo, D. K. Orwa, C. M. B. Utete, *African International Relations* (New York: Longman, 1985), p. 83。

② Ama Biney, "The Legacy of Kwame Nkrumah in Retrospect," *The Journal of Pan African Studies*, Vol. 2, No. 3, 2008, p. 136.

③ Nkrumah, *Africa Must Unite*, London, 1963, p. 220.

④ Olatunde J. C. B. Ojo, D. K. Orwa, C. M. B. Utete, *African International Relations* (New York: Longman, 1985), pp. 77–83.

出了当时非洲的现实。泛非主义不能掩盖非洲国家间的巨大差异，包括
对主权的敏感、意识形态、现实利益、领导人的性格等，卡萨布兰卡集
团与拉各斯集团的矛盾以及集团内尤其是卡萨布兰卡集团内的分歧恰恰
反映了当时非洲国际关系的现实。其次，外部力量的介入。出于反共的
考虑，美国积极游说乃至警告其非洲的盟友抵制恩克鲁玛的政治联邦主
张，而且通过国际舆论把恩克鲁玛描述成残忍的、极度渴望权力的泛非
主义者形象，其为达目的不择手段，甚至进行政治暗杀，这影响了当时
许多西非领导人的形象。同时，根据解密的美国外交档案，在非洲联合
的形式上，美国建议非洲国家利用政府间合作来代替地区主义者的主
张。①而1958年成立的联合国非洲经济委员会（ECA）极力推动的非洲
次区域经济合作的理念，正是对恩克鲁玛宏大设想的破坏和冲击。②最
后，非洲联合的实用性和相关性。在非洲统一组织（简称非统）成立后
的相当长时间内，非洲国家间的地区合作并没有取得实质性的进展，在
国家间冲突上，非统也很难发挥有效的作用，如在非统调解坦桑尼亚和
肯尼亚领土争端失败后，尼雷尔就指责非统是"独裁者的交易联盟"，
"当非洲国家发现不能通过集体途径惩罚某一国家时，那么所有国家都
必须自食其力了"③。

　　虽然恩克鲁玛的非洲合众国的梦想时至今日都没有实现，但是其留下
了宝贵的思想遗产，这对后来非洲领导人的思想和非洲学者的观念产生了
重大的影响。"非洲如果渴望克服持续不断的战争和冲突、经济和政治悲
剧、贫穷和西方的资源掠夺等重大的挑战，那么恩克鲁玛提出的非洲合众
国设想，虽然有重大争议，但仍然是一个最好的选择。"④在恩克鲁玛之后，
一些新的非洲国家领导人继承了这一遗产，进而推动非洲大陆的联合和一
体化进程，最直接的表现就是2002年非统向非盟的机制转型。而事实上，

---

① Olatunde J. C. B. Ojo, D. K. Orwa, C. M. B. Utete, *African International Relations* (New York: Longman, 1985), p. 82.

② Gibert M. Khadiagala, "Two Moments in African Thought: Ideas in Africa's International Relations," *South African Journal of International Affairs*, Vol. 17, No. 3, 2010, p. 379.

③ Kenneth Adelman, *African Realities* (New York: Crane, Russak, 1980), p. 9.

④ Aremu Johnson Olaosebikan, "Kwame Nkrumah and the Proposed African Common Government," *African Journal of Politcal Science and International Relations*, Vol. 5, No. 4, 2011, pp. 218 – 228.

在此之前，在 1972 年坦桑尼亚举办的第六次泛非会议，1994 年乌干达举办的第七次泛非会议上，泛非主义的思想、政策和利益主张就有复兴的迹象。"恩克鲁玛关于非洲联合的观念和设想继续激励着非洲及海外非洲人。"① 而之前反对恩克鲁玛主张的非洲领导人对非洲合众国设想的态度也有了新的变化，例如尼雷尔后来承认，非洲国家错过了通过讨论建立一个机制来实现非洲政治联合目标的机会，在恩克鲁玛退出非洲舞台后，没有人愿意应对这样的挑战，第一代非洲领导人没有在实现非洲联合上显示出应有的决心、承诺和诚意，然而，这并不意味着非洲的联合是不相关的。②

冷战结束后，非洲出现了第二次非洲联合的高潮，这一次高潮是对国际格局的调整、非洲相当长时期内发展的大规模失败、冲突加剧和经济不独立等现实环境的回应。从姆贝基的"非洲复兴"倡议到非盟的成立，以及非洲第一个真正意义上的洲际合作规划——非洲发展新伙伴计划，非洲新的领导人不仅为非洲的联合提供新的思想，而且开始具体实践这一思想。当然，与第一次高潮一样，非洲国家（包括领导国家）在非洲联合的形式、主张以及利益考虑方面仍存在很大的差异。结束种族隔离后的南非迫切需要改善与非洲大陆的关系，融入非洲并希望在非洲事务上发挥领导作用，因此，姆贝基提出了"非洲复兴"的倡议，并与尼日利亚奥巴桑乔、阿尔及利亚布特弗利卡、塞内加尔韦德构建了非洲复兴联盟，这一联盟一方面"围攻"利比亚卡扎菲的非洲联邦政府主张，另一方面则积极尝试推动非洲大陆的功能性合作，包括推动非统向非盟的机制转型、建构共同的非洲防务与安全政策（CADSP）、加强次区域经济共同体建设、制定洲际发展规划等。这些努力也奠定了非洲在新的时期一体化进程的基础，形成了非洲洲际一体化与次区域一体化并行发展的格局。"非盟的两个目标是：一是通过建立洲际机制，例如非洲经济共同体，泛非议会，经济、社会与文化理事会，非洲中央银行等，加快《阿布贾条约》的实施进程；二是加快非洲次区域经

---

① Ama Biney, "The Legacy of Kwame Nkrumah in Retrospect," *The Journal of Pan African Studies*, Vol. 2, No. 3, 2008, p. 145.

② Ama Biney, "The Legacy of Kwame Nkrumah in Retrospect," *The Journal of Pan African Studies*, Vol. 2, No. 3, 2008, p. 147.

济共同体建设。至此，非洲的政治与经济一体化进程开始呈现交相辉映的特征。"①

第二次非洲联合的高潮（1998～2008年）被一些非洲学者称为非洲国际关系的"黄金时期"，因为在他们看来，这一时期的非洲国家间的"权力协调"（Concert of Powers）达到了极致。南非姆贝基、尼日利亚奥巴桑乔、阿尔及利亚布特弗利卡、塞内加尔韦德、埃塞俄比亚梅莱斯、加纳库福尔、莫桑比克希萨诺、坦桑尼亚姆卡帕等非洲第二代领导人在非洲的联合和集体对外关系上显示出了高度的政治意愿和协调能力。如果说第一代非洲领导人国际思想的核心是"谁应该管理非洲"的话，第二代非洲领导人国际思想的核心则是"非洲人希望通过何种方式来被管理"。在地区联合上，第二代非洲领导人推动泛非主义或洲际主义（continentalism）的目的并不是要建立非洲联邦政府，而是通过功能性的合作，实现共同的规范、价值观、机制的社会化过程，建立非洲共同社会。在对外关系上，第二代非洲领导人通过集体努力改变非洲与外部大国关系中的"新家长制"（neo - paternalism），确立以相互尊重、平等、责任和义务、平等世界秩序为基础的新伙伴关系。这也形成了非洲国际主义（African Internationalism）的新特征：非洲领导国家（在G20、金砖国家领导人会晤等国际平台中的非洲国家）代表非洲大陆参与国际权力分配的谈判，敦促发达国家和原殖民国履行从援助到市场准入等各领域问题上的承诺。②

从非洲联合或一体化的历史和实践来看，非洲的国际关系具有几个明显的特征。第一，非洲国家领导人的思想在非洲的国际关系构建中发挥着关键性的作用，如恩克鲁玛的思想和后来的"非洲复兴"倡议。第二，非洲国家间的差异决定了非洲国家在地区一体化和国际关系认知上的差异，非洲的国际关系形态最终是国家间妥协的产物，无论早期的非统还是后来的非盟实际上都是联邦主义者与功能主义者，或者激进主义

① Said Adejumobi, Adebayo Olukoshi, eds, *The African Union and New Strategies for Development in Africa* (New York: Cambria Press, 2008), pp. 11 - 12.
② Christ Landsberg, Fractured Continentally, Undermined Abroad: African Agency in World Affairs (paper presented to the Seminar African Agency: Implications for IR Theory, City University, London, September 14, 2011), http://www.open.ac.uk/socialsciences/bisa - africa/files/africanagency - seminar4 - landsberg.pdf.

者与渐进主义者之间博弈的产物。第三，当前的非洲地区主义的重要目的是通过功能性合作推动规范、价值观和机制的社会化。第四，在新时期，非洲的自主权和平等伙伴关系逐渐成为非洲新国际关系范式的核心原则，非洲国家在国际政治中的代理人或领导国家的能力在很大程度上决定着这一原则的巩固程度。第五，对应第一点，非洲的国际关系具有明显的领导人个人因素，领导人（当然也包括以非洲知识精英为代表的思想贡献者）的思想尤其是前瞻性理念的缺乏，是非洲国际关系落后的重要原因。① 在 2008 年之后，随着第二代领导人陆续退出政治舞台，新的领导人并没有继承第二代领导人在"非洲协调"上的遗产，非洲的国际关系又开始出现领导权的真空。②

第三节 本土文化：非洲国际关系思想的文化根源及表达形式

非洲的政治、社会和文化传统是非洲国际关系的重要思想来源，在塑造非洲的国际关系上发挥着重要的作用。无论第一代还是第二代非洲领导人的国际关系理想都能从非洲的本土文化中找到思想根源，非洲传统文化中也蕴含着大量关于族群关系、人与人之间关系、冲突解决、和平文化等丰富的国际关系思想。然而，西方对学术理论和话语的长期主宰使非洲的本土传统文化很少被重视。

---

① 如 Gilbert M. Khadiagala 指出，从 20 世纪 60 年代开始，正是非洲国家地区合作和机制建设的缺乏为联合国非洲经济委员会（ECA）提供了填补这一真空的机会，这导致了非洲很难影响非洲本身的发展战略和规划，这与欧洲和拉美的实践形成了鲜明对比。再如，在姆贝基和奥巴桑乔相继离任后，"非洲复兴"联盟随之瓦解，韦德也加入卡扎菲阵营成为非洲联邦政府的积极提倡者，对此，Gilbert M. Khadiagala 哀叹道，"真正有理想、信念、勇气、正直和合法性的领导人楷模往往最终不能扮演非洲大陆领导者的角色，而那些不那么显著的街头'思想者'却不断发出不和谐的声音，这些声音似乎也被看作思想。有些人会感叹姆贝基的离去以及南非领导人对非洲事务缺乏有力支持，部分原因正在于他们对非洲国际关系思想'死亡'感到悲哀"。Gibert M. Khadiagala, "Two Moments in African Thought: Ideas in Africa's International Relations," *South African Journal of International Affairs*, Vol. 17, No. 3, 2010, p. 384。

② Christ Landsberg, Fractured Continentally, Undermined Abroad: African Agency in World Affairs (paper presented to the Seminar African Agency: Implications for IR Theory, City University, London, September 14, 2011), http://www.open.ac.uk/socialsciences/bisa-africa/files/africanagency-seminar4-landsberg.pdf.

20 世纪 90 年代，正是在反思西方范式失灵的基础上，非洲知识分子开始从非洲本土寻找线索。非洲学者认为，泛非主义、非洲社会主义和非洲复兴的思想都可以从非洲的集体主义传统中找到相应的解释。例如，姆贝基的"非洲复兴"思想正是南非将"乌班图"（ubuntu）用于国际关系实践的表现。①"乌班图"表达的是一种共同体的思想，姆贝基在阐述其非洲复兴思想时的一句名言是"我是一个非洲人"，这正是南非希望融入非洲的共同体意识的表达。从国际关系的角度来看，非洲复兴是南非领导非洲融入世界的一种尝试，其具体表现在提出非洲发展新伙伴计划的倡议，推行更加积极的非洲政策上。②而从后结构主义的角度来看，非洲复兴是要解构殖民话语，重新阐释非洲的历史和文化，其目的是要改变国际关系的话语主宰局面，为非洲本土理念的产生开辟空间。③再例如，一些学者指出，非洲文化中的集体主义和平等主义构成了非洲社会主义的文化和思想基础，是区别于欧洲社会主义的明显特征，非洲社会主义重视人的价值，呼吁恢复被殖民暴力破坏了的非洲共同社会，在这一社会中，阶级是不存在的，阶级斗争不是历史发展的动力，因为这本来就是一个共同社会。如果阶级斗争是历史动力的话，就等于承认非洲没有自己的历史。④然而，在一些学者看来，非洲社会主义失败的重要原因也正是在于尼雷尔等错误地估计了欧洲社会主义与非洲集体主义之间的相容性，没有真正考虑到非洲集体主义的本质，用西方社会主义指导非洲的国家建设是其失败的根本原因。因为，"非洲集体主义本质上是一种社会伦理而不是经济教义，而社

---

① 乌班图是南部非洲的一种哲学思想，是处理人与人、人与社会之间关系的哲学，其核心思想是"我们彼此互为一体"，人只有通过与他者互动或者被群体承认才能成为完整的人。非洲人对乌班图的一种表述是，"你的痛也是我的痛，我的财富也是你的财富，救助你就是救助我"。其他非洲国家也有类似的表述，如博茨瓦纳的 botho，马拉维的 uMunthu，坦桑尼亚和肯尼亚的 utu、undu、untu 等，都是非洲国家处理社会和族群关系的重要思想和原则，http：//en. wikipedia. org/wiki/Ubuntu_（philoso-phy）。

② Ellas K. Bongmba, "Reflections on Thabo Mbeki's African Renaissance," *Journal of Southern African Studies*, Vol. 30, No. 2, 2004, p. 297.

③ Peter Vale, Sipho Maseko, "South Africa and the African Renaissance," *International Affairs*, Vol. 74, No. 2, 1998, pp. 280 – 281.

④ Manuel Manrique Gil, "Ideology and the Possibility of African Political Theory: African Socialism and 'ubuntu' Compared," *7th Congress of African Studies*, Lisbon, 2010, pp. 10 – 11.

会主义主要是一种经济安排。集体主义并一定适用于社会主义,反之亦然"①。

非洲国家和社会对国际关系理解的另一个特别之处在于对非洲传统文化的解读和表达方式。在相当长时期内,非洲的社会科学研究力量和基础一直处于薄弱的境地,Ulf Himmerlstrand 在 20 世纪 90 年代曾这样评价非洲的社会科学研究,"社会科学研究在非洲是缺乏的,非洲学者和研究人员的境遇令人吃惊,他们不仅缺乏基本的研究设备和经费,还缺乏时间和独立的创作环境,因为他们需要从事其他各种各样的工作来贴补家用,包括顾问、出租车司机、饲养家禽、种植蔬菜等"②。但是这并没有阻碍非洲本土国际关系思想的产生,在一定程度上,这使文学等人文学科扮演了社会科学的角色。③非洲许多政治和国际关系思想隐喻在非洲的文学、哲学和社会文化传统中,更多的是人文和自由的表达。④ 这也决定了非洲文化的两个重要特征。一方面,非洲文学强烈关注非洲的现实问题,而不是单纯地推测或者虚构,这是非洲文学的最典型的特征。非洲文学者被视为非洲价值观的捍卫者,因此,"非洲当代作家应该认真为非洲社会代言和谏言"⑤。另一方面,国际关系学者对非洲文学的理解和解读则构成了非洲国际关系研究的又一个特色。非洲文学中既有大量关于殖民主义、新殖民主义、战争与冲突、腐败、宗教、饥荒等的描述和反思,也有关于世界秩序等宏观的理解。甚至一些社会科学研究者也表示,"非洲作家,例如内丁·戈迪默(Nadine Gordimer)、恩古吉·瓦·提安戈(Ngugi wa Thiong'o)、沃莱·索因卡(Wole Soyinka)等在冲突上的理解和论证比社会科学研究者还要透彻和有力。我们应该从非洲文学(例如小说、传记、

---

① 转引自 James E. Lassiter, "African Culture and Personality: Bad Social Science, Effective Social Activism, or A Call to Reinvent Ethnology," *African Studies Quarterly*, Vol. 3, No. 2, 1999。

② Ulf Himmerlstrand, "Perspectives, Controversies & Dilemmas in the Study of African Development," in Ulf Himmerlstrand, Kabiru Kinyanjui, Edward Mburugu, eds., *African Perspectives on Development* (Kampala: Foundation Publishers, 1994), p. 35.

③ Johann Mouton, "The State of Social Science in Sub – Saharan Africa," in 2010 *World Social Science Report*, Center for Research on Science and Technology, Stellenbosch University, 2010.

④ 周玉渊:《瑙莱坞与非洲和平:本土的才是适合的》,《中国社会科学报》2011 年 3 月。

⑤ Eric Edi, "Africa and the New World Order: Voices and Ways of Liberation in Armah's Osiris Rising," *The Journal of Pan African Studies*, Vol. 1, No. 9, 2007, p. 120.

口述故事和散文）中获取营养。这些文学形式能够也应该可以启迪社会科学研究者对非洲困境的认识，同时，对社会科学研究者来说，这也应该是一个起点，以借此来发现非洲的重大社会问题，理解、解释并提供方法来克服非洲社会变革面临的障碍"①。例如，在非洲的冲突与和平建设上，一些学者从阿切贝的小说《瓦解》（*Things Fall Apart*）中发现冲突解决的方法，并提炼出解决冲突的两个原则：其一必须恰当明确地处理冲突双方的经济利益诉求问题，因为一切人的冲突都可归因于经济利益，如果经济利益冲突不能解决，那么和平永远不会到来；其二，无论什么样的经济利益，都必须以最少人的死亡为衡量标准。②再例如，有学者从《奥西里斯的崛起》（*Osiris Rising*）中探求非洲人对未来和国际秩序的理解，并从中寻找非洲未来的出路和方法。他从中得出了一些认识，"非洲人不应该仅仅局限于对旧体系的批评，而要积极地探索和设计新的体系"。"为适应新的体系，非洲人首先必须检查和反思自身。""新非洲的诞生应该从社会心理（乐观主义）、国民性格、务实行动、非洲本土文化、泛非意识和重视妇女的作用等几个方面入手。"③另外，也应通过对口述故事、电影、舞台剧的分析来探讨非洲文化与和平和发展之间的关联。④

综上所述，非洲人文学者或者文化主义者关于国际关系的理解有其明显的独特性，他们更强调非洲的主体性或"非洲个性"，主张对非洲本土

---

① Ulf Himmerlstrand, Kabiru Kinyanjui, Edward Mburugu, "In Search of New Paradigms?" in Ulf Himmerlstrand, Kabiru Kinyanjui, Edward Mburugu, eds., *African Perspectives on Development* (Kampala: Foundation Publishers, 1994), p. 11. 当然还有其他许多非洲著名的文学作家，包括钦努阿·阿契贝（Chinua Achebe）。

② Peter W. Mwikisa, Maude M. Dikobe, "Stories and Literature in Culture as Sources of Indigenous Insights in Peacebuilding and Development," *Journal of Peace – building and Development*, Vol. 4, No. 3, 2009, pp. 48 – 50.

③ Eric Edi, "Africa and the New World Order: Voices and Ways of Liberation in Armah's Osiris Rising," *The Journal of Pan African Studies*, Vol. 1, No. 9, 2007, pp. 122 – 129.

④ 最有代表性的是2009年《和平建设与发展》杂志第3期发表的多篇有关非洲文化与和平发展关系的文章。Mpho G. Molomo, "Building a Culture of Peace in Africa: Towards a Trajectory of Using Traditional Knowledge Systems," *Journal of Peace – building and Development*, Vol. 4, No. 3, 2009, pp. 57 – 69; Kennedy C. Chinyowa, "Playing against Violence: A Case Study of Popular Theatre in Zimbabwe," pp. 33 – 45; Patrick Ebewo, "Theatre: A Cultural Tool for the Propagation of Peace in Africa," pp. 21 – 32; Peter W. Mwikisa, Maude M. Dikobe, "Stories and Literature in Culture as Sources of Indigenous Insights in Peacebuilding and Development," pp. 46 – 56。

文化进行准确理解、评估和应用。他们批评社会科学的相关研究实际上是西方长期以来力图主宰非洲命运的一种表现形式,[①]在他们看来,非洲国家的失败根源于对本土文化的错误理解和实践,这在很大程度上是国家领导人采取西方化行动或者深受外部环境影响的结果,而非洲对社会科学的忽视或者不正确地审视非洲的本土文化,是西方国际学术话语霸权的附属品。简单界定,非洲文化主义者是非洲传统文化的坚实捍卫者,主张用非洲本土文化来理解和建构非洲的国际关系;非洲国家领导人则是介于国际环境与本土文化之间的尴尬地带的领导人,其国际关系思想和政策同时受到这两者的影响,但是更多的时候,其受国际环境影响的程度更高;非洲社会科学相当长时期是西方社会科学“实验室”的产物,其难免会深受西方社会科学理论框架和研究范式的影响,从而缺乏非洲的本土意识和文化思考。当然,这三者之间是一个动态的、相互影响的过程,这一过程共同塑造了非洲国家对国际关系的理解。非洲国际关系对自主性和本土文化的重视正是这一互动过程在新时期的表现和结果。

第四节　结语

非洲的内外国际关系正在经历重大的变化,表现在:一是与大国尤其是原宗主国的侍从主义关系向平等、互相尊重和互利共赢的伙伴关系发展,“非洲设置议程的时代已经来临”;二是非洲的地区合作从理想主义色彩浓重的联邦主义向更关注具体问题领域的功能性合作转移;三是“非洲议程”“非洲问题非洲解决”需要非洲国家在应对国际问题上提供更多更有效的非洲方式来增强其相关性,本土文化传统在这一过程中正发挥着越来越重要的作用。从独立以来的历史来看,非洲国际关系的变化是非洲大陆自身发展经验反思、重要性提升,非洲国际关系自主性和实践能力增强,国际权力转移背景下国际社会对非政策互动共同作用的结果。这一变化也促使国际关系理论开始加强对非洲的关注,非洲不仅对传统的国际关系理论构成了挑战,而且可以为丰富国际关系理论做出贡献,但是这一前

---

① 转引自 James E. Lassiter, "African Culture and Personality: Bad Social Science, Effective Social Activism, or a Call to Reinvent Ethnology," *African Studies Quarterly*, Vol. 3, No. 2, 1999。

提必须建立在非洲作为国际关系主体的研究基础上，这包括非洲对国际秩序的理解、领导人的国际思想、本土文化在其中的作用等。

泛非主义、国际秩序和本土文化构成了理解非洲国际关系的三个维度。从早期的黑人解放和反抗殖民统治到后来的发展和冲突解决，泛非主义视野下的非洲地区联合的内涵和表现形式在不断发生变化。在非洲地区联合的两次高潮中，非洲第一代和第二代领导人的思想发挥着重要的作用。虽然恩克鲁玛提出的非洲合众国和非洲联邦政府的设想一开始就遭到其他国家的抵制和反对，但是他开启了非洲国家围绕地区联合进行讨论和方案设计的序幕，这一遗产时至今日仍然在发挥作用。非洲地区联合的第二次高潮被称为非洲国际关系的"黄金时期"，因为这一时期更多的非洲国家领导人在地区联合上能够达成共识并发挥领导作用，非洲的"权力协调"达到了极致。非盟的成立、洲际发展规划和和平安全机制的建立体现了非洲复兴联盟在非洲发展、和平与安全建设等非洲重大问题上的政治意愿。从上述进程来看，联邦主义、政府间合作和新功能主义之间的互动、博弈始终是非洲地区联合思想发展的一条主线，由此所带来的非盟与非洲次区域组织的并存，区域联合体的形成、重组与解体实际上为国际关系研究和地区主义研究提供了多样的案例和经验。

外部环境的变化塑造着非洲国家对国际关系的理解和反应。从殖民主义到新殖民主义，非洲长期以来一直被视为国际体系的客体或者被动接受者，然而，非洲国家的主体意识一直存在而且自主诉求随着国际环境的变化越来越强烈。如果说第一代非洲领导人国际关系思想的核心是解决"谁来管理非洲"问题的话，第二代非洲领导人国际关系思想的核心则是"用什么方式来管理非洲"。第一代领导人需要通过与原宗主国和不平等国际秩序的抗争来实现国家自主，因此，抵制"新殖民主义""侍从主义""巴尔干化"，利用联合国等多边平台建立新国际秩序是这一时期非洲国际关系的主要表达。第二代领导人则根据变化了的国际关系格局，重新思考和定位非洲与外部大国的关系，因此，"非洲问题非洲解决""非洲自己设置议程的时代已经到来"等是新时期非洲国际关系的主要表达。在实践中，外部大国与非洲国家的"家长制"关系正在被平等伙伴关系取代，非洲国家在平衡和利用外部资源上的能力不断增强。这一过程和结构的一个新的现象是在国际平台中非洲国家"代理人"重要性的上升，如南非在

G20、金砖国家领导人会晤等重要平台中所肩负的为非洲代言的责任。这是新时期非洲国际关系发展的一个新特征，对于这种新的形式的双层博弈或者委托人－代理人机制需要理论的关注和回应。

　　本土传统文化是非洲国际关系的思想根源，在非洲的国际关系理念、主张和战略中总能或多或少发现本土传统文化的影子。然而，西方社会对非洲文化落后的话语界定，以及非洲国家从国际政治经济到社会科学的西方化过程使非洲的传统文化长时期处于不被重视的境地。非洲国家更愿意从外部寻找发展国际关系的答案，例如非洲的现代化和社会主义尝试，冷战时期寻求与大国结盟而不是致力于地区联合。实际上，非洲文化中包含大量的关于人与人以及群体间关系的思想，尤其是应对冲突、构建社会和谐上的经验。随着"非洲自己设置议程时代的到来"，以及"非洲问题非洲解决"的需要，非洲国家开始更重视从非洲本土中寻找相应的思想和启示。在这一背景下，作为非洲本土文化捍卫者和记录者的非洲哲学、人文科学（如非洲文学）无疑能够发挥重要的作用，而事实上，通过对非洲文学等表达形式的解读来理解非洲的国际关系观已经是非洲国际关系研究中的一个特色。

　　总体而言，本章的目的并不是要系统地介绍非洲的国际关系思想，而是希望通过上述三个维度来探讨非洲国际关系的特殊性，并借此对非洲的国际关系理论研究尤其是创新研究有所启迪。至少从目前来看，非洲的地区主义发展、非洲与外部世界的关系，以及非洲的本土文化中存在大量非洲本体对国际关系的理解，对这些思想、经验和特征的深入提炼和总结才是探讨国际关系理论与非洲结合的首要基础，也是超越当前更多只集中于方法论讨论的前提。当然，这不仅需要国际关系学者的推动，还依赖于非洲研究者的参与和贡献。①

---

① Tandeka C. Nkiwane, "Africa and International Relations: Regional Lessons for a Global Discourse," *International Political Studies Review*, Vol. 22, No. 3, 2001, pp. 279–290.

第三章 从被发展到要发展：非洲发展理念的变迁

发展的概念和内涵在不同时期都经历了重大的变化。[①]古典经济学家将发展界定为国家收入的增长，国家迈向更高阶段的过程。新古典经济学家随之进行修正，将发展理解为国家对有限资源进行最优化配置。二战结束后，广大发展中国家的独立和发展问题直接带来了发展经济学的产生，这也促使发展的内涵和外延更加扩大，具体表现在：一国发展的标志是经济和收入能维持较长时间的增长；政府干预能够促进发展的实现（马绍尔计划的启示）；发达国家成为发展中国家效仿和追赶的目标。从20世纪70年代末开始，随着新自由主义成为西方国家的主导经济思想，发达国家向发展中国家推行以私有化、市场开放和经济自由化为核心的发展设计，其以经济结构调整计划为代表。经济结构调整计划大范围的失败使西方国家和国际组织开始调整战略，进而提出了新千年发展目标，将发展界定为包括增长、人的发展、环境保护和机制转型等，其核心和操作性目标是减贫。然而，在西方国家发展模式和新自由主义思想基础上的发展范式已经深深嵌入发展中国家的发展道路，成为发展中国家发展与变革的结构性难题。

非洲的发展现实是发展理论研究的一个重要学术难题，更是一个政策难题。二战以来，针对非洲发展的理念和政策设计经历了多次变化，但是，非洲依然没有获得有效的发展。西方发达国家和国际组织对非洲发展

---

① 现在常用的发展概念通常指二战后兴起的发展理念。从19世纪初开始到现在，发展的概念变化大致经历了11个阶段，从最开始的经济增长、产业化到当前新千年发展目标提出的结构改革，不同时期发展的概念和侧重点是不一样的。可参见 Jan Nederveen Pieterse, *Development Theory* (London: Sage, 2010), pp. 5 – 8。

的设计一直饱受批评，勒内·杜蒙（Rene Dumont）在20世纪60年代就指出发达国家在非洲实行的产业化战略是一个"错误的开始"[1]，在当时这一观点被主流趋势视为异类，但是历史证实了这一预见。从现代化或西方化的模式移植，到新自由主义思潮下的结构调整计划，再到联合国新千年发展目标，非洲很大程度上只是发达国家发展政策设计的试验地，非洲缺乏作为发展主体的意识和能力。这也让一些学者激进地认为非洲的发展"根本就没有开始过"[2]。尽管如此，学术界对非洲发展的理论和政策研究从未中断过，近些年来，非洲发展的理念也开始出现一些新的变化。值得一提的是，非洲发展研究区别于其他学科研究的一个重要特点在于：理论与政策的界限是模糊的，学术界的理论研究具有强烈的政策性，在很大程度上，新理论的引入或提出是为了构建新的政策框架。这大致可归因于非洲发展问题的紧迫性和现实性。

第一节　从产业化战略到经济结构调整计划

二战后，非洲国家的相继独立不仅是重大的政治现象，而且是具有挑战意义的经济现象，原殖民地如何在经历长期殖民后走上真正属于自己的发展道路？这也是促使发展学研究转向的重要议题。独立后的非洲国家具有强烈的去殖民化意识，不仅表现在主权、国家管理和尊严等的维护上，还表现在实现发展的决心上，最有代表性的就是泛非思想影响下的非洲共同发展理念，即加强非洲国家间的团结，维护彼此的主权，以在此基础上实现共同发展。为此，独立后的非洲国家也积极学习和探寻本国发展道路。然而，非洲的发展一开始就深受殖民遗产和冷战现实的影响，表现在两个层面。一是在发展道路和模式上，一部分（较多）非洲国家继承了原殖民国的遗产，学习西方；一部分国家学习社会主义，学习东方。二是发展的基础和条件，独立后的非洲国家虽然具有强烈的自主发展意愿和决心，但是缺乏基本的条件，如资金、产业基础、技术、教育、人才等。这都决定了在当时其很难认真学习和找到适合本国的发展道路，非洲的发展

---

① Rene Dumont, *False Start in Africa* (London：Deutch Ltd. , 1966).

② 转引自 Almaz Zewde, *Sorting Africa's Development Puzzle：The Participatory Social Learning Theory as an Alternative Approach* (Lanham, Maryland：University Press of America, 2010), p. 14。

一开始就被历史和现实所绑架。

在 20 世纪 60 年代，对非洲国家来说，西方国家的发展模式就是非洲的未来，而实现这一目标的途径就是快速产业化。①非洲国家纷纷采取"进口替代产业化"战略，然而，这一刻板的依赖外部设计、专家和技术的产业化战略很快就以失败告终。其失败的最重要的原因大体可归纳为以下几点。其一，非洲国家缺乏必需的人力、技术和专业人才去计划、评估和决定产业化的成本和收益，更不用说去管理由外部国家制定的产业化战略。其二，非洲国家的产业化战略是由外部利益驱动的，非洲国家的参与和控制能力非常有限。其三，非洲国家严重依赖进口产品的产业化，没有把重点放在本土原材料的加工生产上，这导致外汇收入是不可持续的。其四，产业化并没有立足于非洲市场的需求，并没有带动其他产业和就业的提高。"非洲产业化战略仅仅是一个简单的猜测式的发展选择，而与当地的可持续发展几乎无关。"② 产业化战略没有推动非洲的发展，反而使非洲国家开始陷入对发达国家的巨大债务之中。

20 世纪 70 年代，非洲国家放弃产业化战略，开始寻求新的发展模式。然而，非洲国家并没有能力制定自身的发展战略，相反开始严重依赖外部援助、贷款和投资来满足自身的基本需求，这导致非洲国家的债务越来越多和经济越来越脆弱。产业化战略的失败也促使西方国家在非洲发展理念和战略设计上进行调整，开始重视社会、社区和人力资源的发展，包括卫生、教育和营养改善等。然而，这一设计采取的是"输血"而不是"造血"的方式，并没有有效地结合非洲当地的实际，这也导致非洲并没有取得实质性的发展，非洲发展所需要的人力、技术和资金仍严重依赖外部。从 20 世纪 80 年代开始，在西方国家新自由主义思想基础上的经济结构调整计划使本来就脆弱的非洲经济雪上加霜，国际货币基金组织和世界银行在与非洲国家谈判中要求缩减政府规模、实行私有化、使货币贬值、开放

---

① 这一时期非洲的发展理念不仅受到西方发达国家的影响，而且深受社会主义思潮的影响。总体而言，这两种发展理念在现代化或产业化上的理念是一致的，即强调工业发展，强调国家对经济的干预和控制。可参见陈宗德、吴兆契主编《撒哈拉以南非洲经济发展战略研究》，北京大学出版社，1987，第 5～6 页。

② Almaz Zewde, *Sorting Africa's Development Puzzle: The Participatory Social Learning Theory as an Alternative Approach* (Lanham, Maryland: University Press of America, 2010), pp. 6–7.

市场,这被证明是对非洲经济致命的打击,"经济结构调整计划几乎毁掉了非洲经济"①,加上干旱、饥荒、艾滋病和疟疾蔓延等,非洲国家经历了"失去的十年"。

外部发展理念和范式的失败开始促使非洲国家构建本土的发展理念和设想,其中最著名的是 1980 年非洲统一组织制定的《非洲经济增长:拉各斯行动计划》(简称《拉各斯行动计划》)。②《拉各斯行动计划》是非洲第一个洲际层面的综合性发展规划,它开始强调谋求非洲本土自身的发展,《拉各斯行动计划》分为短期、中期和长期三个目标,基本涵盖了非洲社会经济发展的相关问题。其反映了非洲自主发展意识的觉醒,"非洲的发展不应再被动地受制于旧的世界体系"③。然而世界银行 1981 年制定的《加快撒哈拉以南非洲发展》行动计划的出台使这一计划没有得到实施,非洲不得不继续接受世界银行以及其他国际援助者设定的发展规划。④《拉各斯行动计划》之后,非洲国家又先后制定或参与了 4 个里程碑式的发展战略:非洲经济恢复优先发展项目(1986~1990 年),非洲结构调整计划替代框架(1989 年),非洲人民参与发展宪章(1990 年),联合国非洲发展新议程(1991 年)。这些发展战略基于非洲自主、地区合作和民众参与,其强调国家在发展中的中心地位,主张改变国际贸易体系的不平等和新自由主义主导的市场推动增长模式。然而,"由于受到布雷顿机

---

① Adebayo Adedeji, "Marginalization and Marginality: Context, Issues and Viewpoints," in Adebayo Adedeji ed. , *Africa within the World: Beyond Dispossession and Dependence* (London: Zed Books, 1993), pp. 1 - 16. 经济结构调整计划受到了严厉的批评,对此学界进行了大量的研究,这里不再赘述。国内可参见舒运国《失败的改革——20 世纪末撒哈拉以南非洲国家结构调整评述》,吉林人民出版社,2004。需要注意的是非洲与东亚奇迹的比较,在学者们看来,东亚奇迹的出现并不是因为东亚国家执行了经济结构调整计划,相反,正是因为东亚国家摒弃了华盛顿共识中的核心内容。
② 《拉各斯行动计划》的前言提到了该计划出台的背景:发达国家相继的发展战略并没有促进非洲大陆经济形势的改善,相反带来了发展停滞,乃至潜在的经济和社会危机;非洲在过去的二十年几乎没有取得任何发展,鉴于此,我们决定集体自立,加强地区合作,重建我们发展的基础。详情可参见 OAU, *The Lagos Plan of Action*, Lagos, Nigera, April, 1980。
③ 转引自 Francis Nguendi Ikome, From the Lagos Plan of Action to the New Partnership for Africa's Development (NEPAD): The Political Economy of African Regional Initiatives (PhD thesis of University of the Witwatersrand, 2004), p. 85.
④ Almaz Zewde, *Sorting Africa's Development Puzzle: The Participatory Social Learning Theory as an Alternative Approach* (Lanham, Maryland: University Press of America, 2010), p. 12.

制的忽视、反对和抛弃，非洲国家不得不放弃自身的发展设想"[1]。

从 20 世纪 50 年代非洲国家开始独立的近半个世纪正是发展理论和范式不断变化的一个阶段。这些理论既有建构性的或政策导向性的，如现代化理论（20 世纪 60 年代）、替代发展理论（20 世纪 80 年代），也有解构性的或批评性的，如依附理论（20 世纪 70 年代）和后发展理论（20 世纪 90 年代）。总体而言，这一阶段的发展理论是外部性的，即发展理论的构建并不是立足于发展中国家的实际，相反是发达国家基于自身经济发展理念的外溢。同时，非洲国家的弱势地位使这些理念非常容易地转化为发达国家的政策设计试验，当然其中包含着深层次的政治经济目的，甚至偏见，例如在非洲与西方的关系上，"将非洲人视为旁观者，按西方国家自身政策设计进行自上而下的援助，而不是基于非洲的切实需求进行援助，是非洲国家独立后的常态"。[2] 这导致的一个重要结果是，在这些关系非洲发展的理念和范式构建过程中，非洲国家几乎没有任何发言权。[3]

第二节　从新千年发展目标到非洲发展新伙伴计划

发展理论研究中的话语分析范式认为二战后亚非拉世界的发展轨迹是由外部世界主要是西方世界建构起来的，西方世界建构了非洲发展的现实，为非洲贴上了各种标签，如"欠发达""营养不良""小农""妇女的弱势"。为此，发展的话语制定了规则，人们必须遵循这些规则来认识问题、建立理论、进行分析，并将其最终转化为一项政策或计划。然而，

---

[1]　转引自 Cyril I. Obi, "Reconstructing Africa's Development in the New Millennium through NE-PAD: Can African Leaders Deliver the Goods?" *African Journal of International Affairs*, Vol. 4, No. 1 - 2, 2001, pp. 149 - 150。

[2]　转引自 Stefan Andreasson, *Africa's Development Impasse: Rethinking the Political Economy of Transformation* (London: Zed Books, 2010), p. 31。

[3]　李安山认为将非洲发展的失败归因于非洲国家领袖是不公平的，"从罗斯托的现代化理论，到后来的各种发展战略，从冷战后的结构调整到华盛顿共识，非洲国家为了得到发达国家的援助，不得不按西方国家意志进行各种不适合本国实际的改革，然而，这种尝试失败后受到指责的不是那些制定计划的西方专家，而是非洲国家领袖，这是很不公正的"。李安山：《全球化视野中的非洲：发展、援助与合作——兼谈中非合作中的几个问题》，《西亚非洲》2007 年第 7 期。

"那些貌似理性和中立的发展话语机制，其实是现代世界权力实践的一部分，发展机器正是依赖这些实践实现了对第三世界人民的支配和统治"①。从国际对非发展实践来看，非洲发展的失败，尤其是经济结构调整计划的失败并没有让西方国家对其非洲发展战略进行根本性的变革，新千年发展目标以及发达国家的非洲发展合作表面上增强了对人的发展的关注，但其实质仍是专注于非洲国家结构性的改革，仍遵循的是自上而下的发展模式。②

联合国于2000年制定的新千年发展目标，确定了发展的八个方面：贫困、教育、性别平等、儿童死亡率、母亲健康、疾病、环境和全球伙伴关系。在一些学者看来，新千年发展目标与早期的发展有两点不同：一是发展对象从专注于国家经济的结构和动力转向个人；二是目标从追赶发达国家的生活标准转向最低要求，即减贫或满足最低生活标准。③然而，除了在初级教育、教育性别平等和妇女在议会中的代表权三个领域取得积极进展之外，非洲国家在实现大部分新千年发展目标上的进展非常缓慢。④ 与此同时，1999年，世界银行和国际货币基金组织对非洲发展的议程也开始出现新的变化，其中减贫、所有权、共同参与和直接资金支持（援助资金直接注入政府财政）开始成为国际金融机构对非援助的重要途径。新千年发展目标和国际金融机构的发展战略也引领着非洲发展政策和学术界话语的构建，国际社会确立的目标和条件成为非洲国家制定发展战略时的重要依据，而学术界在探讨非洲发展问题时，也绕不开新千年发展目标，而且，在很大程度上，联合国、世界银行、国际货币基金组织以及西方国家主宰着非洲发展的学术话语。世界银行的《21世纪能否成为非洲的世纪?》一书指出，非洲人民及其后代如果想把21世纪变成非洲的世纪就必须做出重大的变革，为此，改善政府治

---

① 〔美〕阿图罗·埃斯科瓦尔：《遭遇发展：第三世界的形成与瓦解》，汪淳玉等译，社会科学文献出版社，2011，第5～13页。

② Jan Nederveen Pieterse, *Development Theory* (London: Sage, 2010), p. 7.

③ John F. E. Ohiorhenuan, "The Future of Poverty and Development in Africa," *Foresight*, Vol. 13, No. 3, 2011, p. 12.

④ 在很多学者看来，新千年发展目标的标准对于非洲来说是不公平的。具体可参见 William Easterly, *How the Millennium Development Goals Are Unfair to Africa* (Brookings Global Economy & Development Working Paper, November 14, 2007)。

理、投资人民、增强竞争力和降低对援助的依赖将是非洲未来发展的决定因素。① 类似的，有学者通过对非洲 17 个国家的观察认为，提高治理环境、执行更有效经济政策、改善与国际援助者的关系、培育新一代的商业和政治领袖在推动非洲发展上发挥着不可或缺的作用。② 考虑到非洲国家难以实现新千年发展目标的现实，世界银行于 2005 年制订了非洲行动计划，这一计划也成为世界银行非洲发展战略的系统框架，其包括 30 个目标和 109 个举措，世界银行与非洲的合作主要集中在三个领域：一是促进经济增长并能使经济增长惠及普通民众；二是支持非洲资源富裕和低增长国家实行良治和提高发展能力；三是帮助非洲国家提高发展战略所需的财政能力。③ 2011 年 3 月，世界银行又制定了新的非洲发展战略，这一战略的两个支柱如下。一是竞争力和就业。主要通过提高非洲私有产业的发展水平，进而减少贫困并最终实现财富积累的目标。二是应对脆弱性和恢复。主要通过资金、知识、技术支持应对宏观经济冲击、自然灾害、卫生、疾病、冲突、暴力和气候变化等带来的挑战。世界银行推行这一战略的前提是良治和国家的能力建设。④ 总体而言，世界银行等国际组织对当前非洲发展持乐观和积极态度，有意宣传非洲发展中的成功经验，呼吁外界从对非洲的悲观主义认识向更加乐观的方向转变。最有代表性的是世界银行 2011 年出版的《是的，非洲可以!》，其通过介绍非洲国家的 26 个成功案例认为，非洲的成功和未来应该具备以下条件：一是克服大规模的政府失败或错误政策；二是创建或修复政府；三是政府在市场介入中应该采取合理化的行为；四是必须倾听民众的声音。⑤ 然而，从 20 世纪 90 年代以来的实践看，尽管经济结构调整计划的失败促使世界银行等采取了新的战略和举措，但是其核心原则和思想并没有改变，最根本的是，世界银行的战

① World Bank, *Can Africa Claim the 21st Century?* (Washington: the World Bank, 2000).

② Stephen Radlet, *Emerging Africa: How 17 Countries Are Leading the Way* (Washington D. C.: Centre for Global Development, 2010).

③ World Bank, *Accelerating Development Outcomes in Africa: Progress and Change in the Africa Action Plan*, DC2007 - 2008, April 6, 2007.

④ World Bank, *Africa's Future and the World Bank's Support to It* (Washington D. C.: the World Bank, March, 2011).

⑤ Punam Chuhan - Pole, Manka Angwafo, eds., *Yes Africa Can: Success Stories From a Dynamic Continent* (Washington D. C.: the World Bank, 2011).

略并不是建立在非洲自身发展迫切需要基础之上的，相反，这一变化与美国的国家利益一致。① "对于世界银行、非盟、联合国等国际组织的专家来说，（非洲的）发展问题仅仅给他们提供了一个就业机会，或者一个产业，这些所谓的专家每年出版厚厚的报告，给人的感觉是他们做了很多工作。然而，他们从来没有找到非洲不发展的根本原因，也不想真正去解决这一问题。"②

20世纪末，非洲国家自主发展意识和制定适合自身发展的倡议的呼声越来越强烈，非洲发展新伙伴计划（NEPAD）正是在这一背景下产生的。NEPAD反映了在经历了近半个世纪的失败后非洲国家强烈的"非洲问题非洲解决"的决心，"我们决心通过国家和集体合作的途径，改变非洲不健康发展以及在全球化体系中被边缘化的现状"③。NEPAD强调非洲的自主权和非盟的领导权，其长期目标是通过可持续增长和发展改变非洲在全球化进程中的边缘化境地，为此，其确立了一系列具体目标。④在NEPAD框架下，一系列行业项目框架得以确立，包括非洲互查机制、非洲农业综合发展框架、非洲基础设施发展框架、科技集体行动框架、环境行动计划、最小一体化计划、次区域环境行动计划、非洲行动计划（2010～2015）、非洲能力建设战略框架、非洲矿业展望、非盟社会发展框架、非盟性别政策和非洲妇女十年。⑤然而，NEPAD一开始就受到强烈的批评，尤其是非洲的公民社会和学者。对NEPAD的批评大体分为两类。第一类主要来自非洲内部不同"群体"，包括工会、知识精英、贸易非政府组织、妇女组织、教会、农村发展非政府组织。其中最重要的批评是其基本沿用了之前非洲失败了的新自由主义的发展范式，这是向西方妥协或示好的产物，而且NEPAD的出台并没有广泛争取非洲本土的意见。"非洲统治阶层几乎全

---

① 关于世界银行政策变化的原因可参见 Howard Stein, *The World Bank and the IMF in Africa: Strategy and Routine in the Generation of a Failed Agenda*, Center for Afro – American and African Studies, University of Michigan, 2004。

② Almaz Zewde, *Sorting Africa's Development Puzzle: The Participatory Social Learning Theory as an Alternative Approach*（Lanham, Maryland: University Press of America, 2010）, pp. 12 – 13.

③ NEPAD, Oct. , 2001, p. 1.

④ 具体情况可参见 NEPAD, Oct. , 2001, p. 14。

⑤ AU, *African Consensus and Position on Development Effectives*, Fourth High Level Forum on Aid Effectiveness, Busan, Republic of Korea, September, 2011, p. 8.

盘吸收了新自由主义霸权话语下的市场发展模式，其虽然被声称是非洲本土的发展战略，而且提出了要与发达国家建立新型伙伴关系，但是其最终仅仅是非洲领导人向 G8 屈服的产物。"①第二类则从文化主义的视角进行批评，持这一立场的多为西方学者。他们认为，NEPAD 是非洲领导人新庇护主义的实践表现，只不过是非洲领导人谋取外部资源的一种工具，"通过向西方民主正统做出承诺来换取资源和支持（进而用于庇护支持者，维护政权稳定），由此来看，NEPAD 并没有改变，相反仍继续维持着与国际社会的传统关系"②。伊恩·泰勒更加直白地解释了 NEPAD 与西方发达国家之间的"交易"，"NEPAD 出台的前提是，西方国家在未来十年向非洲注资 640 亿美元，反过来，非洲领导人应该积极推行良治。一开始，G8 和联合国对于 NEPAD 抱有很高的热情，然而，从十年的实践来看，其实 NE-PAD 已经名存实亡了"③。

尽管 NEPAD 遭受了强烈的批评和质疑，但是它在推动非洲本土自主发展意识觉醒和发展框架构建过程中发挥着非常重要的作用。非洲不同阶层、群体和组织在发展问题上的大讨论有助于缩小彼此之间的认知隔阂，有利于在发展理念和战略上达成共识。2011 年 9 月，在韩国釜山举行的第四届援助效率的高级别论坛上，非洲国家自称第一次在非洲发展效率问题上形成了共同的立场，达成了共识。"来自非盟成员国、议会、地区经济共同体和相关机构、公民社会、商界和学术界的代表第一次就非洲发展效率问题形成共同的立场，达成共识。"④根据这一共识，非洲的发展效率必须依赖：一是援助的有效性，援助必须能够帮助非洲国家提高可以更好地

---

① Cyril I. Obi, "Reconstructing Africa's Development in the New Millennium through NEPAD: Can African Leaders Deliver the Goods?" *African Journal of International Affairs*, Vol. 4, No. 1 – 2, 2001, pp. 142 – 175.
② 关于这两类批评以及具体的批评内容可参见 Eddy Maloka, NEPAD and Its Critics, in Jimi O. Adesina, Yao Graham, Adebayo O. Olukoshi eds. , *Africa & Development Challenges in the New Millennium: The NEPAD Debate* (London: Zed Books, 2006, pp. 86 – 91)。
③ Ian Taylor, *Book Review on Future Africa: Prospects for Democracy and Development under NE-PAD*, Vol. 110, Issue 438, 2010, pp. 141 – 142. 伊恩·泰勒似乎更关注非洲民主政治现实（民主承诺）在 NEPAD 进程中的作用，还可参见 Ian Taylor, *NEPAD: Towards Africa's Development or Another False Start?* (London: Lynne Rienner Publishers, 2005)。
④ AU, African Consensus and Position on Development Effectives, Fourth High Level Forum on Aid Effectiveness, Busan, Republic of Korea, September, 2011, p. 1.

动员国内资源的能力，当前的援助体系必须向能够切实解决非洲发展急切需要的方向（context - relevant system）转变；二是加强非洲的能力建设；三是重视地区一体化的作用，地区经济共同体应成为南南合作的首要合作对象；四是重视和利用南南合作在推动非洲自主发展和知识经济发展上的作用；五是降低对援助的依赖（beyond aid），促进非洲多元化和可持续的发展；六是建立新的发展合作框架。国际对非合作应该积极推动非洲内生性和可持续的发展。①然而，虽然从形式上看，非洲国家在自主发展道路上的自主权、主体性比之前有了很大的提升，但从非洲主流发展战略框架来看，非洲的发展话语仍深受西方发达国家影响，甚至从某种角度理解，这一战略框架反而为非洲与西方国家的不平等关系披上了制度化的外衣。从辞藻上看，人的发展、本土知识、社会凝聚力等开始被纳入非洲发展战略，但是，真正基于非洲本土知识和现实的发展框架仍在艰难的建构之中。非洲未来真正的发展乃至腾飞或许正需要这样一种发展理论和框架。

第三节　超越正统理论：立足非洲本土的发展理论构建

现代化和新自由主义的正统发展理论在非洲的失败开始促使新的理论的产生，新的理论在批评正统理论的基础上，开始寻找正统理论与非洲现实结合的致命缺陷，其中以替代发展（alterative development）理论和后发展（post - development theory）理论最有代表性。在后发展理论的批评基础之上，社会参与发展理论开始尝试构建一套适合非洲的发展理论或发展战略，使批评朝着更实质性的方向发展。

在正统理论之外，存在多种发展理论或范式，包括替代发展理论、人的发展（human development）理论、后发展理论、依附理论。这四种理论或范式都属于批评理论，现在一个简明的界定是：依附理论关注的是全球的不平等；替代发展理论关注的是民众的社会参与；人的发展理论呼吁加强对人民的投资和关注；后发展理论则关注和质疑发展的动机和潜在的后果。②从行为

---

① AU, African Consensus and Position on Development Effectives, Fourth High Level Forum on Aid Effectiveness, Busan, Republic of Korea, September, 2011, pp. 3 - 4.

② Jan Nederveen Pieterse, *Development Theory* (London：Sage, 2010), p. 111.

体或层次的角度进行比较，依附理论关注的是全球政治结构；人的发展理论则是国家和更高层面的理论，如国家与国际组织在人的发展上的行动，采取的是自上而下的发展模式；而替代发展理论和后发展理论都是地方性的理论，即更重视当地的发展和传统的保护，采取的是自下而上的发展模式。然而，事实上，各种理论范式，尤其是替代发展理论和后发展理论之间的界限并不像上面的界定那么明显。早期的后发展理论在发展问题上持非常激进的态度，如认为发展就是西方化和同质化，"失败的发展并不值得恐惧，相反是成功的发展"①。这种激进的观点使后发展理论备受批评和质疑，尤其是对其批评而非建设性的范式的质疑。②但是，后发展理论在发展过程中开始出现分化，一些温和的后发展理论学者提出，"后发展理论与反对发展的不同之处在于，后发展理论并不是完全否定全球化或现代化，而是要找到能够适应并超越现有发展范式的途径"③。后发展理论这一转向在很大程度上与替代发展理论是重叠的。

　　非洲发展的现实为后发展理论提供了一个重要的案例，然而，在长时间内，非洲很少获得理论的关注。南非学者萨莉·马修斯（Sally Matthews）在 2004 年的一篇文章《后发展理论与替代发展问题：非洲的视角》中指出，后发展理论很少谈及非洲，而非洲学者也很少谈及后发展理论。她认为后发展理论的批评尤其适用于非洲，在她看来，非洲与外部世界不同的世界观、价值体系、宗教、文化和语言的多样性等是非洲寻求发展替代选择重要的来源，并呼吁非洲学者给予后发展理论更多的重视。④ 萨莉的呼吁开始引起非洲本土和西方学者的重视，有代表性的是 2010 年同年出版的两本著作：英国学者斯蒂芬·安德雷森（Stefan Andreasson）的《非洲发展僵局：转型的政治经济学再思考》和埃塞俄比亚学者、现就职于哈

---

① W. Sachs, Introduction, *the Development Dictionary* (London: Zed, 1992), p. 3.
② 批评者批评后发展理论的观点建立在没有代表性的案例基础之上，忽视了发展所带来的成效，后发展理论提出的发展思路的可行性和必需性并没有经过缜密的论证，等等。具体可参见 Andy Storey, "Post - Development Theory: Romanticism and Pontius Pilate Politics," *Development*, Vol. 43, No. 4, 2000, pp. 42 - 44。
③ A. Hoogvelt, *Globalization and the Postcolonial World: The New Political Economy of Development*, Baltimore (MD: Johns Hopkins University Press, 2001), p. 178.
④ Sally Matthews, "Post - Development Theory and the Question of Alternatives: A View from Africa," *Third World Quarterly*, Vol. 25, No. 2, 2004, pp. 373 - 384.

佛大学的阿尔玛兹·泽维得（Almaz Zewde）的《应对非洲发展迷局：作为替代方式的参与社会学习理论》。① 斯蒂芬借助后发展理论，主要从国家－市场－社会三者互动关系的视角，解释南部非洲国家的发展问题，并尝试为南部非洲国家的发展提供具体的思路。其通过南非、博茨瓦纳和津巴布韦三国的发展案例进行研究后认为：第一，传统意义上建立于经济增长基础上的发展战略是有限的，例如国家中心主义和新自由主义的发展模式，其不能为非洲国家提供一个更好的未来；第二，非洲国家应该从各自不同的发展道路上获得经验；第三，社会分裂和缺乏凝聚力、历史和文化上的对抗和竞争给非洲国家的发展带来了严峻的问题，这些问题处理不好将导致国家的失败和社会的崩溃；第四，如果后发展理论关切的发展问题没有得到重视，以及没有新的超越传统发展战略的范式出现，那么南部非洲将很难获得可持续的发展。其中，尤其重要的是社会的碎片化问题，政权的合法性以及经济发展必须建立在社会和谐基础之上，而社会和谐和转型正是非洲国家可以实现"超越发展"的重要替代选择。② 总体而言，斯蒂芬采取的是在正统发展理论和后发展理论之间的折中做法，他利用了后发展理论的社会文化视角，但是其所指的发展结果又是正统发展理论所期待的。毫无疑问，这是目前少有的用后发展理论来解释非洲发展并尝试提出发展框架的理论成果之一。

非洲发展失败的原因一直是争论的焦点，这大致可分为三类：一是非洲自身的原因，如民主、法治、政府信用和发展意愿的缺失，腐败，民众的政治和经济权利低等；二是外部的原因，如质疑世界银行、国际货币基金组织和捐赠国的发展合作规划倡议是非洲不发展的主要原因；三是被认为是两者共同作用的结果。③ 然而，尽管对非洲发展原因的分析

---

① 同年，中国学者张永宏出版了《非洲发展视域中的本土知识》，通过不同案例系统地介绍了非洲本土知识在促进非洲发展上的作用。应该是国内少有的从非洲本土的视角来理解非洲发展的成果之一。可参见张永宏《非洲发展视域中的本土知识》，中国社会科学出版社，2010。

② 可参见 Stefan Andreasson, *Africa's Development Impasse: Rethinking the Political Economy of Transformation* (London: Zed Books, 2010), pp. 7, 12, 191 - 199。

③ 实际上，在研究中，学者更多地采用平衡的立场和态度，非洲的不发展是多种因素共同作用的结果，很难将其归因于某一类。笔者更关心的是非洲发展研究如何在这些失败原因分析基础上找到未来非洲发展的答案，或更具体地讲，能不能产生更为系统的非洲发展思路和框架，而不是一味地批评。关于非洲不发展的原因可参见 David K. （转下页注）

很多，但是很少能在此基础上提出非洲发展的系统思路或框架。在阿尔玛兹看来，当前对非洲不发展原因的研究更多关注的是结构层面的因素，且一般只关注一到两个变量，如腐败或者政治与政策制定等，同时不足的是，这些研究仅止步于理论分析，并没有在理论分析之上提供一套发展框架。[①]因此，阿尔玛兹尝试在正统发展理论之外构建一套非洲发展新的思路框架。他认为当前研究忽视了非洲国家的社会心理、本土知识，最根本的是忽视了人的作用。"发展必须依赖正确的政治环境，然而，发展的条件又必须根植于文化、机制、人民的态度和视野。"[②] 而由于一直被边缘化，非洲人民的发展意识和行动能力非常虚弱，改变这一现状需要人民的授权。在他提出的以人为中心的非洲发展框架中，强调的是人通过不断的学习和社会参与进而推动社会经济转型和发展。为此，他提出从以下几个方面来加强民众的社会发展参与。一是机制动力，即民主和法治建设，尊重人权，为人的发展创造条件。二是人力资源的发展，包括修复人民的社会心理、改善卫生状况、提高非洲人民的教育水平，尤其是将本土知识转化为发展动力的能力。三是资源动力，即向人民合理分配资源，例如土地。土地等资源被国家垄断进而成为权力寻租和购买权力的工具，加上资源分配过程中的家长式作风被认为是非洲国家坐拥大量资源却不得发展的重要原因。四是科技动力，平衡科技自主创新和科技转移。一方面通过鼓励和教育非洲学生结合本土实际提升自身的科技和应用能力，另一方面则在南北和南南合作的框架下加强科技转移。五是资金动力，即加大对基层项目和倡议的支持和扶持力度。[③]阿尔玛兹提出的以人为中心的参与式社会发展框架与前期研究最大的不同在于其系

（接上页注③）Leonard，Scott Strauss，*Africa's Stalled Development：International Causes and Cures*（Boulder，Colorado：Lynne Rienner，2003）；George B. N. Ayittey，*Africa Betrayed*（New York：St. Martins Press，1992）；Patrick Chabal，Jean - Pascal Daloz，*Africa Works：Disorder as Political Instrument*（Oxford：Indiana University Press，1999）。

①　Almaz Zewde，*Sorting Africa's Development Puzzle：The Participatory Social Learning Theory as An Alternative Approach*（Lanham，Maryland：University Press of America，2010），pp. 15 - 16.

②　Almaz Zewde，*Sorting Africa's Development Puzzle：The Participatory Social Learning Theory as an Alternative Approach*（Lanham，Maryland：University Press of America，2010），p. 17.

③　Almaz Zewde，*Sorting Africa's Development Puzzle：The Participatory Social Learning Theory as an Alternative Approach*（Lanham，Maryland：University Press of America，2010）。

统性和政策导向性，然而，或许正因为这一系统性，其操作过程可能受制于更多因素，例如国家政权的让渡和发展意愿、国际社会的利益考量等。但是，正如他讲的那样，社会学习和参与，以及非洲的政治经济转型是一个漫长的过程。毫无疑问的是，非洲的发展必须建立在人的发展基础之上。

如果简单界定的话，那么当前非洲本土的发展理论框架设想是自下而上的以人为中心的发展战略，其主张从非洲本土找到发展的答案，更重视社会文化因素在发展中的作用。[①]。但是，从发展理论的大背景来看，基于替代发展理论和后发展理论之上的非洲发展理论构建更多展现的是其批评色彩，其在建构发展范式上的资源（国家的意愿）和能力（影响政府政策）是有限的。其虽然做出了构建系统性发展范式的努力，但是过度夸大公民社会的作用同时弱化了政府的能力，强调人的中心地位而忽视政府的意愿和利益博弈使其范式难免趋于理想化。在很大程度上，当前基于非洲本土发展的理论构建是对主流发展范式批评的产物，其为非洲发展提供了新的视角和理念，虽然在全球化背景下，其很难上升到主导理论的高度，但是非洲本土发展理论指明了未来非洲发展战略的基石。

第四节　结语

当前国际政治经济格局的变化为非洲发展理念乃至国际发展理念带来了新的变化和重要影响。与欧美国家深陷经济危机或发展倒退相比，中国、印度、巴西等新兴产业国家的崛起不仅增强了其在国际多边机制中的话语权，而且建立于不断加深的政治经济关系和发展经验分享基础上的南南合作也极大地改变了传统的北强南弱的局面。这为国际发展格局带来了新的变化：南方新兴产业国家逐渐成为世界经济的重要推动力量；从被发展到要发展（From "we develop it" to "we de-

---

① 张宏明对非洲在发展问题上的文化反思进行了梳理，并探讨了非洲文化与发展的对立统一关系。可参见张宏明《非洲发展问题的文化反思——兼论文化与发展的关系》，《西亚非洲》2001 年第 5 期。

velop"），即发展的主体从发达国家转向发展中国家；发展的推动力从市场转向国家。① 国际发展格局的变化为非洲的发展提供了新的机遇，在非洲的发展上，中国等新兴产业国家不仅成为非洲发展新的推动力，为非洲的发展提供了重要的替代选择，而且中国的发展道路和经验在非洲发展战略构建上也正发挥越来越重要的作用。②

　　非洲国家"向东看"政策正是在这一背景下由个体案例演化成的一个引人注目的国际现象。在纪念国家独立25周年演讲中，津巴布韦总统穆加贝讲道，"我们已经向东看，因为那是太阳升起的地方，我们将西方抛在身后，因为那是太阳落下的地方"③。如果说津巴布韦"向东看"是因为其被国际社会抛弃而被迫转向东方的话，那么现在越来越多的非洲国家开始主动将目光转向东方。中非合作论坛、印度-非洲峰会、韩国-非洲论坛等各种合作平台开始搭建和完善，其中尤其是在2006年中非合作论坛北京峰会后，中非经贸、政治、人文交流等获得了快速的发展，非洲国家不仅重视中国作为经济大国在促进其发展上的作用，而且更重视对中国发展经验的学习和借鉴。非洲国家政要在不同场合表示非洲应该借鉴中国发展经验，而在实践中，近年来，以官员培训、治国理政经验分享、智库交流等为载体的合作形式在推动非洲国家发展理念和战略构建上发挥着积极的作用。"在非洲实现现代化和可持续发展进程中，中国是非洲的重要战略合作伙伴。非洲国家希望借鉴中国发展的成功经验，加强在发展规划、农业、制造业、科技、基础设施建设、人力资源培训等领域交流与合作，在重大国际和地区问题上保持密切沟通协调。非盟愿同中方加强合作，推动中非关系迈上新台阶。"④

　　当然，"向东看"只是非洲国家发展过程中的一个阶段，不是最终结果，中国等东方国家影响非洲国家发展理念和战略构建的程度还不得

---

① Jan Nederveen Pieterse, *Development Theory* (London: Sage, 2010), pp. 207 – 214.
② 从当前的理论解释，尤其是依附理论和后发展理论，中国在非洲并没有改变传统的依附关系结构，采取的仍然是自上而下的方式，因此中国可能仅仅是另一个"外部大国"而已。当然，对于这种解释还需要进一步的研究。
③ 转引自 Andrew Meldrum, "Mugabe Turns back on West and Looks East," The Guardian, http://www.guardian.co.uk/world/2005/apr/19/zimbabwe.andrewmeldrum, 2005年4月19日。
④ 《习近平会见非盟委员会主席》，新华网，http://news.xinhuanet.com/video/2013-02/17/c_124354947.htm。

而知，同时，在实践中，其也面临着很多问题和挑战。①但是，与早期仓促的西方化、现代化相比，当前非洲国家的选择有着本质的不同，因为其建立在更高程度的学习和比较基础上，其蕴含着对本土发展理念和现实以及国际发展格局更好的认知和理解，这正是非洲真正发展的首要前提。

---

① 其中之一就是非洲发展所面临的外部环境和政策压力，如欧盟认为南非的"向东看"政策是一个冒险，这对南非与欧盟关系是一个伤害。"South Africa's 'Look East' Policy Is Cautioned by EU," http：//www. africa‐times‐news. com/2012/06/south‐africa% E2% 80% 99s‐% E2% 80% 9Clook‐east% E2% 80% 9D‐policy‐is‐cautioned‐by‐eu/.

中篇 实践篇

第四章　非洲的自主发展实践：加纳

非洲的发展战略在很大程度上是由非洲国家和国际发展合作伙伴共同建构的。加纳是国际对非发展合作中具有代表性的国家，是国际金融机构经济结构调整计划的重要试验品，是西方民主的橱窗。政治稳定和近些年来的经济快速增长使加纳成为非洲经济复兴和自主发展的样本，英国国际开发署和 BBC 等媒体已经开始预测加纳在十年内不再需要国际发展援助。[①]然而，2014 年，加纳经济开始经历断崖式下跌，加纳政府时隔多年再次向国际货币基金组织寻求支持。这再次凸显了加纳以及非洲国家经济的脆弱性和对外部援助的严重依赖。

虽然国际金融机构在非洲发展上的作用一直备受诟病，甚至被视为非洲不发展的一个重要原因，但是，IMF 等国际金融机构仍能通过自身的制度、政策、资金优势在广大发展中国家的经济发展和改革议程中发挥重要作用。[②]从这一角度看，作为一个曾经严重依赖外部援助的国家，加纳如何借助外部援助实现国家发展无疑具有重要的代表性，这对于其他非洲国家的发展具有重要的启示意义。加纳与国际金融机构在其发展战略上的协调互动将是理解加纳成功经验的重要切入点。同时，加纳在国际发展合作上如何最大限度地争取和维护其自主权，对于理解非洲国家在发展合作上的自主权抗争也具有重要意义。

第一节　加纳的国际发展合作战略

1957 年，独立后的加纳在恩克鲁玛的领导下实行社会主义，积极探求

---

①　DFID Ghana, *Operational Plan 2011 - 2015*, June, 2012.

②　Asad Ismi, "Impoverishing A Continet: The World Bank and the IMF in Africa," Halifax Initiative Coalition, July, 2004.

自主发展道路。恩克鲁玛为实现快速的产业化，采取进口替代的发展政策，推行大跃进战略。然而，这种尝试超出了当时加纳的实际，给加纳带来了严重的经济、社会和政治问题，最终引发了 1966 年的军事政变。在恩克鲁玛时期，加纳接受的援助额很小，因为恩克鲁玛担心这一时期英美等主要援助者的援助行为会成为大国推行新殖民主义的工具，与此同时，英国殖民统治为加纳留下了较好的经济遗产，加纳对援助的需求并不强烈。在恩克鲁玛倒台后的近 20 年间，加纳经历了政权的不断更迭，经济则持续恶化，单方面取消外部债务使加纳与国际社会的关系更加紧张，西方社会减少乃至搁置对加纳的援助，这又加剧了国内的严峻形势。在这种背景下，1981 年，罗林斯通过军事政变上台。而此时的加纳经济几乎临近崩溃，军事政变时有发生，国家已经到了不改革就没有出路的局面。

一 国际发展伙伴对加纳的援助

罗林斯政府一方面在国内积极推进经济改革和国家的复兴，一个重要的表现是社会主义经济模式向经济自由主义方向转变；另一方面，新政府迫切需要改善与西方社会的关系，从而最大限度地获取外部资源。而加纳的改革理念和推行的发展方案也获得了国际金融机构和援助国的支持。1950 ~ 1960 年，加纳的经济增长率为 4.1%，1960 ~ 1965 年为 2.2%，1965 ~ 1970 年为 2.1%，而 1970 ~ 1981 年则经历了 -0.3% 的经济负增长。1983 年，加纳开始实行经济复兴计划，在此之后，加纳经济扭转了之前负增长的局面，开始展现强劲的复苏势头，1984 年，加纳的 GDP 增长率达到了 8.4%，1985 ~ 1990 年，GDP 增长率总体维持在 5% 以上（见图 4 - 1、图 4 - 2）。这一时期的加纳被称为非洲的"亚洲虎"，被世界银行和国际货币基金组织看作经济结构调整计划的典范。

这一时期的加纳开始成为国际援助的宠儿，在 1985 ~ 1991 年，加纳获得的援助额就增长了三倍。20 世纪 70 年代后期以来，加纳接受的多边援助开始增加，但是多边援助额占总援助额的比重不到 10%，20 世纪 80 年代中期，为支持加纳的经济改革，世界银行和国际货币基金组织对加纳的多边援助激增（见表 4 - 1）。在国际货币基金组织和世界银行加强对加纳进行多边援助的同时，加纳获得的双边援助也不断增加，双边援助格局发生了变化。20 世纪 70 年代，加纳最重要的双边援助国是英国、美国和加拿大，到 20 世纪 80 年代，日本、德国、英国、丹麦、西班牙、法国、加拿大和荷兰共同构成了加纳重要的援助共同体，其中日本是第一援助大国。援助的增加很大程度上反映了这一时期国际社会对加纳经济改革努力以及作为一个地区重要国家的地位的认可。

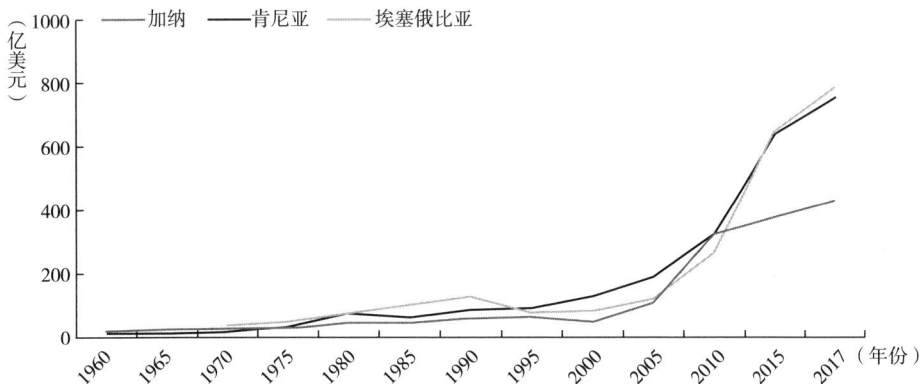

图 4 - 1　加纳、肯尼亚和埃塞俄比亚 GDP（当前价格）变化趋势
注：2017 年 GDP 为估算数据。
资料来源：World Bank, World Economic Outlook Database, IMF, 2017。

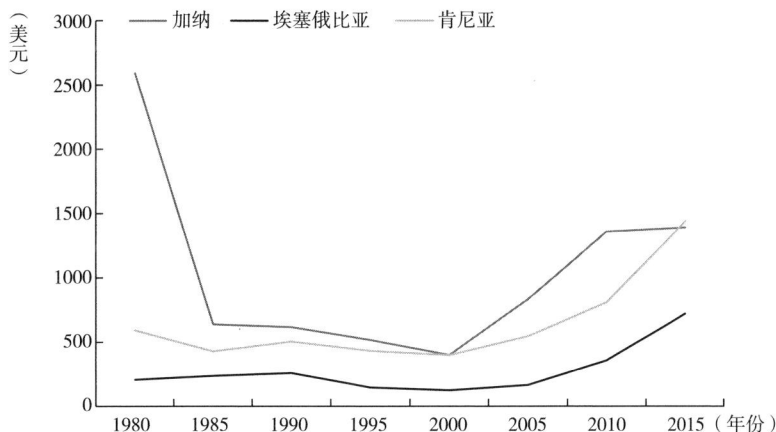

图 4 - 2　加纳、肯尼亚和埃塞俄比亚人均 GDP（当前价格）变化趋势
注：加纳人均 GDP 皆为估算数据，肯尼亚 2014 ~ 2015 年人均 GDP 为估算数据。
资料来源：World Bank, World Economic Outlook Database, IMF, 2017。

经济复苏以及改革主张带动了国际社会对加纳双边和多边援助的增加，

这成为加纳援助依赖的起源。[1] 20 世纪 80 年代初,由于加纳国内的经济自由化改革以及由此所带来的经济快速发展,国际发展伙伴对加纳重视程度提高了,加纳与国际发展伙伴的互动程度提高了,这促使加纳必须制定有效政策来应对国际发展合作伙伴,这是加纳国际发展合作战略的起源。[2] 加纳国际发展合作战略构建的重要标志是国际发展合作伙伴在加纳发展战略制定上影响力的明显提高,以及由此所带动的加纳具体的国内机构和政策变化,包括专门发展合作机构的建立、发展战略和援助政策的出台。

表 4 – 1　加纳接收的官方发展援助

单位:百万美元

来源	1980 年	1985 年	1990 年	1995 年	2000 年	2005 年	2010 年	2013 年	2015 年
IDA	4.63	62.80	184.00	234.26	178.99	264.69	299.18	286.03	518.63
IMF*	—	—	61.60	-46.08	-1.77	116.36	116.75	-28.96	172.48
DAC	107.12	95.88	264.93	358.83	375.64	595.04	855.72	666.63	625.4
多边	58.45	104.72	293.70	295.76	219.22	646.62	741.87	534.4	1139.97
全部	190.81	194.33	559.72	648.43	598.170	1243.24	1600.78	1202.41	1768.29
非洲*	7672.73	8985.10	17811.26	18341.32	12552.05	40869.21	44807.32	51447.07	51210.22

注:＊为 IMF 优惠信用基金,★为撒哈拉以南非洲接收的援助总额,"全部"指加纳所接收的各项援助总额。

资料来源:OECD statistics,笔者根据 OECD 数据库进行的整理。

　　罗林斯上台后,为扭转国内经济的颓势和巩固政权,迫切需要进行大规模的改革。然而,此时的加纳国内主张改革与抵制改革之间的分歧非常大,反对者甚至试图通过政变的方式来推翻罗林斯的统治。在这种紧张形势下,罗林斯政权一方面在国内强力推动改革议程,另一方面加强与国际货币基金组织的接触,争取国际支持。[3] 在与国际货币基金组织讨论后,在其指导下,经济复兴计划出台,这是加纳发展战略的重要转折。虽然经济复

[1] Lindsay Whitefield, Emily Jones, "Ghana: Breaking out of Aid Dependence? Economic and Political Barriers to Ownership," in Lindsay Whitefield ed. , *The Politics of Aid: African Strategies for Dealing with Donors* (Oxford: Oxford University Press, 2009), p. 189.

[2] 虽然在此之前,加纳也接受外部的援助和贷款,但是这些援助规模小且与发展关联的程度并不高,更重要的是加纳并没有针对这些援助设置专门的管理机构,制定相应的发展战略。而这种局面在 1983 年经济复兴计划出台后,开始发生改变,因此本书将此时间理解为加纳国际发展合作战略的起源。

[3] 这一时期加纳试图从苏联寻求援助,但是获得的援助远远不能达到其预期。在这种情况下,寻求国际金融机构的支持成为最后的选择。

兴计划得到了国际金融机构的支持，但这一时期（1983～1986年），国际金融机构并没有过多干预加纳的发展议程，在很大程度上，加纳维持了自主发展的空间。经济复兴计划是加纳修复进而加强与国际货币基金组织关系等的重要一步，但更重要的是，加纳也希望通过利用外部环境和资源来推动国内的改革和开放。经济复兴计划的主要目标有：取消价格管制，鼓励生产性活动和出口，增强对经济的刺激；逐步取消直接的控制和干预，发挥市场的作用；尽早恢复、建立财政和货币秩序；恢复经济和社会基础设施建设；进行机构和制度性的改革，从而提高经济改革的效率，鼓励私人储蓄和投资。[1] 1986年，加纳开始实施结构调整计划（SAP）（1986～1991年），即经济复兴计划第二阶段。SAP延续了第一阶段的经济改革，更关注加纳经济中深层次的结构问题。经济复兴计划第二阶段的主要目标有：维持年经济增长率在5%～5.5%的水平；在1989年底之前，将国家收入中的公共投资水平由10%提升到25%；在20世纪80年代末，使经济复兴计划第一阶段的国内储蓄率从7%增长到15%；进一步完善公共行业的资源管理；有效利用各种资源改善人民的福利水平，特别是对弱势群体福利水平的改善。[2]

　　1983～1991年经济复兴计划的相对成功不论对加纳本国的发展议程还是对国际发展伙伴与加纳的关系都产生了重要的影响。一方面，加纳在经济改革和国家发展中的能力和自信心得到了提高，另一方面，作为经济结构改革方案的成功案例，国际金融机构和其他国际发展伙伴不仅加大了对加纳的援助和投入力度，而且更加直接地介入加纳的经济改革过程。这必然导致加纳的自主发展议程与国际发展伙伴的介入之间的矛盾。20世纪90年代，这一矛盾开始呈现加剧的趋势，1992～1996年也被视为加纳政策改革的波动阶段。1992年，正值加纳多党选举，加纳政府采取了扩大财政支出、提高工资水平等措施来获取支持，这导致1992年加纳的财政赤字占GDP的比重猛增到5%，而1991年加纳财政盈余占比为1.5%。[3] 在国际金融机构看来，加

---

[1]　Ishan Kapur, Michael T. Hadjimichael, Paul Hilbers, Jerald Schiff, Philippe Szymczak, *Ghana*：*Adjustment and Growth 1983 – 1991*（Washington D. C.：IMF, 1991），p. 2.

[2]　Ishan Kapur, Michael T. Hadjimichael, Paul Hilbers, Jerald Schiff, Philippe Szymczak, *Ghana*：*Adjustment and Growth 1983 – 1991*（Washington D. C.：IMF, 1991），pp. 2 – 3.

[3]　Ishan Kapur, Michael T. Hadjimichael, Paul Hilbers, Jerald Schiff, Philippe Szymczak, *Ghana*：*Adjustment and Growth 1983 – 1991*（Washington D. C.：IMF, 1991），p. 27.

纳政府的行为背离了结构调整计划，偏离了轨道，为此，1992 年末到 1993 年中，世界银行暂停了对加纳的援助。1996 年下半年，由于财政收入的剧烈下滑，国际货币基金组织也推迟了与加纳进行第二期年度"增强结构调整工具"（Enhanced Structural Adjustment Facility）和政策框架文件（Policy Framework Paper）的谈判。这一时期，加纳经济开始面临严峻的挑战，已经很难再继续执行其他经济结构调整方案。

二 加纳国际发展合作战略的构建

随着加纳接受外部援助的增加，以及与国际发展合作伙伴互动程度和深度的提高，加纳需要一套制度和政策来应对这一新的问题。具体表现在：确立国际发展合作伙伴的谈判和互动主体；构建与国际发展合作伙伴谈判的规范和行为准则；制定援助和国际发展合作的战略文件。

加纳与国际发展合作伙伴谈判的主体在实践中经历了重大的变化。早期与国际金融机构谈判并制定加纳复兴计划的谈判主体主要是以少数加纳经济学家为代表的技术官僚，而随着援助依赖和与国际发展合作伙伴互动程度的提高，加纳开始建立相应的官僚机构来处理与国际援助者的制度化合作。1983 年经济复兴计划的制订实际上就是加纳技术官僚与国际金融机构谈判的产物。经济复兴计划政策制定和执行团队人数很少，且并没有建立相应的机构和机制联系，但是这个团队在与布雷顿机制组成机构的谈判中发挥着关键性的作用。虽然当时的加纳政府也倾向于进行机构改革从而将这种谈判方式机制化，但是，布雷顿机制组成机构更愿意与这种小范围的技术官僚谈判，因为这样可以更快地做出决策。[1] 20 世纪 90 年代，随着加纳推行多党制民主，以及罗林斯政权的重组，影响加纳经济和发展决策的主体也发生了变化。"在新政府中，权力从之前的技术官僚转移到政治家和政党财团手中。"[2]这最终导致之前的经济改革团队逐步解散，技术官僚的退出使加纳自身制定经济政策的能力大大下降，"新的经济管理团队

---

[1] Lindsay Whitefield, Emily Jones, "Ghana: Breaking out of Aid Dependence? Economic and Political Barriers to Ownership," in Lindsay Whitefield ed., *The Politics of Aid: African Strategies for Dealing with Donors* (Oxford: Oxford University Press, 2009), p. 192.

[2] Eboe Hutchful, *Ghana's Adjustment Experience: The Paradox of Reform* (Oxford: James Currey, 2002), pp. 221 – 223.

的成员缺乏独立思考的能力，很少有实质性的政策讨论，根本上是因为他们没有关于经济如何转型的远见卓识"[1]。随着国际援助参与加纳发展议程程度的提高，同时由于缺乏规划和协调援助的机构，加纳发现很难应对国际援助体系的压力，因此在财政部下面建立国际经济合作司。然而，国际经济合作司在协调外援上的成效很低，为此加纳在 1994 年又成立了国家发展改革委员会（简称发改委）。但是，发改委权力非常有限，也很难发挥援助协调者的作用，这导致这一时期作为最大援助者的世界银行实际上扮演着协调援助项目和援助政策的领导者的角色。[2] 20 世纪 90 年代末，受原油价格上涨、国际农产品价格下跌，以及加纳国内财政和货币政策宽松、国际货币基金组织等暂停对加纳进行援助等因素的影响，加纳经济面临着严峻形势。在这种背景下，库福尔领导的新爱国党赢得 2000 年的总统大选。严峻的国内经济形势迫使新政府亟须外部的援助，"自 20 世纪 90 年代以来，政府财政支出的 40% ~50% 依赖国外援助"[3]。对援助的严重依赖导致的一个后果是，尽管加纳试图建立一套能够有效应对国外援助者的机构，但是由于外部援助者更愿意单独与加纳援助相关部门或者针对具体项目进行谈判，因此，这些机构往往不能发挥真正的作用。

最能直观地反映加纳国际发展合作战略的是加纳为此出台的相关政策和战略文件。加纳自独立以来，先后出台了一系列发展计划和战略文件。其中，《加纳展望 2020》是加纳"第一次尝试通过具体的发展战略来改善和提高其在与援助者谈判中的地位"[4]。但是《加纳展望 2020》只执行了五年，2000 年之后，国际发展话语转向了新千年发展目标所强调的减贫等发展标准和目标，为此，加纳也出台了《加纳减贫战略文件》和《增长与

---

[1] Lindsay Whitefield, Emily Jones, "Ghana: Breaking out of Aid Dependence? Economic and Political Barriers to Ownership," in Lindsay Whitefield ed., *The Politics of Aid: African Strategies for Dealing with Donors* (Oxford: Oxford University Press, 2009), p. 193.

[2] J. Harrigan, S. Younger, "Aid, Debt and Growth," in E. Aryeetey, J. Harrigan, M. Nissnake, eds., *Economic Reforms in Ghana: The Miracle and the Mirage* (Oxford: James Currey, 2000), pp. 180 – 208.

[3] Evaluation of the Comprehensive Development Framework: Ghana Case Study, CDF Evaluation Secretariat, 2002.

[4] Lindsay Whitefield, Emily Jones, "Ghana: Breaking out of Aid Dependence? Economic and Political Barriers to Ownership," in Lindsay Whitefield ed., *The Politics of Aid: African Strategies for Dealing with Donors* (Oxford: Oxford University Press, 2009), p. 194.

减贫规划》等战略文件。这表明，这一时期加纳的发展战略实际上很大程度上是由国际发展话语决定的。然而，加纳尝试构建自主国际发展合作政策的努力并没有中断，2010 年，加纳国家发展改革委员会制定了中期国家发展政策框架《加纳共同增长与发展议程 2010 ~ 2013》（GSGDA），同年，为提高援助的有效性，加纳财政与经济计划部起草的《加纳援助政策与战略 2011 ~ 2015》也出台了。这一战略的重要目的就是，"通过加强援助与加纳国家发展优先项目的结合来提高援助的有效性；为加纳政府、发展伙伴、公民社会以及其他参与援助管理和协调的相关方提供一套指南"①。《加纳共同增长与发展议程 2010 ~ 2013》和《加纳援助政策与战略 2011 ~ 2015》是加纳针对新时期其国际发展合作现实而自主设置的援助议程，这两个政策文件是新时期加纳发展议程和国际发展合作的指导性文件。根据这一战略，国际发展伙伴应该参照受援国的政策体系来开展援助，而不采用以往"各自为战"的援助模式。"这要求援助者在提供援助时必须保持一致性而不过于分散；能使援助分配可以预测，并最终结合受援国的需求和关注重点。"②《加纳援助政策与战略 2011 ~ 2015》是加纳在自身接受援助实践并结合国际发展合作规范（MDGs、《巴黎宣言》等）的基础上制定的，这对于构建加纳的国际发展合作格局具有重要的意义。

构建援助的规范和行为准则是加纳国际发展合作战略的核心。20 世纪 80 年代，加纳的经济复兴计划和发展战略主要是由经济学家等技术官僚推动的，其主要目的是扭转加纳持续的颓势，从而维护罗林斯政权的合法性。因此，罗林斯政权具有强烈的政治意愿，这也使加纳在发展议程设置上具有很高的自主性，这一时期的加纳也被世界银行等视为难缠的谈判者。但是，加纳与国际发展合作伙伴的谈判更主要地集中于加纳的政策议题和具体的援助分配上，并没有重点关注援助的规范和制度建设。从 20 世纪 90 年代开始，随着国际发展合作伙伴影响力的提升，以及双方分歧和矛盾的公开化，加纳需要制定接受和使用援助过程的规范。《加纳共同增长与发展议程 2010 ~ 2013》和《加纳援助政策与战略 2011 ~ 2015》是这一

---

① Ministry of Finance and Economic Planning, Government of the Republic of Ghana, *Ghana Aid Policy & Strategy 2011 – 2015*, August 2010. p. 2.

② "Ghana's Aid Policy Not Yet Implemented," *Ghana Web*, http：//www. ghanaweb. com/Ghana-HomePage/NewsArchive/artikel. php？ ID = 212788, July 4, 2011.

现实的反映。其中，《加纳援助政策与战略 2011～2015》明确了加纳援助政策的基本原则。其一，增强加纳的自主权和领导权。援助项目必须与加纳的发展战略一致，发展伙伴必须使用加纳的国家政策体系，包括采购、审计、监督和评估体系。其二，提高援助协调和管理的有效性。通过建立和规范援助来源及管理的制度化安排来提高加纳的协调和管理援助的水平，加纳也将推动建立包括发展伙伴、地方政府、议会、公民社会等更大范围的协商进程。其三，重视发展的结果。援助的分配和决策必须以可持续性发展为最终目的，在平衡的发展议程下，加纳发展目标包括减贫、宏观经济稳定下的增长、人力资源水平提高、性别平等、人权和环境可持续等。其四，增强相互信任。"建立加纳政府与发展伙伴之间的互信是实现发展目标的关键步骤。"其五，致力于改变援助依赖。①

　　从 20 世纪 80 年代加纳发展战略及国际发展合作战略的构建过程来看，加纳在大部分时间内都扮演着议程设置者的角色。在这一过程中，加纳并不是被动接受国际发展援助及其规范和条件的，相反，在很大程度上，加纳是主动利用国际援助来实现推动自由化改革、维持政权合法性等经济和政治目的的。20 世纪 90 年代，国际金融机构搁置对加纳的援助实际上也从侧面反映了加纳政府具有明确的、独立的政治和战略考虑，因为，对于当时的执政党来说，利用外部援助的资金来推行能够惠及选民并进而赢取大选的举措比外部援助的条件和规范约束更重要。其本质上依然是加纳与发展伙伴博弈的反映。

第二节　国际金融机构对加纳的援助战略

　　世界银行与 IMF 对加纳的大规模援助开始于 20 世纪 70 年代末 80 年代初，在新自由主义主导的背景下，国际金融机构对加纳的援助一开始就具有强烈的政策改革导向要求。加纳在尝试向苏联寻求援助支持其经济复兴计划无果的情况下，转而开始接触世界银行和 IMF，从而成为非洲第一个"试验"结构调整计划的国家。作为样板国家，加纳自然在世界银行和 IMF 的援助战略中占据重要的位置。

---

① 具体内容参见 Ministry of Finance and Economic Planning, Government of the Republic of Ghana, *Ghana Aid Policy & Strategy 2011 –2015*, August, 2010, pp. 16 – 17。

一 世界银行和 IMF 对加纳的援助

20 世纪 80 年代，世界银行和 IMF 对包括加纳在内的发展中国家的援助具有强烈的政策改革导向。经济结构调整计划的核心原则包括开放市场、私有化、放松政府对经济管制、削减政府开支、提高税收等来实现财政收支平衡等。[①]经济结构调整计划要求受援国进行宏观经济和金融行业改革，根据世界银行和 IMF 要求，在宏观经济改革上，加纳要推行汇率、税收和财政改革，放松对进口管制，有效管理公共资源等；在金融行业改革上，加纳应该将国家三大银行剥离；在农业上，加纳应该开放农业市场；矿业向私有投资开放，加强基础设施建设等。[②]从 IDA 提供给加纳的贷款所运用的行业可以发现这一时期世界银行提供给加纳的援助用于重点行业。1995 年，世界银行提供给加纳的贷款总额为 21.7 亿美元，其中 39% 用于支持私有行业的发展，48% 用于基础设施和农业项目，6% 用于教育和卫生，2% 用于自然资源发展和环境。[③]而 1996~1998 年，世界银行则把重点放在了社会服务行业，根据其贷款计划，社会服务行业获得的贷款占贷款总额的比重有可能达到 78%（见表 4-2）。

表 4-2 贷款项目计划所占比重范围（1996~1998 年）

单位：%

行业分配	所占比重范围
基础设施	22.0~39.4
农业和环境	0.0~10.7
能力建设	0.0~3.8
私有行业发展	0.0~29.4
社会服务行业	78.0~16.7
总　计	100.0

资料来源：IDA，"Ghana - Country Assistance Strategy，" World Bank，1995，p. 20。

---

① "Structural Adjustment Program，" the Whirled Bank Group，http：//www. whirledbank. org/development/sap. html.

② IDA，"Ghana - Country Assistance Strategy，" World Bank，1995，pp. 2-3.

③ IDA，"Ghana - Country Assistance Strategy，" World Bank，1995，p. 20.

　　尽管 1995 年的加纳战略已经明确提出世界银行的核心目标是帮助加纳实现减贫，但是随着 20 世纪 90 年代末加纳经济的恶化，以及经济结构调整计划的大规模失败，这一计划开始遭到严厉的质疑和批评。2000 年后，国际发展的话语转向新千年发展目标确定的减贫和经济增长，2004 年之后，则开始强调自主权、援助协调和援助效率在国际发展合作中的重要性。在此背景下，世界银行和 IMF 也开始调整对加纳的援助战略。2000 年，世界银行在其援助加纳战略文件中提出以下内容。其一，加纳的援助项目主要面向贫困人口，用于减贫，包括粮食生产、土地问题，以及基本的社会服务等。其二，世界银行将与加纳政府，尤其是与公民社会和私有行业开展更加紧密的合作，继续加强与其他发展伙伴的协调。其三，继续重视公共部门管理的改革。其四，IDA 将减少对私有行业发展的直接贷款，但是重点将放在改善法律和管理框架上。[①]在 2003 年加纳出台减贫战略文件的背景下，2004 年，世界银行又发布了新的对加纳援助战略（GPRS）文件，世界银行支持 GPRS 的三个支柱是可持续增长和创造就业、提供服务和促进人的发展、治理和授权。在对加纳的援助上，IDA 的援助主要集中在三个领域：一是通过年度减贫战略信贷继续支持 GPRS 的执行；二是贷款项目的相当大比重分配到基础设施建设上；三是特殊投资和技术合作项目，涵盖教育、HIV/AIDS、公共部门改革和私有行业的发展等。为提高援助的效率，世界银行特别重视对发展援助的研究和伙伴间的对话（Consultive Group，CG），世界银行希望通过援助对话和协调来加强互补、避免重复并能够实现共同目标。[②]在此基础上，2007 年，世界银行推动了《加纳联合援助战略》（G - JAS）的出台，[③]在由世界银行领导的这一框架下，发展伙伴通过多方援助者财政支持框架（MDBS：Multi - Donor Budget Support）、公民社会直接支持以及行业和投资支持等方式加强对加纳的支持（见表 4 - 3）。

---

① 　IDA, "Ghana - Country Assistance Strategy," World Bank, 2000, pp. 5 - 6.

② 　IDA, "Ghana - Country Assistance Strategy," World Bank, 2004, p. 2.

③ 　加纳联合援助由 16 个发展伙伴组成，其对加纳的援助占所有官方援助的 95%，是国际发展伙伴在对加纳援助协调上里程碑式的文件。在这一联合援助框架下，发展伙伴将共同评估目前加纳的形势（政治、经济、社会）；共同探讨加纳实现 MDGs 面临的主要挑战；确定发展伙伴与加纳政府、公民社会和其他利益相关方合作的原则以及承诺；确定发展伙伴在支持 GPRS Ⅱ 的有限领域和项目；目标监督和风险化解。

表 4 – 3   G – JAS 对加纳金融支持（2007 ~ 2010 年）

单位：百万美元

援助工具/GPRS Ⅱ 支柱和行业	全部项目资金分配				
	2007 年	2008 年	2009 年	2010 年	总　计
全部项目资金	1292.7	1382.9	1434.7	1255.0	5365.3
财政支持框架（MDBS）	293.6	354.6	378.1	361.2	1387.5
公民社会直接支持	16.8	16.1	12.9	11.9	57.7
行业和投资支持	982.3	1012.2	1043.7	881.9	3920.1
支柱 1：私有行业竞争力	596.6	583.1	626.5	519.4	2325.6
农业	200.6	244.5	235.2	190.2	870.5
私有和金融行业	91.5	78.4	56.0	36.6	262.5
能源	76.6	48.5	53.7	57.7	236.5
交通	227.9	211.7	281.6	234.9	956.1
支柱 2：人的发展/基本服务	315.0	330.6	307.7	273.3	1226.6
健康	115.3	116.4	92.2	89.4	413.3
教育	99.2	110.2	103.5	98.0	410.9
水资源和环境卫生	100.5	104.0	112.0	85.9	402.4
支柱 3：良治与责任	70.7	98.5	109.5	89.2	367.9
公共财政管理	5.4	7.4	6.0	5.5	24.3
公共行业改革	7.9	8.6	6.7	4.7	27.9
分权	29.5	45.8	63.2	60.7	199.2
其他	27.9	36.7	33.6	18.3	116.5

资料来源：IDA，"Ghana – Country Assistance Strategy，" World Bank，2007，p. 28。

2007 年世界银行对加纳援助战略的出台表明世界银行更加重视对加纳行业发展的援助和参与，以及保持与加纳政府的财政政策一致。[1]根据 GPRS Ⅱ 确立的三个支柱，加纳援助战略也提出了未来四年对加纳具体的援助目标和项目。2008 ~ 2011 年，世界银行承诺继续向加纳提供金融支持，但是前提条件是：（1）首先需要对加纳以及世界银行项目的表现进行

---

① IDA，"Ghana – Country Assistance Strategy，" World Bank，2007，p. 5.

评估；（2）评估加纳相对于其他 IDA 国家的表现；（3）评估 2007 年加纳使用 IDA 的情况；（4）加纳需要满足赠予援助和分配框架所规定的条件条款。[①]尽管有这些条件限制，但是由于加纳总体上尤其是相对于其他国家来说表现良好，这使其更容易获得世界银行的援助。总体来看，2000 年以来，随着加纳自身在发展战略制定能力上的提高，世界银行等发展伙伴对加纳的援助战略更多地开始参照加纳的发展战略并据此进行回应。但是，世界银行和 IMF 援助中的政策改革导向并没有发生根本的变化，而且，随着世界银行在加纳行业和项目参与程度的提高，以及发展伙伴援助协调所带来的外部压力，加纳的自主权仍面临着挑战，这对加纳的谈判能力也是新的考验。后面的章节将探讨加纳与国际金融机构之间的谈判。

二 援助工具和项目

目前，世界银行在加纳的援助项目有 26 个，总额达到 16.26 亿美元。2011 年，世界银行对加纳的金融支持总额为 3.86 亿美元，2012 年为 3.43 亿美元，加纳已经是 IDA 第六大受益国。[②]世界银行对加纳以及其他国家的发展合作是通过 IDA、IBRD、国际金融公司（IFC）、多边债务减免倡议（MDRI）、多边投资保证机构（MIGA）、分析与建议行动（AAA）等一系列工具来实现的。

IDA 主要向加纳提供无息贷款和赠款，相对而言，条件也是最苛刻的，因此也成为世界银行影响加纳政策和改革议程的重要工具。IFC 是世界银行的附属机构，但是具有独立的法人地位，其配合世界银行的业务活动，向成员特别是其中的发展中国家的重点私人企业提供无须政府担保的贷款或投资，鼓励国际私人资本流向发展中国家，以推动这些国家的私人企业的成长，促进其经济发展。自 1958 年加纳成为成员以来，IFC 已经向加纳的 43 个项目投资超过 6.36 亿美元。IFC 在加纳的战略包括支持私人参与基础设施，扩大国内金融行业，为微型、小型和中型企业从地方金融机构借贷提供机会，促进非传统产品的出口，改善国内商业环境。MIGA 主要通过与 IFC 和 IDA 的合作为私有行业获得能源项目提供投资担保，2004 年

---

① IDA, "Ghana – Country Assistance Strategy," World Bank, 2007, p. 25.

② World Bank, "Ghana Projects & Programs," http：//www.worldbank.org/en/country/ghana/projects, August 8, 2013.

10 月，MIGA 签订了第一份合同，以支持西非天然气管道建设。2007 年，加纳是 MIGA 在撒南非洲项目支持的第二大国，支持的项目有西非天然气管道公司（7500 万美元）、加纳巴克利银行等。世界银行另外一个重要的工具是 AAA，AAA 是世界银行技术合作的重要形式，AAA 通过向加纳提供分析和政策建议，在很大程度上能够影响加纳的政策制定。但是在实践中，AAA 的适用性问题对于世界银行和加纳来说仍然存在很大的不确定性。这在后文中会有所提及。

截至 2017 年 6 月 6 日，世界银行在加纳的项目总数为 235 个，其中正在进行的项目 42 个，已完成 183 个，其余为中止或正在审批的项目。这些项目涉及中央政府管理（83 个）、产业和贸易（24 个）、次国家政府管理（23 个）、农林渔（21 个）、卫生（20 个）和其他社会服务（30 个）等。从正在运行的项目来看，世界银行在加纳的项目主要集中于道路、地方政府能力建设、水资源和环境卫生、教育等社会基础设施建设或政府治理项目上（见表 4－4）。从项目的数量来看，政府治理和能力建设上的项目数量最多，不仅中央政府，而且世界银行也大力支持地方政府的能力建设，这反映了世界银行对通过提升加纳政府的能力建设水平从而真正改善对自主权的发展的重视。交通、能源支持项目涉及加纳国家优先发展的重要领域，其他项目则涉及关系民生改善、人的发展以及可持续发展的传统领域。因此，这些项目在促进加纳发展上能发挥非常积极的作用。

表 4－4　世界银行在加纳的主要项目（正在运行）

单位：百万美元

项目名称	承诺数额	项目 ID	批准日期
加纳 Sankofa 天然气项目	700.0	P152670	2015 年 7 月 30 日
经济管理与减贫信贷项目	300.0	P113301	2009 年 6 月 30 日
交通行业项目	225.0	P102000	2009 年 6 月 30 日
地方政府能力支持项目	175.0	P122692	2011 年 3 月 22 日
GAMA 卫生和水资源项目	150.0	P119063	2013 年 6 月 6 日
城市用水项目	103.0	P056256	2004 年 7 月 27 日
经济农业项目	100.0	P114264	2012 年 3 月 22 日
能源发展和分配项目	90.0	P074191	2007 年 7 月 26 日
社会机遇项目	88.6	P115247	2010 年 5 月 20 日

项目名称	承诺数额	项目 ID	批准日期
加纳教育伙伴项目	75.5	P129381	2012 年 10 月 11 日
农村水资源和卫生服务项目	75.0	P120026	2010 年 6 月 23 日

资料来源：笔者根据承诺数据大小进行的整理，网站数据在不同时间会有一定的变化。World Bank，"Ghana Projects & Programs，" http：//www. worldbank. org/en/country/ghana/projects/all，June 6，2017。

第三节　加纳与国际金融机构合作中的自主性

世界银行和国际货币基金组织在加纳的发展议程构建中发挥着非常重要的作用。虽然 20 世纪 80 年代初在经济复兴计划和自由化改革上，加纳的自主权主导了这一进程，但是国际金融机构在为加纳提供政策方案、建议乃至影响加纳最终的发展战略制定上发挥着重要的作用。从 20 世纪 80 年代后期或 90 年代开始，国际金融机构对加纳发展议程的介入和影响程度提高了，这一方面源于国际金融机构对加纳重视程度的提高，另一方面是因为加纳国内政治的变化为国际金融机构的介入提供了机会和空间。2000 年之后，随着加纳经济的稳定和民主政治的发展，加纳与国际金融机构进入了新一轮的良性谈判过程，加纳的自主权诉求与国际金融机构的自主权让渡构成了这一时期双方关系的一个特征。但是，一个基本的事实是，无论在哪个阶段和什么样的环境下，双方都不可能完全按照自己的意愿行事，谈判始终是加纳实现自身利益最大化的一种途径。加纳的发展战略制定过程实际上是平衡自身利益诉求和发展伙伴要求的过程。

一　在《经济复兴计划》和结构调整计划上的谈判

《经济复兴计划》是由加纳主张改革的经济团队推动并制定的，但是，世界银行和国际货币基金组织是加纳经济战略和政策制定过程最重要的"设计师"。[1]而结构调整计划则使国际金融机构通过设置援助条件来影响加

---

① Lindsay Whitefield, Emily Jones, "Ghana：Breaking out of Aid Dependence? Economic and Political Barriers to Ownership," in Lindsay Whitefield ed. , *The Politics of Aid：African Strategies for Dealing with Donors* (Oxford：Oxford University Press, 2009) , p. 190.

纳的发展政策制定，加纳为提升自主权和实现自己的利益，必然会与国际金融机构进行谈判和博弈。

　　加纳政府与世界银行和国际货币基金组织在《经济复兴计划》的制定上来来回回进行了非常深入的讨论，在世界银行看来，加纳是"非常难缠的谈判者，加纳非常明确地认识到哪些问题它们愿意做，哪些问题它们并不准备做，而且知道最终会出现什么样的结果"①。20 世纪 80 年代初期，加纳与世界银行和国际货币基金组织在加纳自由化改革的速度、程度和范围上存在较大的分歧，加纳希望进行渐进式的改革，而国际金融机构则建议进行更大规模和深层次的改革。然而，正是由于技术官僚组成的政策团队在很大程度上坚持了加纳经济改革谈判上的自主权，罗林斯领导的军政府（1981～1993 年）通过持续的谈判改变或弱化援助的条件，最终确立了加纳渐进主义的改革进程（gradualism），而并不是世界银行和国际货币基金组织所期待的突破性的改革（breakthroughs）。②然而，在谈判和《经济复兴计划》制定过程中，世界银行与 IMF 做了大量的工作，这也奠定了国际金融机构持续介入并影响加纳改革进程的基础。虽然早期经济政策制定团队立场非常坚决、人数少，但更加灵活主动。随着改革的深入，国际金融机构及发展伙伴更大规模和更好程度的介入，这一早期的优势开始成为劣势。由于在自由化改革以及发展项目推进和执行上，加纳本土的人才和社会参与非常有限，因此不得不严重依赖国外专家的建议。正是加纳国内在发展议程上知识和技术贡献的缺乏，造成了其并没有构建一套发展话语和政策体系来平衡世界银行和国际货币基金组织的"技术主宰"。这种对政策建议或技术知识的依赖在 20 世纪 80 年代后期表现得更加明显，因为"加纳经济政策团队越来越难推动自身的政策偏好，同时世界银行掌握着更专业的技术和经验，在协调政策倡议上的能力更强，这导致 1986 年（经济结构调整计划开始实施）后，布雷顿机制基本主宰着两者之间的政策谈判"③。

---

①　Robert Pritchard Armstrong, *Ghana Country Assistance Review: A Study in Development Effectiveness*, World Bank Publications, 1996, p. 54.

②　Yvonne M. Tsikata, "Ghana," in S. Devarajan, D. Dollar, T. Holmgren, eds., *Aid and Reform in Africa* (Washington D. C. : the World bank, 2001), pp. 45 – 100.

③　Lindsay Whitefield, Emily Jones, "Ghana: Breaking out of Aid Dependence? Economic and Political Barriers to Ownership," in Lindsay Whitefield ed., *The Politics of Aid: African Strategies for Dealing with Donors* (Oxford: Oxford University Press, 2009), p. 204.

20 世纪 90 年代，国际金融机构与加纳的谈判或互动的程度更高，分歧开始增加，这与 20 世纪 80 年代初期形成了较为鲜明的对比。因为在《经济复兴计划》实施阶段，世界银行和 IMF 的战略与加纳自身的战略基本目标是一致的，都是要实现加纳宏观经济的稳定并确立自由化改革的方向。但是从经济结构调整计划开始，双方在结构改革的范围、重点领域和程度上分歧越来越明显，尤其是在私有行业的改革上。按照世界银行的说法，20 世纪 80 年代，双方关注的焦点是"价格正确"（getting the prices right），而 20 世纪 90 年代的关注焦点则是"制度正确"（getting the institutions right）。[1] 通过世界银行的加纳战略文件以及加纳自身的发展政策文件比较可以更好地看清这一点。1981~1988 年，世界银行对加纳援助的主要战略文件是国家规划文件（country program paper），1981 年和 1986 年，世界银行先后出台了两份加纳国家规划文件，其间 1983 年世界银行出台的加纳经济报告被其认为是具有重要战略价值和意义的文件，因为这一文件提出了一系列能够反映世界银行主张的详细方案，包括"价格正确"、提高能力和效率、降低政府对经济的干预等。文件还就加纳的部门改革、复兴措施、推动改革成功所需的外部援助等提供政策建议，这实际上扮演了援助动员工具的角色。1988 年，国家规划文件开始被国家战略文件（country strategy paper）代替，这一变化的目的是"提高国别文件的战略性而使其不仅仅是一个规划文件"[2]。1990 年，世界银行制定了第一个加纳国家战略文件，因为这一时期的加纳已经成为国际金融机构结构调整计划的成功案例，世界银行内部一些人开始酝酿如何推动加纳的经济增长以使其达到东亚国家的发展水平。为此，1990 年国家战略文件的三个重点目标如下。第一个目标是努力推动私有行业的发展，要求加纳政府在经济管理上执行更加坚决的"放手"战略。具体的建议措施包括改善私有投资的管理框架，进行全面的金融行业改革，加快国有企业的改制和商业化进程。第二个目标是提高公有部门的管理和执行能力。第三个目标是推动人力资源发展、消除贫困以及保护环境等。从长远来看，这将决定经济和社会改革可持续

---

[1]　Robert P. Armstrong, *Ghana Country Assistance Review：A Study in Development Effectiveness* (Washington D. C. ：the World Bank, 1996), pp. 29 – 30.

[2]　Robert P. Armstrong, *Ghana Country Assistance Review：A Study in Development Effectiveness* (Washington D. C. ：the World Bank, 1996), p. 40.

e

发展问题的解决。

国际金融机构的加纳战略与加纳自身的发展战略是一个相互影响的过程，双方都希望在对方的战略纲领中体现自己的意志。具体表现在世界银行等在制定对加纳的战略文件时加纳人员越来越多地参与其中，而加纳在制定本国的发展战略时也往往需要国际金融机构的资金、技术、政策和智力支持。1993 年世界银行制定的加纳战略文件是结构调整计划时期世界银行有关加纳战略的重要文件，一方面，这一文件的出台正值加纳刚刚举行完总统大选，同时国家公务员工资提高 80% 导致国内出现严重的财政赤字，在当时这被理解为"政治转型的代价"。另一方面，这一文件的蓝本是 1992 年完成的《加纳 2000 及展望：致力于快速增长和消除贫困》（以下简称《加纳展望 2000》），在其制定过程中有更多的加纳人员参与，因此其在一定程度上能够反映加纳本国的意愿和主张。[1] IDA 在其加纳战略中也明确指出，"我们在加纳的所有努力中的很大部分倡议来自加纳，无论是经济问题还是借款上的前期工作。现在的工作越来越多的是由加纳人自己承担的，而世界银行在很多情况下只扮演协调者的角色"[2]。在此基础上，1993 年世界银行加纳战略文件的一个重要转向是更关注长远的发展目标，这有别于 20 世纪 80 年代的渐进主义策略，因此，这也大致奠定了 20 世纪 90 年代要求加纳进行深度改革的基调。然而，与早期制定的《经济复兴计划》相比，从 1993 年开始，推行民主化后的加纳尝试构建的发展规划基本是无疾而终的，因为，在这一时期，如何利用外部援助实现政治利益，包括赢得选举、权力寻租乃至生存等，在罗林斯政府的援助利用战略中占很大的比重。到 20 世纪 90 年代后期，罗林斯政府已经偏离既定的改革进程，更关心自己继续执政的问题，发展援助被用来获取选民的政治支持。"全国民主大会党政府甚至借助援助条件来增加其在与社会组织（例如工会）谈判中的筹码，并尽量避免大众公开讨论国内经济政策。"[3]这最终导

---

[1] Western Africa Department of Africa Regional Office, *Ghana 2000 and Beyond: Setting the Stage for Accelerated Growth and Poverty Reduction*, World Bank, February, 1993.

[2] IDA, "Ghana – Country Assistance Strategy," World Bank, 1995, p. 12.

[3] Lindsay Whitefield, Emily Jones, "Ghana: Breaking out of Aid Dependence? Economic and Political Barriers to Ownership," in Lindsay Whitefield ed., *The Politics of Aid: African Strategies for Dealing with Donors* (Oxford: Oxford University Press, 2009), p. 195.

致，一方面，这一时期加纳国内的改革和发展政策缺少国内的争论，合法性不足反过来又导致社会对改革的批评和质疑；另一方面，"外部提供的短期资源和资金一直能够诱惑加纳的政府官员接受这些援助项目，从长远来看，加纳不得不继续接受由援助者主导的改革进程"。①

尽管在 20 世纪八九十年代，国际金融机构在加纳的改革和发展战略构建进程中发挥着主导性的作用，然而，加纳全国民主大会党（NDC）政府还是能够利用内部和外部的条件一方面实现自身的政治和经济利益，另一方面则能够持续从国际金融机构获得外部援助和贷款。其中一个代表性的例子就是1993 年，加纳单方面取消了世界银行等附加在其财政支出上的条件，在大选前出于政治目的大幅提高了国内公务员的工资。为此，世界银行暂停了对加纳的贷款。但是，世界银行马上面临来自双边援助者和私有承包商的压力，它们要求世界银行继续发放贷款而不是拒绝履行一些重要的进口合同，而且停止贷款也会带来经济危机的风险。最后世界银行不得不改变强硬的立场。② 这个案例表明，NDC 政府在政治利益和外部援助条件之间发生冲突时，优先考虑的是政治利益，而且能够巧妙地利用当时的国际援助格局。

二 重债穷国计划（HIPC）下的发展合作谈判

2000 年，库福尔及其新爱国党（New Patriotic Party）赢得大选，加纳开始进入新的时代。与罗林斯时期不同，库福尔更加重视私有行业的发展，主张政府在促进制造业发展上发挥更加积极的作用。更重要的是，迫于国内严峻的经济形势，库福尔改变了罗林斯时期对"重债穷国"计划的拒绝立场，而是开始接受这一计划。为此，库福尔政府在债务减免的条件、援助协议的签订以及国家减贫战略制定上不得不与国际金融机构进行谈判。同一时期，经济结构调整计划的大规模失败使 IMF 和世界银行也开始改变对发展中国家的战略框架，其中最重要的就是突出减贫战略，用减贫和增长框架（PRGF）代替了结构调整框架（ESAF），这一转变也影响

---

① Lindsay Whitefield, Emily Jones, "Ghana: Breaking out of Aid Dependence? Economic and Political Barriers to Ownership," in Lindsay Whitefield ed. , *The Politics of Aid: African Strategies for Dealing with Donors* (Oxford: Oxford University Press, 2009), p. 194.

② Stephen Browne, *Aid and Influence: Do Donors Help or Hinder?* (London: Routledge, 2006), p. 48.

了加纳等非洲国家对援助和发展战略的制定。

NPP 政府放弃了 NDC 政府时期制定的《加纳展望 2000》，但是并没有制定和出台新的长远的发展战略。为了获取债务减免和外部援助，NPP 政府的援助和发展战略很大程度上只是对国际金融机构的回应。在 HIPC 计划下，加纳被要求制定减贫战略文件（PRSP）。根据国际货币基金组织的 PRGF，减贫战略文件是受援国自身制定的，但其在制定过程中需要利益攸关各方和发展伙伴（包括世界银行和 IMF）进行充分的协商。其每三年更新一次，每年提供一份进度报告，以介绍宏观经济结构、社会政策以及外部资金需求和资金来源等有关增长和减贫战略的领域。[1] 2003 年《加纳减贫战略文件 2006~2009》的出台一开始就是各方利益妥协的产物，折中了加纳不同部门以及援助者在重点项目上的关切，其中包含加纳发改委，不同部、司、局的优先项目，援助者的优先项目以及 PRGF 等宏观经济框架。[2] 2000 年 7 月，加纳政府开始启动《加纳减贫战略文件》的制定工作，并随后根据确定的五个重点领域[3]建立了核心团队（Core Teams）。核心团队由不同的群体组成，包括政府相关部委、公民社会、非政府组织、私有行业、发展伙伴等。其中各部委主持和领导各自领域的政策协商和制定工作。在与发展伙伴的协商上，加纳主要通过定期的小型协商组织会议（Mini - Consultative Group meetings）与发展伙伴进行协商和咨询，发展伙伴也会派出代表团来决定如何将自身的加纳规划项目与 GPRS 重点关注的领域进行对接。[4]为配合 GPRS 的执行，2003 年，加纳与国际发展伙伴建立了多方援助者财政支持框架（MDBS），在此框架下，国际发展伙伴通过一年一次的咨询组织（Consultative Group）平台讨论援助资金的使用和发展政策问题。

在结构调整计划时期，国际金融机构也承认条件约束并没有带来所期望的改革。与结构调整计划时期过分强调条件约束的作用不同，在减贫计

① IMF, *Ghana Poverty Reduction Strategy 2003 - 2005* (Washington D. C.: IMF, February, 2003).
② Lindsay Whitefield, Emily Jones, "Ghana: Breaking out of Aid Dependence? Economic and Political Barriers to Ownership," in Lindsay Whitefield ed., *The Politics of Aid: African Strategies for Dealing with Donors* (Oxford: Oxford University Press, 2009), p. 196.
③ 五个重点领域包括宏观经济、生产与就业、人力资源发展、基础服务、治理。
④ IMF, *Ghana Poverty Reduction Strategy 2003 - 2005* (Washington D. C.: IMF, February, 2003), pp. 5 - 6.

划时期，国际金融机构更强调加强与加纳政府以及其他援助者之间的政策
对话并通过针对性更强的技术援助来促成加纳实现关键性的改革。①因此，
这一时期，在与加纳国家层面的谈判之外，国际金融机构开始更多地与不
同部门之间进行谈判，尤其是涉及改革进程的关键部门，如私有行业发展
部、贸易与产业部。在《私有行业发展战略》和《国家贸易政策和贸易行
业支持计划》的制定和执行过程中，国际金融机构发挥着非常重要的作
用。虽然这两个文件与加纳的国内政策有关，但是国际金融机构都很大程
度地介入其中。首先，这两个战略文件是加纳向国际金融机构和援助者表示
其愿意在这两个领域有所改革进而获取援助和支持。其次，在政策和战略制
定过程中，作为援助者以及重要的建言者和被咨询方，国际金融机构影响着
这些政策的核心内容。"代表着世界银行以及 DFID、USAID 等利益的咨询专
家经常习惯性地怀疑政府和私有行业的诸多提议，并打着已有'国际最好实
践'的幌子来否定这些提议。""援助者只会支持那些他们'信服'的战略，
他们不仅能够控制战略的设计，而且还通过这些'专家'来使加纳政府相信
这种设计的质量和重要性。加纳政府对《私有行业发展战略》的重新修订就
是为了愉悦援助者并最终获得援助，但是也会尽力确保新的战略能够包含自
身的关切。"②再次，在这些政策的执行过程中，国际金融机构等发展伙伴
要求加纳政府和相关部门在政策执行前必须提供详细的论证、资金使用和
项目进度信息等，另外，国际金融机构还与加纳执行团队的咨询专家保持
着非常密切的关系。虽然国际金融机构等并没有直接参与这两个政策的执
行过程，但是，通过这种技术援助的形式以及年度项目汇报的形式，国际
金融机构依然能很大程度地影响着加纳的政策执行过程。这必然使加纳政
府与国际金融机构等援助者之间产生分歧，如由于国际金融机构等的项目
前期论证拖得时间太长，加纳不得不直接使用本国的财政支出来执行这些
政策，同时考虑借助其他双边援助。最后，在受援国的自主性和援助资金
使用的可信度上，援助者很大程度上对加纳政府制定规划的能力并没有信

① IMF, Ghana: Ex – Post Assessment of Longer – Term Program Engagement (IMF Country Report, No. 7/211, 2007), p. 38.
② Lindsay Whitefield, Emily Jones, "Ghana: Breaking out of Aid Dependence? Economic and Political Barriers to Ownership," in Lindsay Whitefield ed., *The Politics of Aid: African Strategies for Dealing with Donors* (Oxford: Oxford University Press, 2009), p. 202.

心，对国际咨询专家的依赖也使其与加纳政府出现分歧。一个例子是，2006 年，私有行业发展部并入贸易与产业部，原来私有行业发展部中所有的国际咨询专家被辞退，随后其聘请了两名新的咨询专家，这使援助者失去了在加纳政府内的"内应"，也使加纳与援助者之间的关系更加复杂。[1]

　　虽然从上述两个政策的制定和执行过程来看，"加纳自己设置议程的时代仍没有到来"，而国际金融机构等发展伙伴在加纳政策制定进程中仍发挥着非常重要的作用，但是，这一时期，加纳政府自主制定本国发展政策以及推动发展合作效率的意愿和能力得到了很大的提高。同时，国际发展格局的变化也改变了传统援助者对加纳发展政策的垄断地位，中国等新兴援助者丰富了加纳国际发展合作的外部选择。这在某种程度上增加了加纳与国际金融机构的筹码并为加纳的自主性和灵活性提供了可能。这表现在很多方面。首先，从加纳的谈判战略来看，在与国际金融机构的谈判中，加纳能够巧妙地利用国内民意和舆论、不执行或延缓战略等抵制和拖延世界银行和 IMF 设置的议程。如利用民意反对加纳商业银行私有化。其次，加纳开始强化自主设置政策议程，在某些政策领域减少援助者的参与。如前面提到的贸易和产业政策的执行。最后，加纳能够有效地影响国际援助者改变其战略和主张，从而突出本国的关切。如在 HIPC 资金的使用上，一开始世界银行希望将其全部用于社会领域，但是加纳财政部坚持主张应该将其用于可以带动经济增长和就业的行业。[2]然而，尽管如此，加纳在发展合作谈判上的能力仍然面临着很大的制约，包括严重依赖外援而导致谈判筹码和行动能力依然较弱、国内不同部门和政党内部的分歧以及由此决定的真正的发展自主。"援助者关于自主性的承诺只是说辞，尽管一些援助者也尝试做出了一些努力，但是援助实践仍然充满了严格的规制和过程，关注结果，主要的规划仍然出自援助机构，因为它们缺乏对加纳政府能力的信任。"[3]

[1] Lindsay Whitefield, Emily Jones, "Ghana: Breaking out of Aid Dependence? Economic and Political Barriers to Ownership," in Lindsay Whitefield ed. , *The Politics of Aid: African Strategies for Dealing with Donors* (Oxford: Oxford University Press, 2009), p. 207.

[2] I. Agyeman – Duan, *Between Faith and History: A Biography of J. A. Kufuor* (Banbury: Ayebia Clarke Publishing, 2006), p. 204.

[3] Lindsay Whitefield, Emily Jones, "Ghana: Breaking out of Aid Dependence? Economic and Political Barriers to Ownership," in Lindsay Whitefield ed. , *The Politics of Aid: African Strategies for Dealing with Donors* (Oxford: Oxford University Press, 2009), p. 210.

三 新国际发展格局下的谈判

在库福尔第二个任期内，加纳国内经济和国际发展合作格局经历重大的变化，这对于加纳的发展政策制定和谈判能力产生了重要影响。这一时期加纳的政治经济取得了快速的发展，GDP 增长率从 2000 年的 3.7% 上升到 2007 年的 6.7%，2006 年的经济总量比 20 世纪 90 年代中期的经济总量增加了 50%，国际债务负担大幅降低，2001～2005 年，债务占 GDP 的比例降到了 60%，到 2006 年，则降到 22%。债务的降低也使加纳获得了市场信用评级，从而可以从国际市场筹集资金用于国家发展。另外，石油的探明也在很大程度上提振了政府的自信和对自主发展的期望。2005 年《巴黎宣言》之后，提高受援国的自主权和援助的效率成为国际发展合作的主流话语，国际金融机制和其他援助者对加纳的援助战略也开始进行相应的调整，同时，以中国为代表的新兴援助者的崛起为加纳获取新的发展资源带来了重要的机遇，提高了包括加纳在内的非洲国家的主动权和灵活性。例如随着宏观经济的稳定，加纳政府不再需要 IMF 的资金支持，2006 年 10 月，IMF 的减贫和增长框架（PRGF）到期，加纳政府并没有向 IMF 继续寻求支持。

国内和国际发展格局的变化也促使库福尔政府重新认识由传统援助者确立的发展话语，这一时期的一个重要转变是 NPP 政府希望改变经济结构调整计划和 HIPC 时期的强调稳定的经济政策，同时超越 MDGs 确定的减贫和社会发展的目标，主张采取切实措施，例如大力推动基础设施建设来实现经济的快速增长和多元化，进而服务于国家民生。为此，加纳政府在发展战略上显示出了更强的自主性，具体表现为这一时期的三个重要战略文件的制定：一是《加纳减贫战略文件 2006～2009》，二是《加纳共同增长与发展议程 2010～2013》，三是《加纳援助政策与战略 2011～2015》。在学者看来，"《加纳减贫战略文件 2006～2009》明确反映了加纳试图放弃 MDGs 范式并尝试构建自己的发展道路——强调政府干预在推动私有行业发展上的作用"[1]。《加纳共同增长与发展议程 2010～2013》则是加纳新政

---

[1] Lindsay Whitefield, Emily Jones, "Ghana: Breaking out of Aid Dependence? Economic and Political Barriers to Ownership," in Lindsay Whitefield ed., *The Politics of Aid: African Strategies for Dealing with Donors* (Oxford: Oxford University Press, 2009), p. 211.

府制定的宏大的发展规划，这一政策确定的加纳未来发展的重要目标是：提高人力资源水平、建设透明和有公信力的政府、建设基础设施、促进农业现代化和自然资源发展。从中可以看出，加纳新时期的发展战略已经将重心转移到经济增长和基础设施建设等发展的核心要素上。随后出台的《加纳援助政策与战略 2011～2015》则更加能够表明加纳在应对国际发展合作伙伴上自信心和自主权的提升。《加纳援助政策与战略 2011～2015》要求所有发展伙伴的援助干预都必须以加纳现有的发展规划为基础。为了提高援助的效率，加纳还出台了一份与发展伙伴在发展合作上的行动指南。[①]在这两个文件中，加纳明确表示在中长期内要降低对外部援助的依赖，实现这一目标需要：政府能够逐渐承担起促进投资快速增加、降低贫困和解决不平衡问题的全部责任；制定规划推动 ODA 及其他形式发展合作资金的逐步转型，明确加纳所需要的发展资金总额、时间限制，规定 ODA 及其他资金来源扮演的角色；推动贸易、投资的多元化及区域一体化建设；合理配置公共部门。[②]这两个文件作为加纳发展合作的制度和规范文件，反映了加纳正在成为本国发展合作议程和规则的制定者。

然而，2012 年底，随着国际大宗商品尤其是原油、黄金、可可等价格的下跌以及加纳国内工资法案改革所引起的连锁反应，加纳经济开始恶化，财政赤字扩大，通货膨胀率攀升，加纳经济开始呈现断崖式下跌。2011 年，加纳的 GDP 增长率达到 14%，加纳是非洲经济快速增长的主要代表。然而，2013 年，加纳的 GDP 增长率降到了 7.3%，从 2014 年开始，更是降到了 4% 以下，这低于非洲经济总体增长水平。[③]加纳财政税收的70% 用于公共部门人员的工资和津贴，种种因素导致政府财政赤字扩大了三倍。与此同时，加纳货币塞地对美元大幅贬值，塞地成为世界上最糟糕的货币之一。[④] 加纳经济面临的困境促使 2013 年上台的马哈马政府向 IMF 寻求支持，自 2009 年后加纳再次开启与 IMF 对话的大门。2014 年 9 月 16

---

① Government of Ghana, *Leveraging Partnership for Shared Growth and Development*: *Government of Ghana – Development Partners Compact 2012 – 2022*, June 21, 2012.

② Government of Ghana, *Leveraging Partnership for Shared Growth and Development*: *Government of Ghana – Development Partners Compact 2012 – 2022*, June 21, 2012, p. 5.

③ 数据采集自 IMF, World Economic Outlook Database, April, 2017。

④ BBC, "Ghana to Seek Help from Internaitonal Monetary Fund," http://www.bbc.com/news/business – 28640560, August 4, 2014.

日，在加纳政府的请求下，IMF 代表团访问加纳，开始探讨双方的合作。
2015 年 2 月 26 日，加纳政府与 IMF 达成合作协议，IMF 将提供一个三年期的中期优惠信贷（共 9.4 亿美元贷款）以支持加纳新的经济改革项目。这一改革项目的三个支柱是：合理配置公共支出、经费透明；增加税收；提升央行货币政府的效用。①

加纳与 IMF 合作的重启反映了非洲经济的脆弱性和对外部的严重依赖。然而，与此同时，像很多非洲国家一样，对发展自主性的坚持使加纳又努力摆脱对 IMF 的依赖。因此，加纳对 IMF 的关系呈现时而依赖时而摆脱的波动关系。其背后的根源正是非洲国家对自身发展自主权的诉求。最近三年加纳经济的恶化为阿库福 - 阿多（Nana Akufo-Addo）及其所在的新爱国党赢得总统大选提供了重要机会。2017 年 1 月，阿库福 - 阿多当选加纳新一届总统。在总统竞选以及赢得总统大选后，阿库福 - 阿多及其政府成员多次批评 IMF 的三年期中期优惠信贷是马哈马政府与 IMF 的秘密交易，其在恢复加纳经济上并没有发挥多大的作用，阿库福 - 阿多更声称将按期结束与 IMF 的合作。②然而，据最新消息，阿库福 - 阿多已经改变此前的主张，加纳新政府已经向 IMF 提交了新的延期申请。③这意味着，批评前政府与 IMF 的合作只是一种竞选的需要，然而在现实中，新政府并不能提出新的取代 IMF 的方案。

从国际发展话语的演变来看，自 2005 年世界银行发布《世界银行条件评估》（Review of World Bank Conditionality）以后，④世界银行称会在援助和贷款的条件上逐渐减少政策改革的要求，确实，世界银行政策贷款条件（conditionality）的数量也从 20 世纪 90 年代的一项贷款 30 多个降到 2009 年的一项贷款 10 ~ 12 个，2006 ~ 2007 年，IDA 政策贷款的标准（benchmarks）数量下降了 40%。⑤根据《巴黎宣言》，这种改变主要是为了

---

① IMF Survey, "IMF Survey: IMF Readies Loan for Ghana to Support Reform Plan," September 26, 2015, http://www.imf.org/external/pubs/ft/survey/so/2015/car022615a.htm.

② Elvis Boh, "Ghana Economoy in 'Bad Shape' - President Akufo - Addo," *Africanews*, http://www.africanews.com/2017/02/22/ghana - economy - in - a - bad - way - nana - akufo - addo/, February 22, 2017.

③ "Ghana to Seek Extension of IMF Support Program," http://www.africanews.com/2017/05/22/ghana - to - seek - extension - of - imf - support - program/, June 6, 2017.

④ The World Bank, *Review of World Bank Conditionality*, DC 2005 - 0013, September 9, 2005.

⑤ The World Bank, *Conditionality in Development Policy Lending*, November 15, 2007, p. 2.

提高发展中国家或受援国的自主权和发展政策空间，加纳上述两个重要战略文件的出台似乎也是这一发展进程的反映。但是，在很多人看来，世界银行并没有放弃对受援国的发展政策干预，只不过这种干预发展为一种新的秘密的或"侧门"（side door）的形式：世界银行可能不会在与受援国的贷款合同中明确规定相应的条件，但是会通过附件或信函的形式对相应的规定进行说明。[1] 2009 年，受到全球金融危机冲击的加纳国内出现严峻的收支平衡问题，为解决国内财政问题，加纳新上台的米尔斯政府向世界银行寻求支持。同年，加纳政府也向 IMF 寻求资金支持。为获得世界银行和 IMF 的资金支持，加纳政府不得不根据国际金融机构的关切做出相应的承诺，这具体体现在加纳政府向两者递交的发展政策说明（letter of development policy）上：递交给世界银行的是《发展政策说明》和递交给 IMF 的是《信函目的、经济、金融政策备忘录和技术谅解备忘录》。[2] 在递交给 IMF 的发展政策说明中，加纳政府明确表示，"我们相信《信函目的、经济、金融政策备忘录和技术谅解备忘录》中设定的政策能够充分有效地实现这些项目的目的，但是如果需要就会采取进一步的措施。政府将在这些措施的推行上与 IMF 进行协商，根据 IMF 的协商建议进行相应的修改"[3]。为了缩小加纳的财政缺口，世界银行批准了总计 5.35 亿美元的贷款，通过三个信贷工具执行，即第二期自然资源和环境治理发展政策项目（1000 万美元），交通项目工程（2.25 亿美元），经济管理和减贫信贷（3 亿美元）。[4] 这三个信贷工具共附加了 57 个条件，包括约束条件（binding conditions）和标准（benchmarks）。这些条件主要用于能源和采掘业（11 个）[5]、

① Nora Honkaniemi, "Conditionality in World Bank Crisis – Lending to Ghana," the European Network on Debt and Development, http：//www. eurodad. org, July, 2010.

② Ghana, "Letter of Development Policy," in the World Bank, *International Development Association Program Document for the Economic Governance and Poverty Reduction Credit in the Amount of SDR 193. 8 Million（US $300 million equivalent）to the Republic of Ghana*, Report No. 47223 – GH, June 15, 2009; IMF, Ghana：*Letter of Intent, Memorandum of Economic and Financial Policies, and Technical Memorandum of Understanding*, June 26, 2009.

③ IMF, *Ghana*：*Letter of Intent, Memorandum of Economic and Financial Policies, and Technical Memorandum of Understanding*, June 26, 2009, p. 1.

④ 经济管理和减贫信贷分两批执行，自批准后先拨款 1.5 亿美元，余下的在加纳政府履行完其承诺后再拨付，这些承诺包括贷款的条件以及加纳政府在发展政策说明中做出的承诺。

⑤ 包括天然气、矿业、黄金、林业和石油（新发现的 Jubilee 油田）。

财政政策（10 个）和公共部门改革（9 个）。在能源和采掘业上，这些条件规定资源应该如何管理、政府应该如何征税，包括执行石油天然气财政制度（oil and gas fiscal regime），调整木材、渔业、矿产品和油气的税率。财政政策的条件则规定通过一些切实措施缩小财政赤字，包括逐步取消政府补贴、妥善处理欠款等。公共部门改革则附加了更加严厉的条件，包括冻结新的招聘（hiring freezes）、工资和薪水分配调整，当然还有政府部门和司局的逐步剥离或者商业化。世界银行通过这些贷款条件依然能够对加纳的发展政策产生重大的影响，如世界银行要求加纳制订电力行业复兴计划，提高电力行业的收益，这直接推动了加纳电价的上涨。由此可见，在新时期，世界银行虽然减少了援助条件的数量，但是在核心领域即涉及发展政策和结构调整的关键领域上，世界银行依然通过直接的形式（贷款合同）和间接的形式（受援国发展政策说明）影响着加纳的发展政策，难怪在谈到加纳的公共部门改革时，有人称世界银行现在的政策与 20 世纪 80 年代加纳的经济复兴计划和结构调整计划没有什么两样。①

第四节　结语

综上，2005 年之后的国际发展话语呈现有利于受援国提升自主权和扩大政策空间的趋势，《加纳共同增长与发展议程 2010～2013》《加纳援助政策与战略 2011～2015》的制定反映了加纳自主设置发展战略能力的提高，其是基于本国核心发展领域的政策文件。②《发展合作伙伴指南》更能够反映加纳在设置发展合作规则、规范和协调外部援助上的能力和自信心的提高。简言之，当前加纳的发展政策和战略的制定权掌握在加纳政府手中。然而，援助和发展资金依赖的结构性困境决定了加纳的发展政策无法摆脱国际发展伙伴的影响乃至干涉。虽然世界银行等承诺降低援助过程中的政策条件从而为受援国提供更大的自主政策空间，但现实是，世界银行贷款的核心条件基本没有发生变化，包括公共部门改革（私有化和商业化）、

---

① Nora Honkaniemi, "Conditionality in World Bank Crisis - Lending to Ghana," the European Network on Debt and Development, http://www.eurodad.org, July 2010.
② 世界银行、国际货币基金组织、美国、英国等国际发展合作伙伴都承认这一战略的重要性，并表示将通过这一战略加强与加纳的发展合作。

财政政策和能源政策等，而且会根据不同国家新的发展问题的出现附加相应的政策条件，例如在加纳新发现油田上的发展政策条件和标准。更重要的是，世界银行和 IMF 会通过发展政策说明等间接的形式，使加纳政府做出相关承诺，并进行改革来影响加纳的国内政策。然而，在新的国际发展格局下，加纳政府利用国内和国际环境提高了其与国际金融机构的谈判能力。其一，国际金融机构附加的条件和政策干预在很多情况下并不能达到预期的目的，如关于电力行业的改革建议反而会使更多的贫困人口不能受益；关于公共部门的改革会使更多的加纳人口失业；削减公共财政支出和冻结人事招聘的政策会使加纳政府失去有能力的工作人员，也为穷人关闭了大门。因此，世界银行和 IMF 的政策在加纳国内面临很多批评和反对。国内的民意为加纳政府在与国际金融机构谈判时提供了重要的筹码，在谈判中，加纳政府往往会利用民意来达到自己的目标，包括采取拖延甚至抵制的策略。其二，政府的利益和意愿明显决定了谈判的结果。加纳银行商业化与电力行业改革计划的比较能够很容易体现这一点，世界银行的电力行业改革计划中的提高行业收入的建议有利于政府，因此，这一计划很快得以实现。相反，加纳政府并不愿意推动加纳银行的商业化，因为这是对自身利益的冲击，加纳政府通过借助国内反对的声音采取拖延策略，后来提出其他方案来代替国际金融机构的政策建议。其三，以中国为代表的新的国际发展合作伙伴的出现为加纳提供了新的发展来源，而且中国等新兴援助者并没有附加苛刻的条件，相对而言更有优势，因此，能够为加纳提供更大的选择空间。

世界银行和 IMF 对非洲援助的重要条件是非洲国家的政治和经济改革议程，这种政策导向的援助战略表明非洲国家必须通过对公共部门、农业政策、关税政策、国有企业等机构和政策进行改革才能获得国际金融机构的贷款和援助。在加纳，这些改革要求直接触及农民、公共部门雇员、国有企业工人、银行雇员的切身利益，例如，公共部门的改革导致大量机构和企业如国家船务公司、国家渔业公司、加纳产业控股公司的解体。然而，加纳政府在与国内利益团体互动上采取的是不同的策略。通过获取外部援助向选区提供发展项目，进而赢得政治支持是加纳执政者在援助战略中的一个重要考虑。因此，一方面，执政党会利用世界银行、IMF 或其他援助者的条件来使国内的一些利益攸关方如工人和农民接受这些改革；另一方面，加纳政府则会利用国内的反对来抵制或拖延国际金融机构要求的改革。如在要求加纳商业银行的私有化和完全脱离政府谈判上，无论是之前的 NDC 政府还是后来的 NPP 政府都拒绝将其私有化，这导致 IMF 和世界银行中止或减少对加纳的援助资金分配，在这种背景下，NPP 政府提出考虑出售加纳商业银行，但由于遭到国内强烈的反对，NPP 政府暂时搁置并要求给予更多的时间来拿出下一步可能的方案。直到现在，加纳政府仍通过持有 51.7% 的股份控制着加纳商业银行。也就是说，加纳政府在不同的情况下会利用外部和内部条件来达到其预期的目的，而其自身的政治和经济利益在这一过程中发挥着决定性的作用。

如果说中国为加纳平衡与国际金融机构及传统发展伙伴关系提供了重要的筹码的话，那么加纳在与中国进行发展合作的过程中应采取什么样的战略？加纳政府如何与中国进行谈判？对于以上问题，下一章将进行论述。

第五章　加纳与中国发展合作中的自主性

1960 年 7 月 5 日，加纳与中国建交，成为撒哈拉以南非洲第二个与中国建交的国家。1963 年 12 月 14 日至 1964 年 2 月 4 日，周恩来总理访问非洲十国，中国对外援助的八项原则正是在周总理访问加纳期间提出的。从这个意义上讲，加纳是中国对非援助的重要起点和见证者。然而，在之后，中国与加纳的援助关系随着加纳国内的军事政变（1966 年）、中国对外援助政策的调整（1978 年）和国际格局的变动（1989 年）发生了根本性的变化。如果说早期中国对恩克鲁玛政权的援助是出于反帝反殖反霸和构建社会主义阵营的话，中期的援助则处于后恩克鲁玛时代关系修复与重建的阶段，后期以及新时期的援助则处于强调经济增长和发展新型合作关系阶段。中国对加纳的援助是中国对非援助的一个缩影，相比而言，中国对非援助政策的变化则是影响加纳认识和利用中国援助的核心因素。因此，本章首先对中国的对非援助政策发展过程做一个简单梳理；其次通过中国在加纳的援助项目尝试探讨这些项目背后的谈判过程；最后，分析加纳在借助中国援助上的战略特征和因素。

第一节　中国对非援助的阶段、理念和政策

2000 年中非合作论坛首次举行，尤其是 2006 年中非合作论坛北京峰会以来，中非关系在国际上引起了越来越强烈的关注。作为中非关系重要支柱之一的中国对非援助自然成为国内外关注的焦点，学界也明显加强了对中国对非援助的研究，虽然从 2006 年到现在只有短短十余年的时间，但是有关中国的对非援助研究显然已经成为中非关系研究和中国对外援助研究中一个重要的课题。中国对非援助的阶段划分、政策演变、援助动机、

援助机构和机制、援助的内容和形式、援助的效果以及援助的国际比较构成了当前中国对非援助的主要内容。然而，当前的研究更多集中在中国作为一个施动者的角度，即主要研究中国的角色,[1]其在相当大程度上忽视了非洲国家的受动者角色。直接的问题是，非洲国家如何适应中国的对非援助政策调整？非洲国家如何通过谈判从中国获取预期的援助？或者说，非洲国家被动地接受援助吗？

一　中国对非援助政策的调整

中国对非援助始于 1956 年，在过去的 60 多年时间里，中国对非援助的政策经历了重大的调整和变化。一些学者把中国的对非援助以改革开放为界主要分为两个阶段：第一阶段是政治导向的对非援助，主要目的是支援非洲的独立解放和反帝反殖斗争，履行无产阶级国际主义的义务；第二阶段是经济导向的对非援助。随着中国国内政治经济的变化、非洲新独立国家数量的增加，以及早期许多中国对非援助的失败，中国开始调整对非援助政策，主张按经济规律办事，1982 年 12 月到 1983 年 1 月，中国国务院总理访问非洲十一国时提出了中国同非洲国家开展经济技术合作的思想原则：平等互利、讲求实效、形式多样、共同发展。[2] 更多的学者将其分为三个阶段。第一阶段是新中国成立到 1978 年。第二阶段是"摸着石头过河"阶段，从改革开放政策提出到 1995 年中国进出口银行推动实行的优惠援助贷款制度，"1995 年的这项改革标志着中国援助计划自建立以来，发生了最引人注目的正式变化。事实上，中国推出了新的援助计划"[3]。这一时期，中国一方面把大部分援助用于改造经营困难甚至瘫痪的早期援建项目，如马里糖联、卢旺达水泥厂、贝宁纺织厂、刚果（布）农场等，中

---

① 张宏明：《中国对非援助政策的沿革及其在中非关系中的作用》，《亚非纵横》2006 年第 4 期；贺文萍：《中国援助非洲：发展特点、作用及面临的挑战》，《西亚非洲》2010 年第 7 期；李小云、武晋：《中国对非援助的实践经验与面临的挑战》，《中国农业大学学报》（社会科学版）2009 年第 4 期；张海冰：《中国对非洲援助的"战略平衡"问题》，《西亚非洲》2012 年第 3 期；等等。

② 张宏明：《中国对非援助政策的沿革及其在中非关系中的作用》，《亚非纵横》2006 年第 4 期；黄梅波、郎建燕：《中国的对非援助及其面临的挑战》，《国际经济合作》2010 年第 6 期。

③ 〔美〕黛博拉·布罗蒂加姆：《龙的礼物——中国在非洲的真实故事》，沈晓雷、高明秀译，社会科学文献出版社，2012，第 59 页。

国在这些国家开展了多种形式的技术和管理工作，包括代管经营、租赁经营和合资经营等①；另一方面则开始积极探索对非援助的新形式，重点是推动援助资金来源和方式的多样化。② 一系列重大援外机构改革正是在这一时期完成的，包括 1982 年 3 月在对外经济贸易部下设立对外援助司，1994 年成立三大政策性银行，以及国家部委、省、自治区原隶属企业、合作局等的市场化产生了一大批后来在中国对非援助中发挥重要作用的公司。第三阶段是"走出去"和对非援助机制化阶段（1995 年至今）。③从这一阶段开始，中国对非援助在第二阶段修复和巩固基础上进入全面发展的阶段。

2000 年中非合作论坛的建立标志着中非关系进入一个全新的阶段，这也成为新形势下中国与非洲国家开展集体对话的重要平台和务实合作的有效机制，中国对非洲国家的经济技术援助进入新的发展阶段。2006 年 1 月 12 日，中国发布了《中国对非洲政策文件》，明确中国对非政策的总体原则是：真诚友好，平等相待；相互支持，密切配合；相互学习，共谋发展。并承诺中国政府将根据自身财力和经济发展状况，继续向非洲国家提供并逐步增加力所能及和不附加政治条件的援助。④2011 年 4 月 21 日中国国务院发布《中国的对外援助》白皮书，进一步阐述了中国对外援助的基本原则：坚持帮助受援国提高自主发展能力；坚持不附带任何政治条件；坚持平等互利、共同发展；坚持量力而行、尽力而为；坚持与时俱进、改革创新。⑤《中国的对外援助》白皮书的发布标志着中国的对外援助开始进入相对成熟和系统的运作模式之中。随着对外援助规模的不断扩大，对外援助的管理和创新成为中国对外援助现阶段面临的重要问题。2008 年成立的对外援助部级联系机制于 2011 年 2 月升级为部级协调机制，目前的部委

---

① 商务部：《中国对非洲国家的援助》，2012 年 7 月，第 4 页。
② 商务部：《中国对非洲国家的援助》，2012 年 7 月，第 5 页。
③ 三个阶段的划分可参见〔美〕黛博拉·布罗蒂加姆《龙的礼物——中国在非洲的真实故事》，沈晓雷、高明秀译，社会科学文献出版社，2012；王玉红《和合发展：中国对非洲援助研究》，吉林大学博士学位论文，2012；毛小菁《中国对非援助之路》，《经济》2011 年第 10 期；舒运国《中国对非援助：历史、理论和特点》，《上海师范大学学报》（哲学社会科学版）2010 年第 5 期。然而，三个阶段的时间节点并不尽相同，如舒运国将第二阶段界定为 1976~2000 年。另外一些则采取相对模糊的界定，以年代为划分界限。
④ 《中国对非洲政策文件》，2006 年 1 月 12 日。
⑤ 《中国的对外援助》，中华人民共和国国务院新闻办公室，2011 年 4 月 21 日。

成员达到 33 家。这一协调机制的效率还有待观察，但是目前来看，现有的协调机制尚不完善，难以充分发挥应有的作用，这也是下一步中国援外工作改革和发展的方向。①对此问题，中国政府及学术界在建立中国专门的援外机构上存在很大的争议，提出了各种不同的建议，包括借鉴英国和加拿大的经验等建立部级独立的援外机构；借鉴法国在对外援助协调上的经验，实行由中央援外领导小组负责的援外体制等。在对非援助机制上，中非合作论坛中方后续行动委员会目前扮演着协调 27 个成员单位的角色，但是并没有决定和执行政策的权力，而且在协调关键部门上的能力非常有限。② 这两个协调机制的有限性将是影响中国对非援助的重要因素。

2015 年底，中非合作论坛约翰内斯堡峰会的召开将新时期的中非合作提升到了一个新的高度。2015 年 12 月 4 日，中国发布了新的《中国对非洲政策文件》，③ 提出了建立和发展中非全面战略合作伙伴关系、巩固和夯实中非命运共同体的目标，并制定了全面的对非合作框架。12 月 4 日，习近平主席在论坛峰会开幕式上明确提议将中非新型战略伙伴关系提升为全面战略合作伙伴关系，并提出了"五大支柱"和"十大计划"。五大支柱是政治上平等互信、经济上合作共赢、文明上交流互鉴、安全上守望相助、国际事务中团结协作。在十大计划的推进上，将"坚持政府指导、企业主体、市场运作、合作共赢的原则，着力支持非洲破解基础设施滞后、人才不足、资金短缺三大发展瓶颈，加快工业化和农业现代化进程，实现自主可持续发展"④。

二　中国对非援助的内容和形式

从 2000 年第一届中非合作论坛部长级会议到 2012 年第五届部长级会议，中国对非援助的规模不断扩大，新举措不断推出，在 2006 年北京峰会

---

① 胡建梅、黄梅波：《中国对外援助管理体系的现状与改革》，《国际经济合作》2012 年第 10 期。

② Li Anshan, Liu Haifang, et al. , FOCAC Twelve Years Later: Achievements, Challenges, and the Way Forward (Discussion paper 74, the Nordic Africa Institute, 2012), pp. 21 – 22.

③ 《中国对非洲政策文件》，2015 年 12 月 4 日。

④ 习近平：《开启中非合作共赢、共同发展的新时代——在中非合作论坛约翰内斯堡峰会开幕式上的致辞》，新华网，http: //news. xinhuanet. com/world/2015 – 12/04/c_ 1117363197. htm，2015 年 12 月 4 日。

上,中国宣布了加强中非务实合作、支持非洲发展的八项举措,包括扩大援助规模,援建非盟会议中心,免除到期政府债务,加强人才培训,援建农业技术示范中心、农村小学、医院和疟疾防治中心,派遣高级农业专家和青年志愿者等内容。2009 年的第四届部长级会议上,中国又宣布八项新举措,涉及农业、基础设施建设、粮食保护、教育、医疗卫生、减免债务等领域。这些举措立足于帮助非洲解决面临的实际困难和巩固经济社会发展的基础,着眼于帮助非洲实现可持续发展。[①]其中,对非优惠性质贷款 100 亿美元;设立非洲中小企业发展专项贷款,金额 10 亿美元;援建太阳能等 100 个清洁能源项目。[②]

2012 年部长级会议上,中国政府又提出从 5 个重点领域推动中非新型战略伙伴关系发展,其中在对非援助上,承诺继续扩大对非援助,让发展成果惠及非洲民众。这包括适当增加援非农业技术示范中心,实施"非洲人才计划",为非洲培训 3 万名各类人才,提供政府奖学金名额 18000 个,并为非洲国家援建文化和职业技术培训设施;深化中非医疗卫生合作,中方会派遣1500 名医疗队员,以及帮助非洲国家加强气象基础技术设施能力建设、森林保护与管理、打井供水等涉及国家民生的项目。另外,中国承诺向非洲国家提供的 200 亿美元贷款额度虽然并不属于发展援助的范畴,但是它重点支持的是非洲基础设施、农业、制造业和中心企业发展等关系非洲真正发展和崛起的核心战略领域,这反映了中国在推动非洲发展上的强烈意愿和政策支持力度。[③]

2015 年,中非合作论坛约翰内斯堡峰会提出的"十大合作计划",涉及工业化、农业现代化、基础设施、金融、绿色发展、贸易和投资便利化合作、减贫惠民、公共卫生、人文、和平安全,为未来三年的中非发展合作提供了全面的合作框架。为保证"十大合作计划"的实施,中方决定提供总额 600 亿美元的资金支持,包括:提供 50 亿美元的无偿援助和无息贷款;提供 350 亿美元的优惠性质贷款及出口信贷额度,并提高优惠贷款优

---

① 商务部:《中国对非洲国家的援助》,2012 年 7 月,第 6~7 页。

② 《温家宝总理在中非合作论坛第四届部长级会议开幕式上的讲话》,人民网,http://politics.people.com.cn/GB/101380/10338961.html,2009 年 11 月 9 日。

③ 具体内容参见《胡锦涛在中非合作论坛第五届部长级会议开幕式上的讲话》,2012 年 7 月 19 日;《中非合作论坛第五届部长级会议——北京行动计划(2013 年至 2015 年)》,中非合作论坛网站,http://www.focac.org/chn/ltda/dwjbzzjh/hywj/t954617.htm,2012 年 7 月 23 日。

惠度；为中非发展基金和非洲中小企业发展专项贷款各增资 50 亿美元；设立首批资金为 100 亿美元的"中非产能合作基金"。截至 2009 年 9 月，中国对非援助总额达到 760 亿元人民币；截至 2008 年，各种贷款大约 460 亿元人民币。①中国在北京峰会后向非洲国家提供 26.47 亿美元优惠贷款用于支持 28 国 54 个项目；20 亿美元优惠出口买方信贷用于支持 10 国 11 个项目；减免了 33 个非洲国家 2005 年底到期的无息贷款债务（约 100 亿元人民币）。截至 2009 年底，中国对非援助规模（按照在北京峰会上做出的承诺）比 2006 年增加了一倍。② 2009 年，中国对非援助大概为 7.65 亿美元，③ 2011 年中国对非援助比 2009 年增长超过 60%。④以此估算 2011 年的援助大概为 12.24 亿美元。与西方承诺和落实的不匹配相比，中国的承诺落实更有优势。2016 年 7 月 29 日，中国开创性地召开了中非合作论坛约翰内斯堡峰会成果落实协调人会议，根据这次会议，中非双方共签署了 243 项合作协议，涉及金额高达 507 亿美元，其中，中国企业对非直接投资和商业贷款超过 460 亿美元，占协议总金额的 91%。⑤

　　新时期的中国对非援助，如援助的管理和参与主体、援助资金来源的多元化、援助的类型、援助的形式都在不断地完善。在援助的参与主体上，中非合作论坛中方后续行动委员会的 27 个成员单位都能够直接参与对非援助，这表明中非发展合作关系的广度正在不断扩大。在援助资金来源上，中国对外援助中超过三分之一流向非洲，截至 2005 年底，中国进出口银行向非洲的优惠贷款占全部优惠贷款的比重达到 70%。⑥ 另

---

①　《温家宝在中非合作论坛第四届部长级会议期间举行记者会实录》，人民网，http：//paper. people. com. cn/rmrb/html/2009 – 11/10/nw. D110000renmrb_ 20091110_ 3 – 02. htm，2009 年 11 月 10 日。

②　具体可参见《中非合作论坛北京峰会后续行动落实情况》，中非合作论坛网站，http：//www. focac. org/chn/ltda/dsjbzjhy/bzhyhywj/t627503. htm，2009 年 11 月 10 日。

③　〔美〕黛博拉·布罗蒂加姆：《龙的礼物——中国在非洲的真实故事》，沈晓雷、高明秀译，社会科学文献出版社，2012，第 150 页。

④　陈德铭：《中非经贸合作将迎来更加美好的明天》，中非合作论坛网站，http：//www. focac. org/chn/ltda/dwjbzzjh/zyjh/t952065. htm，2012 年 7 月 17 日。

⑤　《杨洁篪国务委员在中非合作论坛约翰内斯堡峰会成果落实协调人会议开幕式上宣读习近平主席贺信并发表主旨讲话》，中华人民共和国外交部网站，http：//www. fmprc. gov. cn/web/zyxw/t1385938. shtml，2016 年 7 月 30 日。

⑥　〔美〕黛博拉·布罗蒂加姆：《龙的礼物——中国在非洲的真实故事》，沈晓雷、高明秀译，社会科学文献出版社，2012，第 149 页。

外，中非发展基金、非洲中小企业发展专项贷款等也正在丰富中国对非援助的资金来源。在援助的类型和形式上，中国目前主要采取项目援助和双边援助的形式，这实际上与传统援助者实现了"自然的分工"。在双边援助的基础上，中国近些年来更加重视与非盟以及次区域组织的合作，中国在中非合作论坛第五届部长级会议上提出了比以往更多、更具体、更务实的援助和合作承诺，包括自 2012 年起 3 年内向非盟提供 6 亿元人民币无偿援助，欢迎非盟委员会加入中非合作论坛，加强与"非洲发展新伙伴计划"规划协调局的交流合作，继续加强与非盟和非洲次区域组织在泛非大学、非洲跨国跨区域基础设施建设等领域的务实合作，加大对非洲一体化建设的支持力度等。①与此同时，中国也正积极通过其他多边形式来推动国际对非援助，2013 年在德班举行的金砖国家领导人会晤上，金砖国家领导人 – 非洲对话平台的建立、《金砖国家非洲多边基础设施联合融资协议》的出台，以及讨论建立金砖国家新开发银行，标志着金砖国家在非洲发展问题上迈出了实质性的一步。而作为金砖国家中最大的援助国，中国势必会影响未来金砖国家的对非援助议程。

三 中国对非援助的比较优势

中国的对非援助传统与西方主流援助话语相比有自己独特的比较优势，中国的对非援助强调中国与非洲共同发展、互利共赢、去政治条件、援助与发展相结合，这不同于目前西方国家推动的对非援助理念和模式。发展中国家的身份或南南合作框架下的中国对非援助在发展经验、对发展的认知和发展政策的选择上就与传统援助国不同。中国有大规模减贫的经验、中国的农业和农村发展经验对于非洲国家也具有很强的吸引力，更重要的是中国作为受援国的经历使其在如何利用援助来实现自身发展上具有深刻的认识，这无疑会影响到其作为援助者的援助行为，在很大程度上，中国的援助行为是建立在学习并纠正日本对中国援助行为的基础之上的。②

在合作的形式上，西方国家更强调其援助国地位，因此在合作模式、

---

① 《中非合作论坛第五届部长级会议——北京行动计划（2013 年至 2015 年）》，中非合作论坛网站，http://www.focac.org/chn/ltda/dwjbzzjh/hywj/t954617.htm，2012 年 7 月 23 日。

② 〔美〕黛博拉·布罗蒂加姆：《龙的礼物——中国在非洲的真实故事》，沈晓雷、高明秀译，社会科学文献出版社，2012，第 120 页。

受援国发展政策制定、援助资金的使用上，西方国家处于主导者的地位，西方国家往往采取向非洲国家政府或非政府组织直接提供资金支持的方式，这也是非洲国家腐败的一个重要原因。而中国主要的项目援助的形式很大程度上能够降低发生腐败的可能。在援助承诺的履行上，中国政府能够切实履行做出的承诺，而且最终往往超出承诺。中国的"承诺少、兑现多"与传统援助者形成了鲜明的对比。[1] 在合作的目的上，西方的对非援助政策最后往往变成不同利益集团博弈的产物，其真正促进非洲发展的作用必然受到影响。[2] 中国的对非援助尽管在援助的透明度、援助的绑定等问题上经常遭受西方国家的批评，而且中国的对非援助的确也存在许多问题，但是不能因此否定中国在国际对非合作进程中所发挥的作用。英国学者肯尼斯·金（Kenneth King）非常准确地总结了中国与西方在推进与非洲国家合作上的不同：中国是作为一个发展中国家帮助其他发展中国家的，中国并不愿意被视为捐赠国，相反其更愿意其援助行为被认为是穷朋友帮助另外的穷朋友；中国希望相互受益而不是单边援助；中国致力于贸易和经济合作共赢，而不仅致力于减贫；中国将援助和基础设施建设与发展相结合。[3]

第二节　中国对加纳的援助

1960 年 7 月，加纳与中国建交；1961 年，恩克鲁玛对中国进行第一次国事访问，在这次访问中，中国与加纳签署了三个合作协定——《中加经济技术合作协定》《中加贸易与支付协定》《文化合作协议》，从而拉开了中国对加纳援助的序幕。自此之后，中国通过向加纳提供各类经济技术援助，包括无偿援助、无息贷款、优惠贷款、一般物资和现汇、人力资源培训等形式，建立了与加纳的发展合作关系。[4]

---

[1] 〔美〕黛博拉·布罗蒂加姆：《龙的礼物——中国在非洲的真实故事》，沈晓雷、高明秀译，社会科学文献出版社，2012，第 150 页。

[2] 关于援助的动机和目的可参见周弘主编《对外援助与国际关系》，中国社会科学出版社，2002；周玉渊《从东南亚到非洲：日本对外援助的政治经济学》，《当代亚太》2010 年第 3 期。

[3] Kenneth King, "China's Aid to Africa: A View from China and Japan," http: //www. jica. go. jp/jica – ri/topics/archives/jica/2007/docs/070129_ 03. pdf.

[4] 加纳使馆经商参处：《中国对加纳经济援助介绍（2007 年版）》，2007 年 7 月 11 日。

中国对加纳的援助阶段与中国整体对非援助的趋势大体一致，早期中国对加纳的援助具有明显的政治和外交目的，中期的援助一方面反思、总结和巩固早期的项目，另一方面则转向经济导向，突出援助在实现互利上的作用，新时期中国对加纳的援助则更强调援助在带动增长和促进发展上的作用。

在第一个阶段（1960～1966年），中国对加纳的援助基本是由领导人的个人意志决定的，①援助建立在社会主义认同和共同反帝反殖的使命基础之上。从1961年到1964年，正值中国国内经济和民生发展的困难时期，中国承诺向加纳提供4000万美元的援助，后来由于加纳1966年的政变，中国对加纳的援助中断，最终的援助为1960万美元。② 这一时期援建的成套项目有棉纺织厂、棉针织厂、铅笔厂、木薯淀粉厂、绳索厂、棉花农场、水稻农场、搪瓷厂以及棉纺织印染厂等，技术合作项目有竹藤、淡水养鱼、农作物种子提供、蔬菜种植等。③

在第二个阶段（1972～1995年），1972年，随着加纳新政府的上台，中加关系得以恢复。然而，由于20世纪70年代中国经济困难，加纳从中国获得的援助非常少，当然，国际社会也在同一时期减少了对加纳的援助。从1972年到1980年，中国对加纳的援助只有910万美元。1981年，罗林斯政府上台后，曾试图向苏联寻求援助来解决国内的经济难题，而苏联则建议加纳向世界银行和国际货币基金组织寻求帮助，《经济复兴计划》的出台则是世界银行和IMF真正开始影响加纳发展进程的标志。20世纪80年代，中国与罗林斯政府签订了双边发展协定，向加纳提供了310万美元的无息贷款用于阿菲费灌溉工程、粮仓、碾米厂、校舍等项目的建设。这些项目增加了农作物的产量，提供了基本的社区基础设施，中国的援助在《经济复兴计划》的成功实施上发挥了辅助性的作用。④ 1989年之后，中国对加纳的援助开始增加，随着1995年中国对外援助的改革，中国对加

---

① Isaac Idun‑Arkhurst, *Ghana's Relations with China*, the South African Institute of International Affairs, 2008, p. 4.

② 转引自 Heidi Glaesel Frontani, Anna MaCracken, "China's Development Initiatives in Ghana, 1961–2011," *Journal of Sustainable Development in Africa*, Vol. 14, No. 8, 2012, p. 277.

③ 加纳使馆经商参处：《中国对加纳经济援助介绍（2007年版）》，2007年7月11日。

④ Heidi Glaesel Frontani, Anna MaCracken, "China's Development Initiatives in Ghana, 1961–2011," *Journal of Sustainable Development in Africa*, Vol. 14, No. 8, 2012, p. 278.

纳的援助也开始进入相对稳定的增长阶段（见图 5-1）。

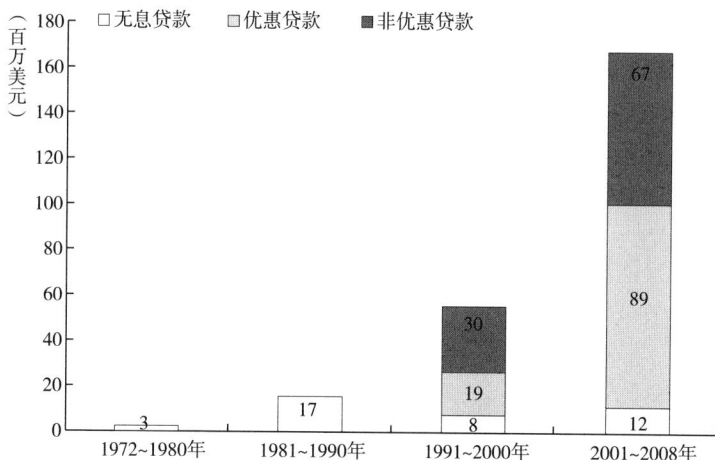

图 5-1　中国对加纳的援助

资料来源：转引自 ACET, *Looking East*：*China Africa Engagements——Ghana Country Case Study*, Accra, December, 2009, p. 17。

　　自 2000 年库福尔领导的新爱国党上台后，中国对加纳的援助明显增加，尤其是在基础设施领域。中国向加纳提供了 390 万美元的无偿援助用于军警营房的建设（2004 年完工），2800 万美元的无息贷款用于重修阿克拉-库马西 17.4 公里的部分公路（OFANKOR-NSAWAM），1800 万美元的资金用于扶持加纳的合作社。① 2002 年，两国政府换文，2003 年中方全部免除了加纳政府到期欠款 6600 万美元。② 2006 年 6 月，温家宝访问加纳，双方签署了 6 个经济技术合作协定，中方提供 6600 万美元的低息贷款用于发展项目建设，其中，3800 万美元用于扩建和升级通信网络、建设小学和疟疾防治中心。③ 2006 年中非合作论坛北京峰会期间，中国与加纳又商谈 6 个合作协定，包括减免加纳 2400 万美元债务、向布维水电站项目提供贷款、旅游合作以及援建加纳外交部大楼等。2007 年，中国向加纳布维水电站项目提供 5.62 亿美元贷款（由优惠贷款和买

① Martyn Davis, *How China Delivers Development Aid to Africa*, pp. 38-39.

② 加纳使馆经商参处：《中国对加纳经济援助介绍（2007 年版）》，2007 年 7 月 11 日。

③ "Ghana Receives Chinese Loan," Ghaha Web, http://www. ghanaweb. com/GhanaHomePage/NewsArchive/artikel. php? ID=107887, July 25, 2006.

方信贷构成），①减免了 2400 万美元的到期债务。同年 4 月，贾庆林访问加纳，与加纳签订了 3000 万美元的优惠贷款协议，以用于加纳安全部门的通信项目建设，在一些学者看来，这反映了"中国与加纳军事安全合作关系的加强"。② 2008 年，中国在非洲杯之前按期为加纳建成了两座大型体育场。在 2009 年的中非合作论坛部长级会议上，时任中国国务院总理温家宝提出中国把经济技术合作用于改善和提高非洲的民生项目，包括人力资源开发，基础设施、农业建设等。在这种背景下，中方向加纳提供了 9900 万美元的无息贷款用于渔场建设，社会服务，学校、医院建设，并继续提供教育交流奖学金。③ 2010 年，加纳总统米尔斯访华期间，加纳与中国签署了 150 亿美元的贷款协议，其中 104 亿美元优惠贷款由中国进出口银行提供，以用于加纳基础设施建设，国家开发银行则分别提供 30 亿美元和 4 亿美元贷款用于加纳油气行业和水利及电子政务项目。④

随着对加纳援助规模的不断扩大，中国已经成为加纳获得的双边援助中的第三大国家。⑤ 2011 年加纳国内生产总值达到 392 亿美元，超过科特迪瓦、喀麦隆等西非大国，成为西非仅次于尼日利亚的第二大经济体，全球竞争力排名也上升了 11 位。一些分析人士认为，在加纳发展的推动力中，作为国际发展合作伙伴的中国的支持非常重要。⑥中国对加纳发展的推动作用一方面体现在援助的重点行业上，自 2000 年库福尔总统上台到后来的米尔斯和马哈马，加纳都致力于通过改善基础设施、道路交通，推动能源、电力和农业等战略支柱行业的发展来实现国家的发展，中国不仅愿意在这些领域提供资金支持，而且具备更大的优势，尤其是在能源、道路和

---

① 《加纳布维水电站项目 8 月 24 日开工》，http：//gh. mofcom. gov. cn/aarticle/slfw/200708/20070804996218. html，2007 年 8 月 16 日。

② Isaac Idun - Arkhurst, *Ghana's Relations with China*, the South African Institute of International Affairs, 2008, p. 5.

③ Heidi Glaesel Frontani, Anna MaCracken, "China's Development Initiatives in Ghana, 1961 - 2011," *Journal of Sustainable Development in Africa*, Vol. 14, No. 8, 2012, p. 279.

④ 《加纳总统访华获 150 亿美元贷款》，《华尔街日报》，http：//cn. wsj. com/gb/20100924/bch091340. asp，2010 年 9 月 24 日。

⑤ ECORYS Macro Group, *Republic of Ghana Public Expenditure and Financial Accountability* 2009, Rotterdam, http：//www. mofep. gov. gh/sites/default/files/reports/Ghana_ PEFA% 202009_ Report_ volume_ 1. pdf, January, 2010, p. 81.

⑥ 《加纳成西非经济发展领头羊 中国支持是有利条件》，中非合作论坛网站，http：//www. focac. org/chn/zfgx/zfgxjmhz/t1046514. htm，2013 年 6 月 3 日。

高速公路建设上;①另一方面，除关键领域之外，中国也积极支持加纳自主发展能力的提高，通过债务减免，官员培训，人力资源开发、合作提升加纳的行动能力，通过派遣农业技术专家和科技人员的培训提高加纳的产业发展，通过援建社会基础设施、医院、疟疾防治中心等来推动加纳民生的改善。不能否认的是，中国对加纳的援助也面临很多的问题，包括援助的信息公开问题、援助和投资在带动加纳经济增长和就业上的力度问题、项目建设与环境和发展的可持续性之间的问题以及潜在的债务风险等。②当然，这些问题本身也构成了中国与加纳关系的重要组成部分，在与中国的发展合作中，谈判协商势必是解决这些问题的关键途径。

第三节　加纳与中国的发展合作谈判

中国对非洲援助的增加，对非洲发展相关项目参与程度的提高，正有力地重塑着二战结束以来的国际发展合作格局。在中国作为一个全球公共产品和发展机遇的新的提供者的角色上，国际社会包括传统国际发展合作伙伴和发展中国家基本能够达成共识。对于国际传统发展合作伙伴来说，如何启动和加强与中国在非洲发展上的合作进而最大限度体现自己利益是当前传统援助者面临的一个重要问题。而对于非洲国家来说，如何利用中国带来的发展机遇，如何构建平衡且有利于本国的发展格局则是新的重要的问题。在这一前提下，加纳是非洲一个有代表性的案例。因为在传统发展伙伴看来，加纳是西方民主的"橱窗"，是西方援助的"重镇"，是政策改革与发展试验的成功样板，而在中国与加纳关系上，中国与加纳有着深厚的友谊，加纳领导人包括早期的恩克鲁玛和后来的罗林斯、库福尔总统（1971 年，作为加纳副外长的库福尔在中华人民共和国恢复联合国合法席位上投了赞成票）对中国都有着很大程度的认同。那么，在这两种发展援助模式下，加纳如何审视和利用中国的援助和发展合作？其有没有相应的战略和思路？加纳如何与中国援助的参与主体，包括政府、银行（中国进

---

① ACET, *Looking East: China Africa Engagements—Ghana Country Case Study*, Accra, December 2009, p. 18.

② 加纳对中国的债务可持续性问题是当前一个热点问题，在加纳债务问题恶化的背景下，中国很容易成为被攻击的对象。

出口银行、国开行和中非发展基金）、企业等进行互动和谈判?

一 加纳对中国援助的认知和政策回应

相比于 2000 年之后的中国对加纳的援助，早期中国对加纳的援助并不显著。然而，不论在什么时期，加纳的主动性都可以被看作加纳利用中国援助战略的一条主线。1961 年，恩克鲁玛访华，《中、加经济技术合作协定》签署，1983 年开始的经济复兴时期，作为西方援助"重镇"的加纳仍然继续寻求中国的援助，并且在 1989 年春夏之交的政治风波后坚定地支持中国政府。2002 年，库福尔访华，双方签署了《中华人民共和国政府向加纳共和国政府提供贷款的协定》、《中、加两国政府关于援加纳阿克拉至库马西公路部分路段维修扩建项目的换文》、《中、加两国政府关于援加纳国家剧场维修项目的换文》和《中、加两国政府关于援加纳库马西青年中心考察项目的换文》。2010 年，米尔斯访华，双方签署 130 亿美元的贷款协议。从这一简单的援助进程来看，中国援助在加纳的援助和发展战略中占据着重要的位置。尤其是新时期以来，利用中国经济发展和中非关系快速发展所带来的机遇已经成为加纳和更多非洲国家谋求发展的重要战略。在很大程度上，中国的援助以及金融资本、投资、基础设施建设等已经成为加纳弥补甚至平衡传统发展伙伴援助的重要筹码。

援助数量的增加、规模和参与主体的扩大必然影响着新时期加纳对中国援助的认识，而与此同时，国际发展格局和发展话语的改变，尤其是加纳国内政治经济的变化也影响着加纳在利用和管理包括中国在内的国际援助上的战略制定。[1]在政府层面，加纳是民主国家，因此，议会、反对党在对中国援助和中加关系的认识上并不尽一致，甚至反对执政党在中国援助上的相关政策。例如 2012 年加纳总统大选前，在野党新爱国党总统竞选人阿库福－阿多（Nana Akufo－Addo）就表示，如果新爱国党上台，加纳会就中国（国开行）提供的 30 亿美元贷款重新进行谈判。新爱国党批评国开行管理费过高和附加的原油承购合同，以及 60% 的劳务承包应该使用中

---

[1] 在笔者与 James Putzel 教授的交谈中，他特别强调了非洲国家国内的政治经济学解释在理解非洲国家的援助和发展战略上的重要性，涉及议会、利益集团、非政府组织等。

国公司的条款。① 从利益集团和非政府组织的角度来看，加纳的利益集团和社会组织在加纳的民主转型过程中发挥着重要的作用，在国家政策的制定上发挥着巨大的作用。②加纳影响力大的利益集团或社会团体如下：全国工人大会（Trade Union Congress，简称 TUC），加纳律师协会（Ghana Bar Association），加纳基督教理事会（CCG），加纳记者协会，加纳学生国家联盟（NUGS）等。其中影响力最大的是 TUC，在加纳的公有部门和工资改革进程中，TUC 在影响加纳政府的政策制定上发挥了重要作用。在中国对加纳的援助项目上，TUC 也积极参与对中国援建项目的监督和向政府建言，最有代表性的就是 TUC 对中国水利水电建设股份有限公司（简称中水电）承建布维大坝过程中的劳工标准问题的批评。从 2008 年开始，TUC 下属的劳工调查与政策研究所持续关注布维大坝的劳工标准问题，其在 2013 年 5 月发布的报告《工会可以改变现状：布维大坝中国建筑公司中的加纳工人》中，呼吁加纳工人建立工会（中国公司对此持反对态度），通过与中国公司签订正式合同来争取和维护自身的正当权利。③

　　从早期中国与加纳援助关系主要是政府间的援助关系，到当前中国政府、援助机构、企业与加纳政府，利益集团、企业、社会组织和民众之间的深层次多重互动关系，中国对加纳的援助不可避免地会面临来自各方的监督和评估。然而，与世界银行和传统援助者更强调政策和结果导向的援助不同，中国的援助更多以项目为主，尤其以关系发展大计的经济和民生项目为主，这一方面涉及加纳国家发展战略的优先领域，另一方面避免了对加纳国内发展政策的干预，维护了加纳发展议程的自主性。因此，加纳政府、议会、利益集团和民众对中国对加纳的援助基本上持欢迎的态度，但是，在援助的过程中，加纳在管理、监督、评估和谈判上都表现出很强

① William Wallis, Lionel Barber, "Ghana's Opposition Targets Chinese Loan," *Financial Times*, http: //www. ft. com/intl/cms/s/0/7159e1be – 8d29 – 11e1 – 9798 – 00144feab49a. html # axzz2SmNwWNk3, April 26, 2012.

② "Ghana Interest Groups and National Politics," http: //www. mongabay. com/history/ghana/ghana – interest_ groups_ and_ national_ politics. html.

③ TUC Report, "Labour Practices Improves at Bui Dam Site," http: //www. ghana. gov. gh/index. php/2012 – 02 – 08 – 08 – 32 – 47/general – news/360 – labour – practices – improves – at – bui – dam – site – tuc – report.

的自主性和能力。通过分析加纳对国开行 30 亿美元贷款上的争论和对布维大坝的管理能够很好地发现这一点。

二 加纳国内政治与中国援助：国开行 30 亿美元贷款的争论

2010 年加纳米尔斯总统访华时，中加双方签订了达 130 亿美元的贷款合同，这是中国对非洲国家最大一笔数额贷款。其中中国进出口银行向加纳提供 98.7 亿美元的优惠性质贷款，以用于修建公路、铁路和大坝、中国国家开发银行提供 30 亿美元贷款，以用于资助加纳油气基础设施的建设和农业的发展。①加纳《每日画报》报道，2010 年 10 月 26 日，加纳贸工部部长汉娜·特塔赫专门召开记者招待会，公布总统约翰·伊万斯·阿塔·米尔斯此前出访中国的收获。她透露，总统此行与中国政府签署了达 130 亿美元的贷款协议，以用于发展医疗、公路、铁路、农业、教育及能源等多个项目。其中 19 个项目被列入优先发展计划。②社会基础设施建设是加纳希望利用中国进出口银行贷款重点发展的领域，根据 2012 年 4 月当时还是副总统的马哈马与中国进出口银行的谈判，60 亿美元被用于社会基础设施领域，包括教育、卫生、电力和供水项目等，40 亿美元被用于加纳铁路系统建设。③在加纳政府与中国政府此次总体的发展合作框架下，加纳政府需要分别与中国进出口银行和国开行进行谈判、商定贷款具体条款，在这一过程中，加纳国内因素（包括反对党、议会、利益集团、智库和非政府组织等）发挥着重要的作用，这在很大程度上有助于加纳政府更加有效地利用中国资金来实现本国的发展。

中国与包括加纳在内的非洲国家发展合作的重要形式是中国金融机构

---

① 《中国向加纳贷款是"好事"——国际货币基金组织》，路透社，http://cn.reuters.com/article/currenciesNews/idCNnCN138750520101026？rpc＝311，2010 年 10 月 26 日。

② 《中国向加纳提供贷款支持　加各项事业从中受益》，中华人民共和国商务部网站，http://www.mofcom.gov.cn/aarticle/i/jyjl/k/201010/20101007211849.html，2010 年 10 月 27 日。

③ Zenebe Kinfu Tafesse, Kester Kenn Klomegah, "China Offers Ghana Loans to Strengthen Its Economy," *Buziness Africa*, http://www.buzinessafrica.com/index.php？option＝com_content&view＝article&id＝430%3Achina－offers－ghana－loans－to－strengthen－its－economy&catid＝13%3Adiplomacy&Itemid＝15&lang＝en, September 28, 2010；《中国进出口银行将向加纳发放 60 亿美元优惠贷款》，八冶建设集团国际有限公司，http://www.chinamcc8.com/ch/disnews.asp？id＝173&fid＝&lid＝22，2012 年 4 月 20 日。

向非洲国家提供贷款，而非洲国家则通过资源或商品收入来偿还贷款，即所谓的"安哥拉模式"。中国向加纳提供的贷款基本也采取这种模式。这种合作至少包含两个层次的谈判和博弈，第一个层次是直接的参与方之间的谈判和协定签订；第二个层次则是加纳国内不同利益攸关方之间的互动。

以国开行提供的 30 亿美元贷款为例，在第一个层次，加纳政府在与国开行签订主融资协定（Master Facility Agreement）贷款框架下，还签订了一系列协定，包括五方（加纳政府、加纳银行、加纳国家石油公司、国开行和中石化子公司 Unipec Asia）协定、账户协定、支付协定、补充协定四个主要文件。当然，还有其他相关各方单独签署的文件，如 Unipec Asia 与加纳国家石油公司签订原油采购合同、加纳财政与经济发展部与国开行在每个项目上单独签订辅助协定等。在加纳政府规划的 12 个项目中，西部走廊天然气基础设施发展项目是双方签订的第一个辅助协定涉及的项目，由中石化承建。①

在第二个层次，加纳国内政党、议会和利益集团在加纳政府与中国金融机构的协定签订和执行上发挥着重要的作用。国开行的 30 亿美元贷款协定一开始就在加纳国内引起了巨大的争议。2011 年 8 月，加纳国会通过了 NPP 少数派国会议员指责 NDC 政府利用国会中的多数优势，忽视少数派的意见和声音。一些媒体甚至报道说，加纳政府在与中国签订 30 亿美元贷款协定前并没有顾及加纳自身的利益。②但是，即使 NPP 议员也表示其并不反对这一贷款协定，因为"这一协定的目的是好的，贷款支持的项目对国家总体上是有利的"，其不满的是协定中的具体条款和条件，以及政府在回应这些质疑和审查所签订的协定上的不合理做法。③在经历了近两年的准备工作后，2013 年 5 月下旬，加纳政府宣布已经签署了所有相关文件，国开

① 12 个项目主要是基础设施发展项目，具体项目可参见 MoFEP, US＄3 Billion Term Loan Facility Agreement between China Development Bank and Government of Ghana - Summery。

② Stephen Odoi Larbi, "Ghana: Government Fails to Consider Interest of Ghana before Signing Three Billion Chinese Loan," *The All Africa*, http://allafrica.com/stories/201305281281.html, May 28, 2013.

③ NPP Communications Directorate, "Exposed! Information Minister Misinforms over ＄3 Billion Chinese Loan," *Modern Ghana*, http://www.modernghana.com/newsthread1/465430/1/216630#showcomments2, May 23, 2013.

行 30 亿美元贷款支持的项目很快正式启动。然而，NPP 议员对此反应非常强烈，因为在他们看来，NDC 政府并没有对之前其提出的问题进行有效回应和解决，这一贷款协定依然存在很大问题。具体意见如下。第一，第一批贷款关于用石油收入抵押，15 年偿还完的规定与加纳国内的《石油收益管理法》冲突，因为该法规定用石油收入抵押还贷的期限不能超过 10 年。第二，加纳政府只将贷款协定交由议会批准，而没有将主要融资文件交给议会批准，这既违反了宪法，也违背了 MFA 的规定。第三，协定数额与项目数额不一致，这可能存在贪腐隐患。根据协定，国开行的 30 亿美元加上加纳政府的 15% 配套资金，协定总额为 34.5 亿美元，而所有项目的总额为 32.5 亿美元，但对于多出来的 2 亿美元，政府并没有做出说明。第四，债务可持续性问题仍待解决。第五，NPP 认为 MFA 规定的贷款总额 1% 的管理费不合理，要求政府进行修改。第六，马哈马政府递交议会的备忘录中提到的前期费用（9370 万美元）大大超出了贷款协定中规定的 750 万美元。第七，中国要求加纳国家石油公司向中国公司出售石油来偿还贷款，但是相应协定中并没有要求中国履行承诺的条款，这导致中国事实上没有任何风险。NPP 认为这一严重问题必须得到解决。第八，政府对贷款资助项目的可行性研究非常不充分，预算差额过于庞大。第九，MFA 条款规定至少 60% 的项目应该交给中国公司，NPP 认为这最终可能导致 "100%" 的项目交给中国公司，因此要求政府与国开行重新进行谈判，改为 "最多" 60% 甚至 70% 交给中国公司，这就可以为加纳公司带来 30% 或 40% 的机会。[1]

从 NPP 对 NDC 政府的批评和质疑来看，反对党和议会在监督和影响加纳政府与中国国开行的贷款协定的制定和执行上发挥着重要的作用，除此之外，加纳智库、媒体等也着重关注此问题，但总体上，所涉及的问题与上述大同小异。[2]总体上看，NPP 并不反对 MFA，很大程度上，是为了能

---

[1]　具体内容参见 NPP Communications Directorate, "Exposed! Information Minister Misinforms over $3 Billion Chinese Loan," *Modern Ghana*, http://www.modernghana.com/newsthread1/465430/1/216630#showcomments2, May 23, 2013。

[2]　Francis Tawiah, "Ghana Will Soon belong to China! Ghana Gets $ 10.4 Billion Loan from China Exim Bank for a Train instead of Roads and Classrooms," *Modern Ghana*, http://www.modernghana.com/news/299005/1/ghana - will - soon - belong - to - china - ghana - gets - 104 - bil.html, October 4, 2010; "Chinese Grabs Ghana Oil for 15 Years," *Daily Guide*, http://www.dailyguideghana.com/? p = 40812, March 1, 2012。

够纠正执政党的不正确做法，以协助加纳政府更好地利用中国的资源来实现本国的发展，最明显的例子是按照 IMF 有关加纳的条款，加纳政府不能借超过 8 亿美元的商业贷款，正是在 NPP 的提醒下，加纳政府向 IMF 申请提高借贷上限，2011 年 12 月 14 日，IMF 批准把加纳的借贷限额提高到 34 亿美元，16 日，加纳政府成功与国开行签订了 MFA。当然，由于受到信息以及政府决策进程相对不透明的制约，外界（包括反对党、媒体、智库等）并不能完全理解这一协定本身，加纳财政与经济发展部部长杜福尔解释说，中国国开行的借贷事实上比欧洲债券市场相对合算，与世界银行 IBRD 贷款相当甚至可能更好。在管理费的质疑上，事实上，收取管理费是通用的做法，甚至包括世界银行。另外，在项目至少 60% 由中国公司承担的条款上，实际上这已经做出了明确的界定，因为加纳政府在进行项目招标时完全可以对此进行控制，前提是加纳政府真正愿意扶持本国的企业。①但截至目前，由于协定本身仍存在根本的分歧，这一项目近乎搁置。②

三　加纳对中国援助项目的管理：布维大坝

布维大坝是非洲国家利用中国援助发展本国能源和经济基础设施的典型案例，也是理解加纳和非洲国家在发展合作项目上与中国（援助机构或相关机构）谈判的典型案例。主要表现如下。首先，从项目规划设计到管理，加纳政府都拥有绝对的自主权。布维大坝的可行性论证、环境评估和相关规定都是由加纳政府制定的，中水电只是项目的执行者。其次，在与中国进出口银行进行贷款协定谈判过程中，加纳政府表现出了较高的谈判能力，在贷款的数额、优惠贷款的比重、还款期限上，加纳政府都有自己明确的预期。

加纳建设布维大坝的设想最早可追溯到 1925 年，然而直到 1978 年，

---

① "China Development Bank's ＄3 Billion Line of Credit in Ghana：Better than the World Bank," http：//www.chinaafricarealstory.com/2011/08/china－development－banks－3－billion－line.html，August 31，2011.

② 一种解释可参见 Deborah Braoutigam，"What Happened to China Development Bank's ＄3bn Loan to Ghana?" http：//www.chinaafricarealstory.com/2016/03/what－happened－to－china－development.html，March 4，2016。

在澳大利亚和世界银行的参与下，加纳才开始出现对布维大坝实质性的规划设计。但是，这一时期加纳国内政局的不稳定导致这些规划被搁置。1992年，随着电力需求的增加，加纳政府考虑重新启动布维大坝项目，并聘请法国咨询公司对其进行可行性研究。1999年，加纳政府设立布维发展委员会和布维发展秘书处，开始寻求布维项目的合作伙伴，随后与Halliburton Brown & Root签订了谅解备忘录。然而，2001年，加纳政府取消了这一谅解备忘录并解散布维发展委员会。2002年，加纳政府建立新的布维发展委员会，重新就布维项目进行招标。由于只有一家公司进行投标，库福尔开始向中国和俄罗斯寻求帮助。2004年，加纳能源委员会出台国家能源战略规划，决定用五年时间建设布维水电项目。为此，加纳能源委员会建议政府必须发布可行性报告，从而"使银行可以接受这一项目，并使布维发展秘书处能够获得项目建设者的承诺"[1]。2005年，加纳政府聘请英国咨询公司ERM进行环境影响评估。在2006年的中非合作论坛北京峰会上，时任中国国家主席胡锦涛承诺中国向布维水电项目的建设提供资金。2007年，加纳议会批准这一项目后，布维电力局建立，全权负责布维项目的规划、执行和管理。从布维大坝如此漫长的论证和招标进程来看，布维项目是加纳主动建设和设计的大型基础设施项目，而且按照中国进出口银行的贷款条件，布维项目的可行性论证、移民补偿和安置问题、环境影响评估必须由加纳政府提供。因此，加纳在这一项目上具有绝对的控制权。据此，国际上在布维水电项目建设中对中国企业关于环境问题的批评和指责显然与事实偏颇。[2]

在布维水电项目上，中国进出口银行通过与加纳财政和经济规划部签订贷款合同向加纳提供资金支持，中水电则与加纳能源部签订《工程、采购和建设合同》（EPC），以承建布维大坝。贷款合同反映了加纳的谈判能力，而承建合同更多地体现了加纳在管理中国企业和援助上的能力。布维项目预计耗资6.22亿美元，其中中国进出口银行提供的优惠贷款为2.64

---

[1] 转引自 Oliver Hensengerth, *Interaction of Chinese Institutions with Host Governments in Dam Construction: The Bui Dam in Ghana* (Discussion Paper of German Development Institution, March 2011), p. 11。

[2] Oliver Hensengerth, *Interaction of Chinese Institutions with Host Governments in Dam Construction: The Bui Dam in Ghana* (Discussion Paper of German Development Institution, March 2011).

亿美元，买方信贷为 2.98 亿美元，加纳政府承担余下的 6000 万美元。加纳政府与中国进出口银行在贷款合同上"经历"了非常激烈的谈判。[1]根据 2006 年 11 月加纳新闻社的报道，中国提供贷款中优惠贷款的比重是 50%，而加纳政府则要求达到 70%。[2] 根据 2007 年的另一篇报道，加纳财政部部长希望中国能将布维项目的贷款比重从 85% 增加到 90%，其中优惠贷款比重为 42.5%。加纳政府同时还希望贷款利率降低到 1%，最低还款期限从 20 年延长到 30 年。在买方信贷的利率和还款期限上，加纳政府也积极争取最大限度获得优惠。[3]从最后的贷款合同来看，中国进出口银行提供的贷款总额和优惠贷款的比重基本满足了加纳政府的要求。根据偿还条款，在五年的过渡期内，加纳用向中国出口的可可作为抵押，在布维水电站投入使用后，85% 的电力收入用于偿还贷款。相对而言，EPC 则能够体现加纳对中国援助和企业的管理能力。在布维水电站项目上，法国和英国咨询公司分别承担了可行性研究和环境影响评估的工作，中水电更多只是项目的执行方。一方面，中水电必须按照加纳的环境以及其他政策条件进行施工；另一方面，除了技术规定和要求之外，加纳政府也把劳工工资标准、加纳员工人数、权益保障写进了 EPC。如规定中水电必须招聘 3000 名加纳工人，以对应 1000 名中国工人。根据加纳劳工法，中水电加纳工人可以成立工会，然而，一开始这被中水电拒绝，随着后来工人的待遇问题凸显以及大规模辞退所引发的误工，加纳布维能源局介入并要求中水电允许成立工会，随后全国工人大会（TUC）也参与了进来。在工资标准和工作条件上，TUC 和工人与中水电进行了多次谈判，2010 年 4 月，中水电与 TUC 达成了妥协。[4]

---

[1]　Oliver Hensengerth, *Interaction of Chinese Institutions with Host Governments in Dam Construction: The Bui Dam in Ghana* (Discussion Paper of German Development Institution, March 2011, p. 37).

[2]　GNA, "China Assures Ghana of Financial Support for Bui Dam Project," http://www. modernghana. com/news/119633/1/china–assures–ghana–of–financial–support–for–bui–d. html, November 3, 2006.

[3]　具体参见 Oliver Hensengerth, *Interaction of Chinese Institutions with Host Governments in Dam Construction: The Bui Dam in Ghana* (Discussion Paper of German Development Institution, March 2011), p. 37。

[4]　"Bui Dam Workers Settle Labour Dispute with Contractor," http://tain. ghanadistricts. gov. gh/? arrow = nws&read =34415, April 30, 2010.

上面两个案例只是中国对非洲国家援助或者发展合作的缩影。通过这两个案例可以发现,加纳在谈判和管理中国援助上具有相当高的能力;通过自主设置发展项目,加纳很好地控制了在本国发展的主动权;通过可行性研究、环保要求、国内劳动法规等,加纳很好地规范着中国公司的行为,而在这一过程中,加纳通过借助法国、英国和中国公司共同参与项目的方式能够较大程度地防止一方对项目的完全主导。而另外一个重要的趋势是,随着中国参与加纳发展事务程度的提高,加纳国内政治因素对加纳政府与中国的发展合作谈判能力产生越来越大的影响,一种情况是加纳政府被迫需要与中国政府或相关企业重新谈判或者做出调整,另一种情况则可能是加纳政府利用国内的民意或声音来实现最终谈判的目的。

第四节　结语

21世纪的第一个十年后,中国与非洲国家的关系已经达到了一个新的高度,中国正以更加积极的方式参与和介入非洲事务,中非合作论坛第五届部长级会议上中国发起的"中非和平安全合作伙伴倡议"反映了中国正致力于建设与非洲国家更加全面的合作关系。在这一合作框架下,发展合作始终是中非关系发展的一个重要基石。从中国对加纳50多年的发展援助历程来看,中国对加纳的援助规模不断扩大,形式更加多样,参与主体更加多元。这种日益加深和丰富的发展合作关系必然对加纳在利用包括中国在内的外部发展援助上的战略提出新的要求。

在很大程度上,加纳在与中国开展发展合作的过程中很好地维护了本国的自主性,是非洲国家将中国机遇与本国发展有效结合的成功案例。这主要归因于两点。一是中国对非发展合作的原则和方式,有别于传统国际发展合作伙伴的政策导向,中国对非洲国家的援助更多以项目为导向,这些项目往往又是非洲国家优先发展或重点发展的项目,这既尊重了非洲国家在发展项目上的主导权,又很好地解决了非洲国家面临的资金、技术和建设难题。二是随着加纳等非洲国家自身能力建设水平的提高,其在与中国政府或企业谈判的过程中能够更大限度地实现自身的利益,而同时随着国内政治经济的发展,国内政治因素,包括反对党、议会、利益集团等也在要求或影响着非洲国家与包括中国在内的国际发展合作伙伴的谈判,这能更好地实现发展合作的目的。虽然不能断言加纳等非洲国家利用中国的发展合作机遇是为了平衡与传统国际发展合作伙伴的关系，但基本的事实是中国的发展合作丰富了非洲国家的外部发展合作框架，现在国际发展格局正朝着更有利于非洲国家的方向发展。在与国际发展合作伙伴的关系上，非洲国家开始拥有更多更有力的外部和国内筹码。

伴随着非洲国家的民主化进程，国内政治在影响非洲政府对外行为上的能力也逐渐增强。非洲国家与国际发展合作伙伴的谈判是一个双层次博弈的过程。[①] 一个层次是，在国际层面上非洲国家与国际发展伙伴之间的博弈；另一个层次是，在国家层面上国内行为体，包括反对党、议会、利益集团、非政府组织等与非洲国家政府的博弈。国内行为体通过议会表决、直接对话、游说、利用舆论向政府施压等方式参与到非洲国家的发展合作谈判进程中。在与世界银行、IMF 和中国的发展合作谈判中，非洲国内政治都不同程度地发挥着作用。

当前中非关系快速发展的一个表现是更多的中国政府机构、银行、企业、学者、工人等与非洲国家和社会进行着更加深层次的直接接触和互动，这种互动已经使中国或中国议题越来越成为非洲国家认识中国、影响选举、制定对外政策的重要因素。[②]中国对非援助，作为中非关系发展的重要组成部分，在促进非洲发展和非洲国家对中国的关系上发挥着非常重要的作用。然而，中国的对非援助也已经成为非洲国家国内关注的热点话题。在加纳，一方面，反对党、议会和利益集团等通过不同的形式参与到执政政府与中国的发展合作谈判过程中。由于中国的援助更多由项目主导而非以政策为导向，即使是加纳国内的反对党也欢迎这些项目，因为在它们看来，这将有利于加纳的发展。另一方面，在双方的协定条款等具体内容上，反对党和其他相关方对此存在质疑和批评。因此，在很大程度上，国内政治在中非发展合作关系中总体扮演的是监督者的角色，这有利于中国的对非援助发挥预期的作用。通过布维水电站项目的案例可以发现，加纳政府在利用和管理外部援助项目上具有很强的能力。中国以及中国企业等在非洲从事相关活动时必须充分了解并尊重非洲国家的这种能力。

① Robert D. Putnam, "Diplomacy and Domestic Politics: The Logic of Two – Level Games," *International Organization*, 42, Summer, 1988, pp. 427 – 460.
② 《加纳大选中的"中国问题"》，《南方周末》2012 年 12 月 13 日。

第六章　非洲和平安全建设中的自主性

非洲冲突与安全问题是影响非洲发展的重要问题。20世纪90年代，国际格局的剧变给非洲的和平安全带来了巨大冲击。西方国家的轻视、非洲地区组织的漠视和无力、非洲地区领导国家的缺失使非洲遭受了空前的灾难。痛定思痛，经历了安全剧痛后的非洲国家开始尝试通过加强非洲自身的安全合作来应对非洲的安全问题。2000年，在经历了长达十年的争论后，以赫尔辛基和平进程为样板的非洲和平安全进程（CSSDCA）在非统通过，其与"非洲发展新伙伴计划"一道成为非洲在安全和发展领域两个重要的里程碑。① 2003年，在之前基础上，非盟提出了非洲和平安全框架（APSA）。自此，从不干涉到不冷漠、非洲问题非洲解决、非洲的集体安全开始成为非洲国家和平安全合作的基本理念。然而，非洲的和平安全理念向行动和实践的转化则面临着非常现实的问题。2015年建成非洲和平安全框架的目标已经失败，非盟的和平安全行动仍然严重依赖外部支持，非盟和次区域组织在非洲安全问题上的话语权仍然没有真正建立起来。在此背景下，2015年3月，非盟《2063年议程》正式通过，目前第一个十年行动计划也已经制定。非盟在自主和平安全能力建设上提出了诸多倡议和计划，包括内部融资、降低对西方国家的依赖等。由此可见，非洲国家的和平理念到行动实践再到理念更新是一个螺旋上升的过程，然而，自始至终，非洲国家的自主安全努力都是在地区合作和国际参与的大背景下进行的，外部因素一方面尝试帮助非洲提升自主安全能力建设的水平，另一方

---

① Ayodele Aderinwale, "The Conference on Security, Stability, Development and Cooperation in Africa: Framework and the Role of the Regional Institutions," in *Peace, Human Security and Conflict Prevention in Africa*, Proceedings of the UNESCO – ISS Expert Meeting, held in Pretoria, South Africa, https://www.issafrica.org/Pubs/Books/Unesco/Aderinwale.html, July 24, 2001.

面外部力量的干预和介入一定程度上又影响着、制约着非洲国家自身的安全理念、主张和实践。

第一节　非洲问题非洲解决：非洲和平安全理念的变迁

自非洲国家独立以来，非洲的安全议题经历了重大的变化，这也塑造了非洲国家在不同时期的和平安全理念。大体上，非洲的和平安全理念经历了三次大的变化和转型。第一阶段发生在 20 世纪 50 年代至 80 年代末，即非洲独立到冷战结束前。这一时期，非洲主要的安全议题是主权的安全，维护国家的独立和主权的安全是这一时期非洲国家的首要任务。第二阶段是 20 世纪 90 年代至 21 世纪初。这一时期，非洲主要的安全议题是国内冲突和人的安全，如何应对非洲冲突的爆发和大规模的人道主义灾难构成了非洲国家和国际组织和平安全合作的主要议题。第三个阶段是 21 世纪初至今。这一时期，非洲冲突的数量和规模明显下降，然而，一些冲突和威胁难除，如何消除冲突的根源考验着非洲国家和国际组织的能力和智慧。尤其是在联合国维和、西方军事干预的有效性面临巨大质疑的背景下，非洲如何提供更合适、有效的和平方案，即非洲方式如何引领非洲的和平安全构建成为一个令人关注的问题。

一　早期的非洲和平安全理念

二战结束后，非洲大规模的国家独立浪潮伴随着的是全球冷战格局的形成，非洲国家政治和法理意义上的独立并没有使非洲国家马上进入独立自主的国家建设进程，相反，刚刚摆脱了旧殖民体系的非洲国家马上又被新的大国结构关系和全球经济体系所绑架。政治和意识形态上，非洲国家很快在美苏阵营之间做出选择，从大国寻求政治和安全庇护来维护脆弱的国家政权，形成了所谓的"卡萨布兰卡阵营"和"拉各斯阵营"；同时，通过泛非主义和地区主义来推动非洲国家的联合，支持非洲国家的独立革命，维护和巩固彼此的主权。经济上，殖民统治给非洲留下了畸形的经济形态，非洲的经济和社会发展很大程度上仍不得不依赖与传统宗主国的关系。在全球经济格局下，主要以出口原材料和初级商品为主且经济形式比较单一的非洲经济位于世界经济体系的最边缘，极易受到世界经济波动的影响。安全上，非洲国家严重依赖外部大国，大国的直接介入和对抗塑造了非洲的安全议程，大国的存在很大程度上防止了非洲国家大规模的动荡，保证了新独立政权的政局稳定，然而其代价是非洲国家基本失去了自身安全建设的话语权。总体而言，冷战时期，非洲被迫进入超级大国的对抗格局中，非洲的安全能力建设主要是由外部驱动的，非洲服务于大国的战略安全利益，而非洲国家自身的安全能力建设则非常落后。冷战结束后，随着大国重心的转移，长期以来因为大国的存在而被压制的各种问题开始爆发，之前主要服务于大国利益的非洲安全能力开始面临巨大的压力和挑战。现实的重大变化开始推动非洲国家和平安全理念的变迁，这一变迁集中表现为从不干涉到不漠视，从非洲问题非洲解决到"以非洲为中心的安全范式"的发展。这一过程伴随着非洲国家对非洲安全问题的根源的理解、非洲自身的和平哲学发展，以及对外部和平方案的思考和反思。

非洲的安全是非洲国家民族解放和独立斗争的核心目标之一，因此，伴随非洲独立浪潮的一个重要议题就是非洲国家通过自身联合努力来维护非洲的安全。这一现实构成了非洲国家在安全问题上构建自主安全范式的重要动力。20世纪60年代，在泛非主义的影响下，为了推动非洲的独立解放进程和维护非洲国家的安全，以恩克鲁玛为代表的"联邦主义"思想家主张通过建立非洲合众国的形式来实现非洲的联合和安全，其中在非洲地区安全安排上，恩克鲁玛提出成立非洲高级司令部来统筹非洲国家在地区安全上的协调。这反映了早期非洲国家在地区安全上寻求非洲方式的努力，同时表明非洲国家在非洲安全问题上有强烈的自主解决的意愿。1963年非洲统一组织（非统）成立时通过的《非统宪章》明确表示，非洲国家将执行不结盟政策，非洲统一组织的一个重要使命是通过非洲国家间的联合支持非洲大陆的独立解放、维护新独立国家的主权和安全。[1] "非洲国家从独立开始就有强烈的'非洲问题非洲解决'的意愿，《非统宪章》规定了成员国在冲突管理上应该坚持'非洲方案优先'的原则，如果这一原则无效则再向国际组织寻求协助。"[2] 然而，在冷战的背景下，因为实力弱小，非洲国家自主安全的尝试不得不让步于大国主导的安全格局，非洲的

---

① http://www.au.int/en/sites/default/files/treaties/7759-sl-oau_charter_1963_0.pdf.

② Terry M. Mays, "African Solutions for African Problems: The Changing Face of African-Mandated Peace Operations," *The Journal of Conflict Studies*, Vol. XXIII, No. 1, Spring, 2003, p. 2.

和平安全行动基本是由西方国家以及其所控制的联合国所领导的。

二 "非洲问题非洲解决"的提出

20 世纪八九十年代，在冷战结束前后，因为非洲在全球战略中重要性相对下降，西方大国对非洲注意力转移，非洲冲突开始大规模爆发。非洲安全问题急剧上升，尤其是卢旺达危机的爆发和索马里的崩溃，对非洲国家和国际组织在应对冲突和威胁上的能力提出了严峻的考验。一方面，后冷战时代非洲应对安全问题能力的低下使非洲统一组织和次区域组织面临着巨大的质疑和相关性危机，另一方面，这也促使非洲国家开始反思长期以来的安全政策，自主联合的非洲和平行动再次被提上议程。独立后的非洲的冲突大致出现了三个高峰，第一个是 20 世纪 50 ～ 70 年代，第二个是 20 世纪 80 年代，第三个是 1993 年，此时达到了最高峰，这一年超过 40% 的非洲国家都在不同程度上经历了战争。这些战争和冲突起源于冷战时期，但在 20 世纪 90 年代处于最高峰时期。然而，冷战结束对非洲的一个重要后果是非洲重要性的降低乃至被忽视。这一时期，西方国家战略重心开始转向欧洲，而在索马里行动遭受重创后，美国也选择改变其非洲政策。因此，当卢旺达危机发生时，西方国家几乎没有干预的意愿。1999 年针对卢旺达危机的《克拉森报告》明确指出西方大国缺乏政治意愿是这一危机扩大的重要原因之一，究其原因是相比于其他国家，卢旺达并不具有重要战略价值，[①] 西方大国在危机的介入上又一次运用了双重标准。西方大国的战略转移尤其是西方国家在卢旺达危机上的反应使非洲国家意识到西方国家更关心的是本国的国家利益，非洲的和平安全和冲突解决必须依靠非洲自己，这也成为 21 世纪非统改革的重要动力。

然而，相对于西方大国政治意愿缺失和非统冲突管理能力的低下，非洲次区域组织（如西部非洲共同体和南部非洲共同体等）在这一时期的非洲冲突和安全上发挥了积极的作用。由于冲突与安全问题与次地区国家有着更加直接和密切的关系，加上次地区大国如尼日利亚和南非的存在，次

---

① Monty G. Marshall, Conflict Trends in Africa, 1946 – 2004: A Macro – Comparative Perspective, [Report Prepared for the Africa Conflict Prevention Pool (ACPP), Government of the United Kingdom, 2006], p. 6.

区域组织被地区大国视为实现经济、外交和安全目标的重要工具。这一时期非洲的"领导国家"例如尼日利亚、南非、利比亚、阿尔及利亚等，不仅拥有相对强的实力，而且在参与地区和平安全上也存在较高意愿。如在非洲国家反对殖民统治实现独立解放的过程中，尼日利亚一直以"非洲大哥"自居，非洲政策是其外交政策的核心。与非洲统一组织在地区安全上的参与不足相对应，20世纪90年代，在尼日利亚的领导下，西部非洲共同体成功向利比里亚和塞拉利昂派遣维和部队，其在阻止两国内战的持续扩大上发挥了积极作用。同样，1998年，南非在南部非洲共同体的授权下向莱索托派遣部队以应对其国内军事政变。次区域组织的这些和平行动的早期实践为延续和丰富"非洲问题非洲解决"并为其最终转型为机制性的和平行动提供了重要实践来源。

"非洲问题非洲解决"是非洲国家实现真正独立解放的一个基本理念。然而，在冷战结束后的相当长时期内，受制于非洲国家的实力、意愿、机制建设等诸多障碍，"非洲问题非洲解决"从理念转化为有效实践的进程相对缓慢。尽管如此，非洲国家和国际组织仍然在非洲和平安全的规范、制度和能力等方面不断进行探索。1993年，在埃及召开的第29届非统首脑会议通过了《建立冲突预防、管理和解决机制宣言》；1994年，第30届非统首脑会议通过了《非洲国家间关系行为规范宣言》；1999年，第35届非统首脑会议通过了《预防和打击恐怖主义条约》；2000年《非洲安全稳定发展与合作会议宣言》通过了；2000年，在马里举行的非统部长级会议上通过了《关于轻小型武器的非法扩散、流转和走私的非洲共同立场宣言》。正是在这一历史的延续和传承以及现实的驱动下，21世纪初，非洲地区安全合作开始了历史性的重塑，重要的标志就是非洲统一组织向非盟的转型，以及以非洲和平安全理事会为核心机构、以非洲和平安全框架为核心机制的非洲集体安全机制的构建。根据非洲和平安全理事会成立文件，成立非洲和平安全理事会的目的包括：促进非洲的和平、安全与稳定，保障生命和财产的安全、非洲人民的福祉和生存环境，创造有益于可持续发展的条件，预防冲突。当冲突发生时，非洲和平安全理事会应在解决冲突上履行实现和平和建设和平的责任；推动和执行建设和平以及冲突后重建，巩固和平成果，防止组织暴力再次发生；协调各方，预防和打击不同类型的恐怖主义；建立共同的防务政策；作为冲突预防的重要组成部分，推动和鼓励民主、良治、法治；保护人权和基本自由、尊重生命和国际人道主义法律的至高尊严。[①]

三　非洲和平安全框架的提出

"非洲问题非洲解决"的提出反映了非洲国家希望实现自主和平的根本目标。然而，当前国际社会和非洲国家对自主和平的界定是不一样的。尽管非洲和平安全理事会的建立以及非洲和平安全框架的提出反映了非洲国家在自主和平上政治意愿的提升，但由于非洲国家整体实力和地区安全供给能力依然非常低下，非洲国家仍不得不严重依赖国际社会尤其是西方国家的支持，这在很大程度上导致西方国家在非洲的和平安全上仍具有极大的话语权。

国际社会尤其是西方国家仍是影响和塑造非洲和平安全能力建设的主要外部力量。一方面，联合国在非洲大规模的维和行动建构了当前实现非洲和平的基本话语，即往往诉诸军事手段，这导致军事实力成为考核非洲国家能力建设的主要标准。在这一话语下，非洲国家的集体军事行动能力肯定是不足的。但是这并不意味着非洲国家其他方面的能力也非常低下，例如政治协调和斡旋能力。目前欧美等西方国家对非洲的支持更多是基于对军事能力的支持，尤其是对非盟以及次区域组织在和平行动上的支持，这种倾向很大程度上塑造着非洲国家的和平安全议程，如非洲的和平安全能力建设也基本表现为对军事行动能力的重视。[②] 另一方面，非洲的冲突与安全有其深刻的历史根源，同时冲突的解决更需要标本兼治，即需要安全、政治、经济和社会等多重要素的有效配合，但当前的安全治理更多只局限于对冲突问题的被动反应，而不是从根源上改变冲突发生的环境。在这一点上非洲国家其实和西方国家有着本质的认识差异，但由于西方国家

[①]　"Protocol Relating to the Establishment of the Peace and Security Council of the African Union," p. 5, http://www. peaceau. org/uploads/psc - protocol - en. pdf.

[②]　非洲地区组织在维和行动上的能力是国际社会判定非洲安全能力的重要依据。其存在快速反应能力低下、资金缺乏以及维和行动的规划和管理能力弱等问题。因此，支持非洲国家的维和行动事实上构成了国际社会支持非洲国家安全能力建设的核心工作。可参见Victoria K. Holt, Moira K. Shanahan, African Capacity - Building for Peace Operations: UN Collaboration with the African Union and ECOWAS, the Henry L. Stimson Center, Washington, D. C. , February, 2005。

的介入更多是基于对自身国家利益和形势的判断，其在根源上缺乏解决这些问题的政治意愿。因此这决定了当前的非洲冲突的解决很大程度上缺乏长期性的考虑和综合性的手段。

当前由西方国家塑造的非洲安全能力建设在很大程度上掩盖了非洲国家作为自主安全实体所具备的重要优势。非洲和平安全框架（African Peace and Security Archiaecture）的提出正是对这一现实的回应，即非洲国家希望构建一个综合的和平安全框架，着眼于非洲冲突的预防、管理和解决，最终构建一个有利于实现可持续和平的非洲安全环境。从这一角度来看，非洲的和平安全努力相比于传统的非洲安全范式具有明显的制度优势。因此，当前非洲和平安全建设的一个重要目标就是实现非洲和平安全框架所设定的五大目标。

然而，当前非洲和平安全框架的机制建设面临着非常现实性的问题，这反过来又影响和塑造着非洲和平安全理念的变化。首先，从理念提出到现实执行之间的差距短期内仍难以逾越。像其他发展中国家的地区合作一样，非洲集体安全政策的执行也是一个难题。作为一个集体的、地区的和平安全建设目标，非洲和平安全框架是一个宏大的工程，需要非洲国家强烈的意愿和资金投入，需要有效的协调沟通，需要国际、地区、国家以及次国家行为体等各方面的配合等。其次，非洲和平安全框架的目标与实现非洲和平安全的目标之间存在错位。实现了非洲和平安全框架的目标是否意味着非洲的和平安全就能实现？这期间存在错位，非洲和平安全框架更像是一个基础设施建设项目，是非洲和平安全的基础，如何保障非洲和平安全框架建成后能够有效运转则考验着非洲国家的管理能力。例如，东非常备军的建设是否意味着地区力量在南苏丹、索马里等问题的解决上能够发挥有效作用？最后，非洲和平安全理念在非洲和平安全治理中仍处于话语弱势地位。联合国、欧美国家、新兴国家在非洲的和平安全上仍发挥着主导性的作用，这一方面塑造着当前的非洲安全治理范式，另一方面降低了非洲国家参与非洲安全治理的意愿。但这些外部的治理范式缺乏非洲从根源上解决非洲冲突的优势。因此，提升非洲和平安全范式在非洲和平安全治理中的地位，以引领更有效的非洲安全治理，应该成为当前非洲和平安全范式的核心。

在上述现实推动下，当前的非洲和平安全理念正在经历两个明显的变化。一是加快非洲和平安全框架的建设，与此同时，相关国家和组织开始更多参与非洲冲突预防、管理和解决的实践。非盟《2063 年议程》以及第一个十年行动计划中再次明确提出了非盟、非洲次区域组织和非洲国家的和平安全建设的具体目标，涉及《2020 无枪计划》（Silence the Gun 2020）、人的安全指数，以及非洲和平安全框架等。与此同时，非盟和非洲次区域组织在非洲和平支持行动中也不断积累经验，如在索马里的军事行动相对成功的基础上，非盟等开始积极向南苏丹派遣地区保护力量。二是提升非洲国家和国际组织在非洲和平安全上的自主权。非盟提出了降低对外部依赖的具体目标，并提出了具体的自主融资方案、冲突协调和解决方案等。可以预见的是，未来非洲和平安全话语的提升取决于非洲的和平安全范式相对于传统非洲安全治理方式的比较优势的挖掘和提升。

第二节　非洲问题非洲解决的核心指标

非洲和平安全框架界定了非洲和平安全的五大能力建设目标：非洲和平安全理事会、贤人小组、非洲和平基金、早期预警和预防体系、非洲常备军。非洲和平安全理事会代表的是非洲国家对非洲冲突安全的总体应对和管理能力；贤人小组代表的是非洲的和平文化培育能力，即非洲国家在非洲冲突安全上的理解、预防和协调能力；非洲和平基金则反映的是非洲国家在和平安全上的融资和资金支持能力；早期预警和预防体系反映了非洲国家对非洲冲突根源和安全走向的预判能力；非洲常备军则直接反映了非洲国家在应对非洲冲突安全上的军事能力。在很大程度上，目前国际社会包括非洲国家对非洲安全能力的建设主要聚焦于非洲常备军的建设。这主要归因于非洲冲突的频发性、持续性和残酷性，军事手段是最直接、最有效阻止冲突扩大的手段，更重要的是这也是外部大国和国际社会更容易参与和介入的重要手段。因此，总体上看，非洲和平安全框架事实上是一个包含短期目标和长期目标的安全应对机制，但目前的重点主要集中于短期的和平维持上。从这一角度看，非洲国家如何推动这一框架下各要素充分发挥作用才是实现非洲和平安全框架所期待的目标的关键。

一　非洲军事应对能力：非洲常备军

军队是维护地区和国家和平与稳定的重要力量。从恩克鲁玛提出的非洲联邦以及共同的安全防务政策开始，非洲国家就尝试建立一支非洲军队。然而，这一理想主义设想显然超出了当时的历史现实。直到冷战结束，在非洲国家从"不干预"到"不漠视"的背景下，非洲军队以及非洲自身维和力量的建立才成为一个重要的议题，非洲军队也成为非洲国家尝试降低对外部国家安全依赖的重要标志。《非盟宪法条约》赋予了非盟在战争、种族屠杀、针对平民犯罪等重大威胁的情况下对成员国进行干预的权利。2003 年 5 月，第三次非洲防务官员会议通过了建立非洲常备军和军事委员会的政策框架（Policy Framework of the African Standby Force and the Military Staff Committee）。这一框架文件规定，根据《非盟宪法条约》的职责权限划分，为了保障和平安全理事会在派遣和平支持行动以及军事干预上发挥作用，非洲国家必须建立非洲常备军。在对非洲国家安全问题进行分类的基础上，这一框架界定了非洲常备军的主要使命。[1] 其主要包括：观察和监督；其他类型和平行动；在战争、种族屠杀、针对平民犯罪等重大威胁的情况下对成员国进行干预；预防性派遣用以防止争端或冲突升级、冲突波及周边国家和地区、冲突各方达成协议后再次爆发冲突；和平建设（包括冲突后的去武装化和解散武装）；人道主义救援（包括降低对冲突地区平民的伤害、支持应对自然灾害）；其他和平安全理事会界定的职能。[2]

根据非盟常备军政策框架，非洲常备军的建设分为两个阶段。第一阶段是在 2005 年前，非盟层面提升非盟的能力建设，包括非盟在第一、二、三种情形下具备完全的能力，在此地区层面建立战略管理体制，主要是在五个次地区层面建立地区军事力量并能够在第四种情形下发挥作用。这五

---

[1]　非洲常备军介入非洲冲突大致分为六种情形：一是在政治手段应用中提供非盟或地区性的军事建议；二是与联合国一起派遣非盟或地区观察团；三是独立的非盟和地区观察团；四是根据宪章第四条派遣非盟和地区维和部队以及派驻预防性部队；五是向低级别冲突地区派遣非盟维和力量；六是非盟干预，比如，针对国际社会不能及时反应的种族杀戮等情形。

[2]　"Protocol Relating to the Establishment of the Peace and Security Council of the African Union," Article 13.

个次地区层面涉及北非常备军（NASBRIG）、东非常备军（EASBRIG）、中非常备军（FOMAC）、南部非洲常备军（SADCBRIG）、西部非洲常备军（ECOWASBRIG）。第二个阶段是在 2010 年前，在前一阶段的基础上，非盟具备应对第五种情形（即复杂形势下的维和行动）的能力，地区军事力量的快速反应能力则应明显提升。

众所周知，在 2010 年结束之前，第一阶段的目标大部分都没有实现，后来实现完全行动能力（FOC）的目标被推迟到 2015 年。然而，截至目前，这一目标仍没有实现。事实上，这一政策文件已经非常明确地指出非盟实现非洲常备军的完全行动能力目标面临结构性困难，包括政治意愿和主动性缺乏，资金缺乏，装备、后勤供给、培训能力的缺乏等，这决定了非洲常备军的建设是一个长期的过程。[1]进一步细分的话，这些困难和挑战包括：融资难；国家、次地区、非盟和联合国层面决策效率的低下；缺乏装备和人员；缺乏针对性的培训；欧盟和联合国安理会授权过程的拖延；缺乏政治意愿；缺乏后勤和空运能力（这也是非盟后期基地设在喀麦隆杜阿拉的原因）；缺乏准确的情报搜集能力；次区域组织间能力的不平衡和贡献意愿的差异。[2]

然而，即使面临诸多障碍，非洲常备军的建设也依然最能反映非洲国家努力实现自主安全的重要尝试和举措，其反映了非洲国家希望在地区和平安全上发挥更大作用的意愿。相比于早期非洲国家在地区安全上有限的投入，自非洲和平安全框架提出以来的十几年里，非洲在自主安全上还是取得了积极的进展。在非洲常备军建立的当年，非盟就向布隆迪派遣了和平支持行动（AMIB）。从 2004 年到 2015 年，非盟和次区域组织向非洲 11个国家派遣了和平支持行动，这涉及达尔富尔、索马里、科摩罗、打击圣灵抵抗军、马里、中非共和国、博科圣地等。与此同时，非洲对联合国维和行动人员的贡献从每年 10000 人增加到了每年 35000 人，其中绝大部分被派遣到非洲国家。2013 ~ 2015 年，非洲和平支持行动为每年 3 万 ~ 4 万

---

① African Union, Policy Framework of the African Standby Force and the Military Staff Committee (document adopted by the third meeting of African Chiefs of Defense Staff, Addis Ababa, May 15 – 16, 2013), p. 14.

② ISS Media Toolkit, "Understanding the African Standby Force, Rapid Deployment and Amani Africa Ⅱ," *Institute for Security Studies*, November 4, 2015, p. 3.

人的规模。2015 年 10 月，来自不同地区的 25000 名士兵在南非举办了第二次非洲和平军事演习（Amani Africa Ⅱ），通过此次演习，非洲国家希望确保非洲常备军能够真正投入运作。

二 非洲和平安全决策能力：非洲和平安全理事会

非洲和平安全决策能力反映的是非洲国家在地区安全和冲突危机上的政策决策和国家间协调能力，是非洲集体安全观的集中体现。非洲和平安全理事会（简称和安会）作为非洲安全的常设机构是非洲集体安全的主要决策者和执行者，因此，非洲和平安全理事会的决策理念、方式和文化在很大程度上反映了非洲国家的和平安全文化。非洲和平安全理事会前身是非洲统一组织的冲突预防、管理和解决机制，该机制由 15 个非盟国家组成，其中 5 个国家任期 3 年，其余 10 个国家任期 2 年，任期结束后，和安会成员国可以继续选举连任。和安会的核心职能包括：早期预警和预防性外交，冲突管理和解决，建立和平支持行动，在特定情况下建议对成员国进行干涉以促进和平、安全和稳定。和安会的其他职能还包括支持和平建设、冲突后重建、人道主义行动和灾难管理。由此，和安会的主要权力包括：预防和阻止争端和冲突升级；执行和平创建、和平建设及和平支持任务；在战争、种族屠杀以及反人类罪行等重大威胁下，建议对成员国进行干涉；实施制裁；执行非盟共同防务政策；确保打击恐怖主义的协调和机制的执行和运转；推动非盟和次区域组织在和平安全问题上的沟通协调；监督和促进民主、良治、法治实践；人权保护、基本的自由以及对生命、国际人道主义和法律的尊重；鼓励和推动执行武器控制和去武装化的国际条约和协议；确保并采取行动使成员国独立和主权完整，使其免受任何形式（包括雇佣军）的侵略；在武装冲突和重大自然灾害地区开展人道主义行动。根据这一职责和权限设置，所有和安会成员国在非盟总部都派驻常驻代表。和安会在三个层面——常驻代表、部长级或者首脑级进行协商决策。根据和安会章程，常驻代表层面一年需要进行至少两次会晤，部长级和首脑级层面一年至少需要进行一次会晤，和安会的会晤包括闭门会、公开会以及非正式磋商。和安会主席按规定主持和安会的工作，包括提请和安会讨论和决定非洲面临的安全威胁，从和安会委员会和其他非盟机构和机制获取通报，和安会的议程主要基于非盟委员会和非盟成员国提出的请求和建议。和安会采取原则共识的方式进行决策，如果共识无法达成，则实行简单多数和三分之二的表决方式。①

作为非盟最重要的一个机制，非盟和平安全理事会的作用备受期待，自然也面临着质疑。

首先，非洲的安全决策与联合国、欧盟、北约以及欧美大国的非洲安全决策之间的关系。非盟和平安全理事会效仿了联合国安理会，它是与联合国安理会机制最相似的地区性安全机制。在非盟和平安全机制的构建上，从一开始，非盟和安会就与联合国安理会以及欧盟和平安全委员会等机制保持着密切的联系。根据《联合国宪章》第 8 章第 52 款第 1 条，以现有的地区机制应对本地区的和平安全问题时，其行动和方式应该与联合国的目标和原则保持一致。联合国鼓励地区组织在地区安全上发挥积极作用，但是宪章明确规定地区组织的和平支持行动必须得到联合国的授权。这决定了非盟等地区组织的行动必须与联合国安理会的总体目标和安排保持一致。在非盟的安全决策与联合国等外部决策一致时，这不存在根本性的问题，然而，当非盟的决策与外部决策出现不一致甚至矛盾的时候，非盟的决策往往不能获得尊重。如北约对利比亚的军事打击就完全忽视了非盟的主张和关切，南非、尼日利亚等非洲在联合国安理会的代表支持联合国安理会对利比亚的决议，却违背了非盟整体的意愿。这反过来都大大降低了非盟安全决策的公信力。

其次，作为一个核心机制，非洲和平安全理事会决策的水平和效率受到多方面的制约。这些制约包括和安会构成的合法性、地区和国家间分歧的协调、非洲国家的参与意愿等。例如，在和安会的构成上，非洲和平安全理事会没有常任安理会成员国席位，而每届由非洲五个次地区层面组织根据各自名额选出成员国代表组成。因此，和安会成员国的产生是权力诉求和地缘政治安排的结果，这在很大程度上并不基于成员国在非洲和平安全上发挥的作用，随之而来的是和安会的合法性问题。如在 2016 年和安会的选举中，布隆迪再次当选，然而，当时非盟正在讨论向布隆迪派遣维和

---

① "The Peace and Security Council of the African Union (AUPSC)," http：//www. peaceau. org/en/page/42 – psc last updated on Monday, November 23, 2015.

部队，也就是说布隆迪本身就是和安会需要处理的安全问题国家之一。这不仅会导致和安会构成存在合法性问题，而且会使和安会的决策权威遭到质疑。[1] 与此同时，非洲次地区间的分裂，不同的地区和成员国的关切也影响着和安会的决策水平和效率。和安会的决策更多是被动反应型的，即在问题出现后，和安会才被迫做出反应，而在问题后期的应对上，其又会因为自身的构成和程序使其决策存在一系列问题。然而，相比于联合国安理会等外部决策机制，非洲地区和平安全机制的一个重要优势是其预防性，即地区安全机制能够提前并主动为地区安全威胁提供和平支持。然而，和安会很大程度上只是各方让利和妥协的产物，在消除非洲冲突的根源上，它事实上并没有构建起一套地区和平方案的主动供应机制。[2]

三 非洲和平文化培育能力：贤人小组

作为一个地区集体安全机制，非洲和平安全机制的构建伴随的是非洲国家间不同利益和文化的互动。在这一过程中，非洲共同的历史、传统是非洲地区和平安全的遗产。这意味着，在非洲国家通过地区合作追求军事实力、资金保障能力等"硬实力"目标之外，非洲文化、非洲传统、非洲智慧等非洲本土的"软实力"在构建非洲地区安全机制上也发挥着重要作用。这也是非洲的地区安全机制真正具有"非洲特色"的重要象征。其中，2007 年 10 月正式启动的贤人小组的机制安排就是非洲国家利用非洲传统文化促进地区和平安全的重要反映。阿尔及利亚首任总统艾哈迈德·本·贝拉（Ahmed Ben Bella）曾总结道，非盟贤人小组体现了非洲国家几个世纪以来形成的重视尊重长者和智者、在无论发生何种危机的情况下都坚持首选对话以及使用和平方式的历史传统。[3]

---

[1]　Paul D. Williams, "Autocrats United? Electing the African Union's Peace and Security Council," https://theglobalobservatory. org/2016/04/african - union - peace - security - council/IPI Global Observatory, April 5, 2016.

[2]　Tim Murithi, Hallelujah Lulie, *The African Union Peace and Security Council: A Five - Year Appaisal*, Institute for Security Studies, 2011; Paul D. Williams, "The Peace and Security Council of the African Union: Evaluating an Embryonic International Instituttion," *The Journal of Modern African Studies*, Vol. 47, No. 4, 2009, pp. 603 – 626.

[3]　Joao Gomes Porto, Kapinga Yvette Ngandu, *The African Union's Panel of the Wise*, the African Centre for the Constructive Resolution of Disputes, 2016, p. 25.

非盟创建贤人小组的一个重要目的是维护、培育和利用非洲的和平安全文化,这集中表现在贤人小组从建立开始就被赋予了预防性外交的重要职能。根据和安会协议,贤人小组应该为非盟和平安全理事会和非盟委员会提供支持,尤其是在冲突预防领域。为此,贤人小组事实上被赋予了重大的政策建议、协调和沟通职能。虽然名义上贤人小组是和安会的支持机制,但是贤人小组具有灵活和独立的行动能力。具体表现如下。一是非盟内部拥有与非盟主席、非盟委员会主席、和安会以及其他相关机构直接面对面的沟通机制。因此,这能够保证贤人小组的意见和建议被更大程度地接受。二是贤人小组能够直接与相关国家进行沟通、协调,并为其提供建议。借助贤人小组成员的影响力、智慧尤其是对非洲问题的深刻理解,贤人小组能够推动相关国家在和平安全上降低诉诸冲突对抗的可能。与西方的威慑型和平方案相比,非洲和平文化是一种游说和劝说文化。它的一个突出特点是深刻了解冲突的根源,主张从根源上预防和解决冲突。贤人小组把重点放在预防性外交以及探讨解决冲突根源的途径上,正是这一和平文化的反映。

当然,贤人小组重点关注的预防性外交只是非洲和平文化的一个组成部分,在其他层面和领域,非洲国家也尝试致力于构建一套非洲的和平文化体系。最有代表性的是非盟与联合国教科文组织共同创立的泛非论坛(Pan – African Forum),这一论坛成立的一个重要目的正是积极挖掘非洲本土的资源,包括文化、自然和人力等各方面的资源,通过这些资源的整合和利用,寻找降低乃至消除非洲冲突的根源的方法,进而培育非暴力的和平文化,促进国家的发展。[1] "和平文化深深扎根于非洲的文化遗产。它存在于《曼得宪章》(Manden Charter),来自廷巴克图的古老碑文,它们在持续传递着对话、宽容和相互理解等和平的价值观。"[2]对

---

[1] UNESCO, *Sources and Resources for a Culture of Peace in Africa*, Luanda, Angola, March 26 – 28, 2013.

[2] 《曼得宪章》是 13 世纪早期西部非洲的 Mandingo Empire(上尼日尔河地区,当前的几内亚和马里)统治者提出的。它是世界上最古老的宪法之一,主要以口述的方式流传下来。《曼得宪章》包括 7 章,涵盖了在多样化的背景下推动社会和平、人的不可侵犯、教育、祖国的完整、粮食安全、废除掠夺奴隶,以及言论和贸易的自由。尽管这一领土上的帝国消失了,但是《曼得宪章》及其精神则通过祖祖辈辈口口相传保留下来,在 Malinke 部落,这成为主要的行为规范。《曼得宪章》也已经被联合国教科文组织列入世界非物质文化遗产名录,可参见 http://www.unesco.org/culture/ich/en/RL/manden – charter – proclaimed – in – kurukan – fuga – 00290。

非洲传统和平文化资源的挖掘和拓展是非洲国家提升非洲在和平安全领域自主性的重要尝试，这也真正能够体现"非洲问题非洲解决"的价值。

四　非洲和平行动保障能力：非洲和平基金

非洲和平基金是非洲和平安全的重要保障机制，作为非洲和平安全框架的五大支柱之一，非洲和平基金是最直观反映非洲和平安全能力建设的一个指标。一个基本的假设是：资金缺乏或紧张将无法保证和平行动达到理想的效果，外部资金在地区和平行动中占的比例过高势必会影响本地区在和平行动中的自主性，非洲本土的融资水平与非洲安全的自主性存在直接关系。当前资金缺乏是非洲和平安全框架最现实的问题，非洲和平安全能力建设严重依赖外部资金，非洲内部融资能力非常低下，这共同构成了当前非洲安全自主性最现实的挑战。

2008～2011年，非洲国家对非洲和平基金的资金支持只有2%，而几乎全部的资金支持来自外部国家和国际组织。非洲和平安全对外部的严重依赖决定了"非洲问题非洲解决"更多只是一个理想的表述。当然，从另一个角度来看，这一现实也成为非洲国家增强自主性的重要努力方向。增强非洲内部的融资能力、降低对外部资金的依赖已经上升到非盟政策和战略的高度。近些年来，非洲国家在非洲内部自主融资上提出了多项建设性的方案。2013年5月，由奥巴桑乔领导的非盟融资高级别会议通过两个融资举措，即征收10美元的航空税和2美元的酒店税，这已经在非盟峰会层面获得通过。2015年，非盟制定了非盟《2063年议程》第一个十年计划，其中在安全融资上，非盟提出建立非洲全球伙伴关系平台，并提出了在2021年前实现非盟75%的项目经费和25%的维和经费由非盟提供的目标。[1] 2016年1月，非盟任命了非洲发展银行前行长唐纳德·卡布卢卡（Donald Kaberuka）担任非洲和平基金的非盟高级代表，唐纳德·卡布卢卡在金融和发展领域具有非常丰富的经验，非盟希望通过这一任命提高非盟的融资能力。

然而，从目前来看，受制于国内各种因素，非洲国家向非盟以及次区域组织提供资金支持的政治意愿和积极性依然不高，这在很大程度上

---

[1]　The African Union Commissioin, *Agenda* 2063: *The Africa We Want—The First Ten Year Implementation Plan* 2013–2023, September, 2015, p. 58.

制约着非洲和平安全行动的保障能力。与此形成鲜明对比的是，外部大国和国际组织则在非洲和平基金的融资上表现出更大的兴趣。对于欧美等大国来说，现实利益决定了它们并不会像介入欧洲和亚太地区一样直接和过度介入非洲的安全事务，而更多的是间接的、战略性和有选择性的介入。鼓励和利用非盟和地区组织发挥更大作用，提供资金支持而不是直接进行军事介入是西方大国基本的选择。① 例如，通过非洲和平设施（APF），欧盟对非盟的和平安全投入已累计达 19 亿欧元。② 美国虽然在非洲维和上的兵力贡献很少，但是其通过资金支持、技术和能力培训、武器援助等形式参与非洲的维和行动。通过全球和平合作倡议（GPOI）、非洲突击行动培训和援助项目（ACOTA），美国承诺向非洲提供约 8.92亿美元以提升非洲的机制建设和维和能力，美国为 25 个国家的约 25 万名在非军队士兵和警察提供培训，另外，非洲司令部向 22 个非洲国家提供维和培训精英课程，致力于打造非洲专业维和体系。③ 2014 年美非领导人峰会上，时任美国总统奥巴马提出了新的对非和平支持方案，即非洲维和快速反应伙伴关系（APRRP）。根据这一方案，美国继续支持对非洲维和的能力建设，支持非盟领导的危机快速反应机制，重点支持联合国和非盟在非洲的维和行动。其中，美国重点加强在索马里等与其安全有直接关系的国家的行动，优先加强与塞内加尔、加纳、埃塞俄比亚、卢旺达、坦桑尼亚、乌干达六国的快速反应能力建设合作。④ 2015 年的中非合作论坛约翰内斯堡峰会上，中国表示会加强与非洲在和平安全领域的合作，会继续支持非盟、地区经济体和其他次区域组织在协调和解决非洲和平与安全问题方面发挥领导作用，继续支持非盟在没有外部干涉的情况下以非洲方式应对非洲挑战，并向非洲和平基金提供 6000 万美元的无偿援助，以支持非洲集

---

① Gorm Rye Olsen, "The EU and Military Conflict Management in Africa: For the Good of Africa or Europe?" *International Peacekeeping*, Vol. 16, No. 2, 2009, p. 252.

② "African Peace Facility," https: //ec. europa. eu/europeaid/regions/africa/continental – cooperation/african – peace – facility_ en.

③ The White House, "Fact Sheet: U. S. Support for Peacekeeping in Africa," https: //obamawhitehouse. archives. gov/the – press – office/2014/08/06/fact – sheet – us – support – peacekeeping – africa, August 6, 2014.

④ 美国对非洲维和行动的支持，还可参见 Paul D. Williams, "Enhancing U. S. Support for Peace Operation in Africa," *Council Special Report*, No. 73, May, 2015。

体安全机制建设，包括非盟快速反应部队和非洲常备部队建设。①这两种不同趋势反映了非洲自主融资的结构性困境：一方面，希望提高自主性的非洲国家很难在内部融资上实现大的突破；另一方面，国际社会对非洲和平安全支持的意愿开始上升。西方大国通过资金支持的方式积极参与非洲和平安全框架建设和非洲国家的军事和安全部门改革，与此同时，随着在非海外利益的扩展，中国等新兴国家也开始加大对非洲和平安全的资金支持。这两种趋势的互动对未来非洲和平安全自主性的发展将产生重要影响。

五 非洲冲突和安全威胁的感知能力：非洲早期预警和预防体系

早期预警是和平安全能力建设的重要组成部分，其体现的是对冲突和安全威胁的感知能力，是非洲集体安全政策制定和行动的重要前提。根据和安会协议第 12 条，非盟建立非洲早期预警体系（CEWS），加强对非洲冲突的预判和预防。这一体系由两部分构成，一是位于非盟冲突管理处的观察和监督中心，即"情景屋"（the Situation Room），主要负责情报收集和分析；二是地区冲突预防、管理和解决机制下的观察和监督部门，这些部门承担与"情景屋"同样的工作，其把最终的分析报告递交给"情景屋"。根据这一安排，通过与联合国及其附属机构、国际组织、研究中心、学术机构和非政府组织建立联系，在对早期预警信息进行处理和对潜在的威胁和冲突进行分析后，"情景屋"把分析报告和政策建议递交给非盟委员会和非洲和安会。在这一过程中，CEWS 的信息搜集工具主要包括：非洲媒体监控（Africa Media Monitor）、早期预警体系门户（CEWS Portal）、指数和档案系统（Indicators and Profiles Module）、非洲线人（African Reporter）、非洲手册（Africa Prospectus）、实时监控（Live – Mon）。②非盟官

① 《中非合作论坛—约翰内斯堡行动计划（2016—2018 年）》，中华人民共和国外交部网站，http：//www. fmprc. gov. cn/web/zyxw/t1323148. shtml，2015 年 12 月 10 日。
② "非洲媒体监控是一个自动数据收集软件，可以收集大范围不同语言的信息；早期预警体系门户是一个与次地区早期预警机制共享信息的软件；指数与档案系统是用于搜集和管理各类信息的数据库，便于风险评估；非洲线人是根据早期预警指数和模型制定的分析工具，其主要用于实现冲突和危机信息在非盟战地任务现场和总部联络办公室之间的快速传播；实时监控是一个自动定位事件并能实时在地图上进行呈现的新型软件。" The Continental Early Warning System (CEWS), http：//www. peaceau. org/en/page/28 – continental – early – warning, last updated on Monday, September 23, 2015.

员介绍，"情景屋"以及 CEWS 工具已经可以开展以下基本的工作：监控并对正在升级的冲突形势进行预警，早期预警体系门户已经投入运作，西部非洲共同体和南部非洲共同体等次区域组织已经可以与非盟实现预警信息分享，这些进展促进了非盟和次区域组织的协调和沟通能力的提升。[①]

从"不干涉"到"不冷漠"理念的转变推动了非洲和平安全范式的发展，其与非统时期相比出现了结构性的变化。然而，总体上看，当前非盟以及次区域组织的和平安全参与很大程度上依然是被动式的，即主要是冲突和安全威胁发生后的应对，非盟提出的冲突预警和预防即从根源上预防、解决冲突和安全威胁的进展仍然非常缓慢。非洲早期预警体系是从根源上解决非洲冲突和安全问题的重要组成部分，其涉及对非洲冲突和安全现实的系统性认识，因此，早期预警和冲突预防事实上又涉及政治、经济、社会、文化、民族、宗教等众多与和平安全密切相关的因素。从这一角度来看，早期构建的预警体系是一个非常庞大的工程。目前早期预警体系的"情景屋"由 20 多人构成，面临严峻的人员不足问题，所以其工作更多只是信息收集，较少关注安全问题的根源，这导致当前的早期预警体系并不能真正触及非洲冲突的根源。除此之外，当前的非洲早期预警体系构建面临的困难和挑战主要表现在两个层面。第一个层面是非洲早期预警体系本身所存在的能力不足问题。具体表现为人员、训练和资金的不足，非盟与次区域组织早期预警机制间的协调和信息共享并没有实现机制化，非盟安全机构间以及与早期预警机制之间缺乏沟通协调；另外一个非常严重的问题是，早期预警机制的机构设置和权力问题，目前构建早期预警机制的部门只是一个技术性部门，其缺乏将早期预警转化为及时反应的能力[②]，即从早期预警到最终的反应和决策，其间需要经过复杂甚至漫长的过程。第二个层面是非盟层面。非洲早期预警体系的相关性最终取决于非盟层面的回应和决策。试想技术层面的预警已经做得很好，但是如果决策层面不接受或者不采取有效措施，那么早期预警体系的相关性会大大降

---

① Alexander Noyes, Janette Yarwood, "Progress toward the African Union Continental Early Warning System," *International Peacekeeping*, Vol. 20, No. 3, 2013, pp. 251 – 252.

② Alexander Noyes, Janette Yarwood, "Progress toward the African Union Continental Early Warning System," *International Peacekeeping*, Vol. 20, No. 3, 2013, pp. 253 – 256.

低。目前的非洲早期预警机制正面临着非盟层面的政治难题。当非盟早期预警机制的信息和政策建议上升到非盟层面后，技术性问题就变成了政治性难题，即在预防行动、介入还是不介入、如何介入等问题上，不同国家的政治和利益考虑、国家间关系的亲密程度、领导人的个人意愿等众多问题开始成为影响非盟反应的主要决定因素，而不是早期预警信息本身。因此，如何加强早期预警机制与非盟其他机制的沟通联系，如何发挥早期预警的技术和分析优势，从而提升非盟和平安全决策和行动的效率和水平，是非盟和平安全框架建设需要重视的一个问题。

第三节　从非洲自主权到非洲化：非洲和平安全建设的理想与现实

非洲和平安全框架的建设过程正是非洲国家提升其在非洲安全上的自主性的过程。其中，"非洲问题非洲解决"体现的是非洲和平安全建设的理念、理想和目标，"非洲和平安全框架"则反映了非洲实现这一理想的思路、手段和工具。非洲和平安全框架的五大支柱构成了衡量非洲安全自主性的主要指标，即非洲国家在五大支柱上的能力提升会推动非洲自主性的提升。纵向来看，目前非洲的自主权和能力建设比非统时期有了更大的发展，然而，这一过程却伴随着非洲自主权结构性难题的形成。第一，非洲传统文化在构建非洲和平文化上的作用正在削弱。非洲正在丧失构建"非洲特色"和平安全范式的文化来源。与此同时，在冲突的环境下，部落动员、宗教分歧、社会的分裂等促使非洲的文化因素与当前冲突之间的关联性增强。第二，非洲地区合作意识和能力的提升意味着非洲国家必须增强相应的责任，做出相应的贡献，然而，地区利益与国家利益乃至统治者利益之间的矛盾仍是非洲集体安全机制构建的结构性阻力，这持续考验着非洲国家的政治意愿和智慧。第三，非洲自主权的非洲化与西方化之间的边界越来越模糊。当前的非洲自主权到底是非洲化的非洲自主权还是西方化的非洲自主权？在非洲和平安全建设的话语理念、行为范式、制度框架中非洲话语到底发挥了多大的作用？非洲国家是否已沦为西方安全话语理念和制度框架的"执行者"？从根本上来看，这构成了当前"非洲问题非洲解决"所面临的最严峻的合法性挑战。

一　非洲和平文化重建的困境

文化的构建和积淀是一个长期的历史过程，不同的文化基因和属性构成了国家间对于和平与战争、冲突与和解的不同理解和不同方式。因此，文化属性是国家间差异性和认同区分的重要标签和象征。虽然不同文化间关于冲突解决与和平构建的诠释最终形成了人类的普适观念，但建立在当地文化基础上的和平构建方式才是真正能够体现当地和平安全自主性的核心要素。如东南亚国家联盟之所以能够区别于其他地区组织，很大程度上是因为其建立在爪哇部落议事传统基础上形成的"东盟方式"，这种文化的自主性在当今依然是东盟自主性的重要象征。非洲历史上也存在深厚的和平文化，如"大树作为和平与冲突解决的象征"[1]，"以最低代价和牺牲解决冲突"，强调年长女性的作用等。有非洲学者为此还总结出了非洲传统的冲突解决机制。在非洲冲突解决机制的背后是非洲国家对冲突、和平哲学和文化以及集体与个人关系的不同理解，这也决定了非洲冲突解决机制的独特性。如非洲在冲突解决上特别强调社群和集体意识，在非洲文化中，冲突本身就是一种关系的表达，当前的冲突只是一个过程，而社群的和谐与和解是冲突解决的最高目标，在这一过程中，冲突调解和规范约束就成为非洲和平文化的核心形式。[2] 莫桑比克前总统希萨诺更是将非洲和平文化的精髓总结为"对话""和解""宽容""信任""尊重"。在他看来，推动不同族群间的文化对话交流而非文化对抗是构建国家范围内文化和谐共生、促进国家和平有序发展的重要前提。他认为文化的重建在莫桑比克冲突后的重建上发挥了重要作用，而其中的关键就是将对话文化应用到多党民主政治、国家治理、公民社会的参与等国家生活的各个方面。[3]非洲女性团结协会主席 Bineta Diop 认为非洲的文化、自然和人力资源蕴含着良好的传统，比如布隆迪的 Bashingante（男性长者在调解和维和上的作

---

[1] 树是非洲和平文化中的一个重要象征，如肯尼亚吉库优长者从 Thigi 树上折下一根树枝放在冲突的双方中间，呼吁双方停止冲突并进行和解。

[2] Olajide Olagunju, "Traditional African Dispute Resolution (TADR) Mechanisms," https://www.linkedin.com/pulse/20141115083304 - 106263112 - traditional - african - dispute - resolution - tadr - mechanisms, November 15, 2014.

[3] UNESCO, *Sources and Resources for a Culture of Peace in Africa*, Luanda, Angola, March 26 - 28, 2013.

用）、南部非洲的"乌班图"。在中非、塞内加尔等非洲国家，年长的女性通过直接介入冲突双方进行劝和。2012 年塞内加尔总统大选中，妇女通过政治动员向政党和宗教领袖施压，来自不同政治阵营的女性团结在一起共同对选举安全形势进行预判和分析，通过积极的参与防止了选举冲突的发生。① 由此而言，非洲文化在构建非洲和平安全上主要发挥着以下四个层面的作用。一是塑造了非洲和平文化的自我身份和认同，构成了非洲和平安全自主性的文化来源。二是非洲和平文化是对非洲世界观、价值观、秩序观和社会公正的概括和总结，反过来又能对当前的国家建构和稳定秩序的形成提供经验参照。三是文化作为一个载体和媒介的作用，文化的共通性和相似性能够为人与人、民族与民族、政党与政党、国家与国家的对话提供条件，文化作为一个政策工具能够促进国家的和解、社会的和谐以及族群的和平相处。因此，这也构成了当前非洲国家和国际社会重视非洲和平文化构建、希望从文化层面推动非洲消除冲突与安全威胁进而实现非洲和平（Make Peace Happen）的认识前提。四是非洲文化能够在非洲的冲突预防上发挥非常重要的作用。塞内加尔的例子表明，非洲国家对自身冲突和安全威胁根源的认识比其他任何外部国家都要深刻，国内民众和群体在预防和化解潜在冲突上比外部角色更有权威和优势，这种权威和优势不是外部行为体所具备的。当前非洲和平安全的一个突出问题正是冲突预防上的薄弱，因此，如何有效利用和发挥非洲本土文化的作用具有重要的意义，也是非洲在自身和平安全建设上自主性的重要表现。

非洲和平文化固然重要，但一个不争的事实是，多元的非洲文化以及民族的多样性则一直被视为非洲冲突和安全威胁的一个重要来源。其中非常重要的一个原因在于非洲文化认同与非洲国家建设间的顺序颠倒。殖民统治给非洲的传统政治和社会结构带来了致命性的后果，这一影响时至今日依然非常严重。殖民统治确定的主观边界撕裂了非洲自然形成的民族、社会和文化边界。这导致的一个重要后果是，非洲国家建设与非洲文化的割裂。一方面，非洲传统文化在西方殖民者推动的现代文化

---

① The Speech by Bineta Diop, UNESCO, *Sources and Resources for a Culture of Peace in Africa*, Luanda, Angola, March 26 – 28, 2013, pp. 38 – 39.

的入侵下逐渐式微和瓦解，这导致先有相对稳定的社会文化进而形成国家的正常顺序被打破。殖民版图既瓦解了已有民族、社会和文化共同体，同时又基于政治版图构建了新的民族、社会和文化形式。这导致非洲的社会和文化开始趋向不稳定和再建构。在一个不稳定的、包含巨大冲突隐患的社会文化关系基础上建立国家本身就面临巨大的风险。另一方面，殖民和后殖民时期的非洲国家的形成和发展很大程度上聚焦于政权的稳固和财富的攫取，忽视了文化的重建，即更重视顶层少数统治者的利益，忽视了社会和共同体的构建。最突出的一个表现是新恩庇主义下国家财富分配的不平衡以及社会的不公正，这反而进一步加大了文化间的割裂，并最终导致对抗和冲突。时至今日，发生在非洲大陆的冲突依然能够从这一解释中找到答案。因此，在已经错过了一次按照自然顺序建立国家的现实下，非洲国家必须正视当前从先构建国家再重建文化的特殊实践。这一实践最大的挑战正是如何在强烈的部族认同基础上建立一个之前并不存在或者非常微弱的国家认同。特别是无论从长周期还是近代以来的世界潮流来看，以民族自决为核心原则的国家诞生方式推动的世界的碎片化都是国家发展的大趋势。这本身就表明在多民族和多认同国家建立和维系认同会充满挑战。得益于非统和非洲国家对二战后殖民边界尤其是国家主权的承认和坚持，非洲并没有出现大规模的分离和独立运动。但总体上，非洲的国家建设和文化重塑与世界的大潮流呈现相反的趋势，即非洲国家一直努力在多元文化乃至文化对立的基础上巩固统一的主权、构建集体的国家认同。可想而知，非洲国家本身就面临着更大的挑战。从这个意义上看，建立一个和谐的多元文化社会，通过文化的交流互动为国家稳定和发展提供动力，是非洲国家建设和认同构建的重要前提。

二　非洲自主和平安全的政治意愿

"非洲问题非洲解决"已经成为非洲实现自主和平安全的重要象征，但在现实中，非洲国家实现这一目标还为时尚早。归根结底这源于非洲国家自身的政治意愿，即非洲国家在集体安全机制构建上的投入意愿。这具体表现在三个层面：一是非洲国家是否愿意加大对非洲和平安全机制的投入；二是非洲国家是否愿意动用资源介入他国的冲突解决；三是非洲国家对本国和平安全的责任履行。

非洲国家对非洲和平安全机制的投入是非洲和平安全自主性的重要决定因素，其决定着"非洲问题非洲解决"的实质。然而受制于非洲国家自身的发展程度和实力，非洲和平安全框架的建设依然没有解决非洲国家对外部的严重依赖，而且这一局面在可预见的将来依然存在。一方面，欧美等西方国家成为非洲和平安全框架建设的主要投资方，非洲国家在和平安全机制尤其是和平支持行动上的贡献非常少。这既反映了非洲国家自身的融资能力和意愿，同时外部援助的存在也在很大程度上降低了非洲国家的投入意愿。另一方面，联合国、欧盟、北约（包括西方大国本身）依然是非洲和平安全的重要力量，事实上，这反过来也降低了非洲国家加大和平安全投入的实质性意愿。2015年第25届非盟大会上通过了2016年的非盟预算，总额为4.17亿美元，预期来自成员国的经费约1.7亿美元，来自国际社会的经费约2.47亿美元。也就是说，非盟3/5的经费都来自外部支持，来自非洲内部的贡献只占2/5。但即使如此，成员国的承诺兑现率也非常低，2014年，非盟只从成员国获得8460万美元（预期1.39亿美元），其兑现率只有60.86%。从国际社会获得的支持为6710万美元（预期是2.88亿美元），只有23%的兑现率。非洲国家对非盟经费贡献最大的是南非，2014年达到3323万美元，安哥拉、尼日利亚和阿尔及利亚的经费贡献次之，然而接下来的国家要么没有达到预期贡献目标，要么拖欠经费。也就是说，现在主要是五个国家维持着非盟75%的经费，这不仅对于这几个国家来说是负担，而且其他国家也很少参与，这对于非盟作为一个集体组织的认同和影响力也会带来重要影响。而更重要的是，作为一个重要部分的非盟和平安全经费并没有被列入非盟经费，而这一经费超过90%来自外部支持。就此而言，非盟和主要非洲国家无论从政策制定层面还是在具体措施实施上都在尝试加大内部融资的力度，如非盟明确呼吁"成员国应充分展现其政治意愿，尊重对非盟的财政承诺，从而加强对非盟项目（尤其是非盟《2063年议程》第一个十年计划的旗舰项目）的主导权，尽量降低对外部资金的依赖程度"。但是从目前来看，成员国的政治意愿并没有较之前增强，相反一些主要国家如埃及和利比亚因为国内问题，政治意愿反而降低了。从这一角度来看，非盟提出的第一个十年计划中的100%的运作经费、75%的项目经费、25%的和平安全经费由非盟提供基本是不可能实现的目标。

非洲国家愿意介入其他国家的冲突是非洲冲突解决及和平构建的基本政治前提。从独立解放到在国际舞台上用一个声音说话，非洲展示了泛非主义和非洲集体主义的政治力量，塑造了非洲作为一个团结大陆的形象。然而，当面对地区内国家尤其是国内的冲突和安全威胁时，非洲的团结和地区合作则面临巨大的挑战。主要表现在以下三个方面。一是非洲国家在介入成员国国内事务上的意愿和程度是不同的。总体而言，周边国家可能更关心一国国内局势的变化尤其是安全威胁的外溢，但是其他国家尤其是距离很远的国家在关注和介入上的动力则很弱。与此同时，实力较强的国家更有可能介入，但实力弱小的国家则不愿承担超出自己能力的责任。二是领导型国家是缺失的，这导致非洲很难形成有效的行动联盟。20 世纪 90 年代到 21 世纪第一个十年（1998～2008 年），由南非、尼日利亚、阿尔及利亚、埃及、利比亚、塞内加尔等国形成的非洲国际关系协调很大程度上推动了非洲国际关系黄金时期的形成，领导型国家的存在以及其在地区安全上的强烈意愿是这一黄金时期形成的重要原因。但随着西方国家对非洲事务的强势介入，尤其是"阿拉伯之春"发生后，非洲领导国家根本无法抵御西方大国的政治和军事压力，这不仅导致非洲领导国家合法性和影响力的式微，而且对埃及、利比亚、阿尔及利亚等传统重要国家带来了直接的打击。传统领导国家的瓦解以及非洲国家将重心放在国内的稳定和政权的巩固上，自然导致其对地区公共事务投入意愿的降低。三是次地区间的分裂也决定了非盟与次区域组织在冲突解决上的协调难度。次地区领导国家的存在塑造了不同地区间的政治秩序、合作规范以及和平实现方式，这构成了各个地区和平安全的重要因素。但与此同时，每个地区的和平方案间又存在差异乃至竞争，这导致次地区的和平方案很难上升到非洲大陆层面。比如南部非洲，由南非主导的"静悄悄外交"、间接而非直接军事干预的方式是南部非洲和平安全构建的明显特征；而在西部非洲，非洲一直是尼日利亚外交政策的核心，通过采取直接的军事干预和介入从而改变和平安全进程是尼日利亚在和平安全构建上的基本策略，这也塑造了西非共同体的行为方式。从这一角度来看，用西部非洲的方式来解决南部非洲问题，或者用南部非洲的方式来解决西部非洲问题都会存在严重的问题。因为，这对次地区大国的领导权是一个直接的挑战。

三　从"非洲化"到"外部化"：非洲和平安全范式的再转换

冷战结束后，西方开始从非洲战略退出，支持非洲国家在地区和平安全上的本土化成为一个重要且简单易行的政策选择，如美国提出的美非快速响应倡议（ACRI）、法国的非洲维和能力强化项目（RECAMP）。正是在这一背景下，非洲和平安全的"非洲化"趋势大大增强。2002 年非盟的成立以及随后非洲和平安全框架的建立是非洲和平安全"非洲化"的一个重要标志，是非洲国家独立以来自主和平安全发展的一个重要突破。然而，由于能力、条件和政治意愿的限制，非洲国家并没有填补西方大国退出留下的真空。相反，非洲国家建设和平安全框架的过程又加剧了其对外部的依赖。

外部力量与和平方案的重返使当前的非洲和平安全又呈现了明显的外部化趋势。虽然非洲国家提出了"非洲问题非洲解决"的口号，并制定了相应的政策框架，但像发展领域合作一样，在和平安全领域，非洲也为外部国家设计了"后门"，这个"后门"为国际社会参与非洲和平安全建设提供了重要途径。当前非洲和平安全对外部的依赖是全方位的。洲际层面的非洲和平安全框架建设、次地区层面的军事安全合作、国家层面的军事安全部门改革，亟须国际社会尤其是欧美国家的资金、项目、能力培训。欧美国家和国际组织正是通过这些大大小小的合作项目影响和塑造着非洲从地区到国家层面的政策制定、和平行动和安全部门改革。在科特迪瓦、利比里亚、苏丹、南苏丹、利比亚、刚果（金）、中非共和国等非洲国家的维和和军事行动中，联合国、北约、欧盟以及法国等才是真正的主导力量。非盟唯一的自主维和行动在索马里，但其维和经费又主要来自联合国、欧盟和美国等。"尽管非洲的自主权被反复提及，但是真正推动和塑造非洲和平安全的依然是外部行为体。"[1]

非洲国家和国际组织脆弱的安全治理能力是西方国家重新加大对非洲的和平安全投入的重要内部动力，而非洲国际关系环境的变化则为西方国家加大对非洲的安全介入力度提供了外部推力。进入 21 世纪后，随着中国

---

[1]　Benedikt Franke, Stefan Ganzle, "How 'African' Is the African Peace and Security Architecture? Conceptual and Practical Constraints of Regional Security Cooperation in Africa," *African Security*, Vol. 5, No. 2, 2012, p. 90.

等新兴大国进入非洲步伐的加快，中国在非洲的经济参与和影响力快速提升。中国影响力的提升意味着欧美国家影响力的相对下降，中非关系一方面塑造了非洲国家新的对外关系选择，另一方面对西方国家在非洲的利益、规范、秩序和影响力构成了直接的挑战。因此，维护和巩固自身在非洲的优势和议程塑造能力是西方国家面对中国在非影响力不断扩大后的现实的反应。这主要表现在三个方面。一是加强与非洲国家的机制性联系。欧非伙伴关系、非洲和平设施、欧非峰会、欧非经济伙伴关系协定（EPA）等一系列多边关系机制和政策工具的制定正是西方国家通过制度性举措巩固其在非洲的优势。二是充分发挥西方国家的规范性权力。相比于新兴国家，西方国家在非洲具有重要的规范和价值观优势，通过与发展援助、贸易和投资的捆绑，民主、良治和人权成为西方国家影响国家构建和社会发展的重要规范工具。这一方面确定了西方国家在非洲的道德优势，另一方面则成为西方国家介入非洲国家事务以及指责第三方的重要工具。三是提升在非洲的战略控制和影响能力。这主要是通过对非洲和平安全事务的介入来实现的，这也是西方国家相比于中国最明显、最有影响力的优势。2006 年中非合作论坛北京峰会引起了国际社会的强烈反响，在此之后，美国加快部署非洲司令部的步伐。虽然非洲司令部最终没有在非洲落地，但美国并没有停止在非洲加强军事安全存在的步伐。尤其是后阿富汗和伊拉克战争时期，美国加大了在非洲的影子行动（Shadowy Operations）的力度。目前美国在吉布提拥有军事基地，而且其几乎在所有非洲国家都有不同程度和规模的军事和安全项目。据估计，美国通过不同的名义在不少于 49 个非洲国家都有不同程度的军事行动和存在。如通过在乌干达恩特贝建立合作安全点（cooperation security location）支持美国在东部非洲的军事行动，在西非则把布基纳法索作为一个重要的支点。也就是说，美国在非洲通过这种不同规模的、分散但灵活的行动构建了美国在非洲的安全网络。①

　　由此可见，自 21 世纪初以来蓬勃发展的"非洲问题非洲解决"思潮以及非洲和平安全框架等非洲自主安全机制和政策的推进，事实上伴随着

---

① 关于美国在非军事行动的具体分类可参见 Nike Turse，"The Startling Size of US Military Operations in Africa，" *Mother Jones*，http：//www. motherjones. com/politics/2013/09/us - military - bases - africa，，September 6，2013。

的是国际社会和国际组织、西方国家和主导国际安全的大国对非洲的重新重视。一方面，这根源于非洲冲突和安全在当今全球安全治理中的突出地位；另一方面也反映了当前非洲和平安全建设的一个新的现实，即非洲自主安全本质上并不是要排斥外部的安全参与，相反，非洲问题非洲解决、非洲在和平安全上的自主性需要强有力的国际支持。自身安全能力低下的现实促使非洲国家和地区组织改变了早期"完全自主"的理想，回归开放的多元安全治理模式的现实。简言之，当前的非洲和平安全治理体系是一个多元、多层次、开放的安全治理复合体，在这一复合体中，非洲自主权、"非洲问题非洲解决"是其他行为体参与非洲安全事务的重要认知前提，其他行为体在非洲的行动必须以承认、尊重并支持这些内容为前提。非洲国家和次区域组织希望通过渐进的方式，加快所谓非洲安全的非洲化过程，并最终真正建立起非洲安全的自主权。然而，在现实中，原则上承认和支持非洲的自主权往往伴随的是对非洲自主权的伤害乃至削弱。因为就外部国家而言，支持非洲的自主权更像是一种政治表态，当现实中外部国家与非洲的和平安全关系与本国的理念、主张和利益发生冲突的时候，发挥决定性作用的依然是本国的国家利益，非洲的自主权肯定会退居次要地位。

第七章　从索马里到南苏丹：非洲和平支持行动能力探析

非洲和平支持行动是认识非洲和平安全建设能力发展的一个重要视角。纵向来看，相比于早期的不干预政策，非盟以及次区域组织已经在非洲冲突上进行了大量干预的实践，通过这些和平支持行动，非洲的领导权和自主权也在不断提升。横向看，联合国、欧盟、美国等在非维和以及军事行动无法从根源上解决非洲的冲突，这要求非洲在和平行动上发挥更大的作用。因此，客观上，这也促使非盟以及次区域组织的自主权的提升。

2006 年 9 月，非盟批准组建伊加特索马里和平支持行动（IGASOM），2007 年 1 月，非盟决定派遣非盟索马里行动（AMISOM），2007 年 2 月，联合国安理会向非盟正式授权，即 1774（2007）号决议。这标志着 AMISOM 成为第一支真正意义上由非盟独立领导的和平支持行动。在过去的近十年内，AMISOM 在打击索马里极端主义、支持索马里国家恢复和平和秩序上发挥了重要作用。南苏丹维和部队与索马里和平支持行动形成了鲜明的对比。自 2013 年内战爆发以来，严重的人道主义危机促使国际社会加强了对南苏丹维和行动的支持。然而，这并没有改变南苏丹的冲突根源，相反联合国维和行动以及国际社会的努力则因为效果不彰和效率低下而被质疑。加大非洲地区保护力量的投入成为当前联合国维和行动的一个新的希望。2016 年 7 月，在第 27 届非盟峰会上，非盟决定向南苏丹派遣地区稳定支持力量，以弥补当前联合国南苏丹维和行动能力不足的问题。

索马里和南苏丹维和的不同结果产生了有意思的问题：索马里和南苏丹对地区保护力量需求的上升是否意味着非盟和非洲次区域组织的和平支持行动能力已经取得了重大提升？与传统的和平安全力量包括联合国维和

部队，西方大国的战略、外交协调以及军事行动相比，非洲本土的和平支持行动的独特优势在哪里？非洲将如何利用本土优势提升在非洲和平安全治理中的领导权？本章尝试对此进行分析。

第一节　处于十字路口的联合国维和行动

1948年，在联合国成立三年后，联合国安理会授权向中东派遣联合国军事观察员，从而开启了联合国维和行动的序幕。自此以后，国际维和行动成为国际社会应对冲突与安全威胁的重要手段。冷战结束前后，随着传统大国在热点区域的战略退出以及地区热点问题的集中爆发，国际维和行动被赋予了更重大的历史使命，这也促使国际维和行动成为国际和平安全构建的主流范式。1988年，联合国维和行动被授予诺贝尔和平奖，颁奖词提到"维和力量的努力对于实现联合国的基本信条做出了重要贡献，借此，联合国在世界事务中扮演着越来越核心的角色，并赢得了更大的信任"。[①]在近70年的历程中，联合国维和行动在应对全球安全冲突、人道主义保护和推动和平安全建设上发挥了积极作用。国际冲突和安全需求的扩大、变化，也使国际维和行动的机制、规模和范式经历重要的变化。然而，这伴随的是联合国维和行动效率的降低和对联合国维和行动质疑声音的增加。新的冲突现实和安全需求与联合国维和行动的安全供给之间的差距在很大程度上并没有缩小，相反，在当前一些热点区域和国家，尤其是南苏丹、索马里、刚果（金）、马里等非洲国家，联合国维和行动只提供了短暂的、脆弱的和平局面，或者说是防止冲突的升级和扩大。这一"外部介入的和平"与真正的"可持续的和平安全"还有很大的距离。这一差距也正是联合国维和行动有效性一直被争论不断的主要原因。

那么，联合国维和行动如何通过自身的转型来应对"可持续安全"这一根本性的需求，显然已经成为当前联合国维和行动的重大历史命题。联合国维和行动正在经历怎样的转型？这一转型是否反映了当前的国际

---

① 联合国网站，http://www.un.org/en/peacekeeping/operations/early.shtml，2017年1月20日。

安全需求？维和努力如何转化为"可持续和平"的构建？从最开始的观察停火行动到当前全球范围的和平安全事业，联合国维和行动的规模和形式取得了巨大的发展。在这一发展进程中，"人道主义干涉""保护的责任"等理念的提出使联合国维和行动的合法性解释经历了重要变化。①从联合国维和行动目标的变化看，其也从单一目标即停火发展为多目标。这意味着联合国在国际安全上承担了更大的责任，多重目标和手段的应用构建了当前"以目标为导向"的维和体系。然而，与国际维和规模和投入不断扩大相对应的是，对联合国维和行动的有效性的质疑和批评也在不断增加。

一　联合国维和行动的发展

在过去近 70 年的时间内，联合国共授权了 71 项维和行动，其中 1988年至今授权的有 56 项。联合国维和行动大致可分为三个阶段：早期阶段（20 世纪 40~80 年代）、冷战后集中爆发阶段（20 世纪 80 年代末至 21 世纪初）和当前阶段。在早期阶段，联合国进行的 11 项维和行动中只有一项在非洲，即在刚果民主共和国。而从冷战后集中爆发阶段开始，非洲成为联合国维和行动的重点区域。1989~1994 年，联合国安理会共授权了 20项新的维和行动，维和人员数量从 1.1 万人增加到 7.5 万人。这一时期三个重大的维和行动中的两个发生在非洲（卢旺达和索马里），一个发生在欧洲（南斯拉夫）。这一时期随着国际冲突和安全形势的升级，维和行动能力供给的不足开始暴露，联合国维和行动开始遭到批评和质疑，联合国的声誉开始受到影响。联合国安理会开始评估和反思之前的维和行动，在此基础上联合国维和行动开始经历重大变革。

---

① 一般意义上，国际维和行动的合法性来自三个方面：联合国的（法律）授权，国际社会的支持（道德授权），当事国的同意和要求（政治共识）。但不同的维和行动中又存在不同的解释和争论。虽然合法性解释是联合国维和研究中的一个重要议题，但本书主要关注国际维和行动的有效性。关于合法性的相关著述可参见 James Gow, Christopher Dandeker, "Peace - Support Operations: The Problem of Legitimation," *World Today*, Vol. 51, 1995, p. 171; Michael Mersiades, "Peacekeeping and Legitimacy: Lessons from Cambodia and Somalia," *Research Gate*, Vol. 12, Issue 2, 2005, pp. 205 - 221; Timothy M. Shaw, Natalie Mychajlyszyn, "Dilemmas of Peacekeeping at the Start of the Twenty-First Century," in Natalie Mychajlyszyn, Timothy M. Shaw, eds, *Twisting Arms and Flexing Muscles: Humanitarian Intervention and Peacebuilding in Perspective* (Burlington: Ashgate, 2005)。

　　首先是维和行动的规模开始急剧扩大，数量不断增加。1990 年后，联合国安理会授权了 40 多项新的维和行动。其中一半是在 2000 年之后进行的。其次，随着冲突和安全威胁的升级，尤其是国内冲突数量的增加，联合国维和行动议程和方式开始面临更严峻的挑战，联合国维和行动的目标和范式也开始经历重要变革。军事维和行动不再仅仅是唯一手段，联合国维和行动需要更加多元的手段，包括加强联合国的托管能力、加强与地区组织的协调合作等。2000 年 3 月，在时任联合国秘书长科菲·安南的要求下，联合国成立了和平行动小组，以为新时期的联合国维和行动提供战略规划，随之出台了著名的卜拉希米报告，根据这一报告，联合国维和行动的重点包括冲突管理、维和以及建和。[1] 2009 年，在卜拉希米报告基础上，联合国发布了新的战略文件，即《新的伙伴关系议程：开辟联合国维和的新视野》。这一文件指出了当前联合国维和的五大挑战：一是如何支持停火协议的执行；二是如何支持冲突后的和平进程和国家权威；三是如何从维和扩展到建和，实现可持续的和平；四是如何在冲突中提供更好的安全保护；五是如何通过能力建设支持其他安全伙伴。这五大挑战是联合国维和行动需要应对的问题，推动了联合国维和行动的不断拓展，其中非常重要的是加强联合国对全球伙伴关系的建设。[2] 总体上，联合国维和行动的目标从之前的监督停火、划定非军事化区、保障冲突后安全，拓展到更加系统的军事介入、维和警察部署、人权干预、去军事化安排、监督选举以及冲突后重建等综合性的维和安排。[3]

　　虽然相比于 20 世纪 90 年代，当今全球的冲突和安全威胁明显减少，但是，联合国的维和行动总体规模并没有缩小，反而扩大了。当前联合国正在开展的维和行动有 16 项，投入的兵力超过 10 万人，每年的维和行动支出达到了 82 亿美元。其中，在非洲的 9 项维和行动处于国际维和行动的重要地区（见表 7 - 1）。

---

① Lakhdar Brahimi, *Report of the Panel on United Nations Peace Operations*, United Nations, A/55/305 - S/2000/809, August 21, 2000.

② Department of Peacekeeping Operations and Department of Field Support, *A New Partnership Agenda: Charting a New Horizon for UN Peacekeeping*, July, 2009, pp. 1 - 6.

③ 关于联合国维和行动的发展和改革可参见 UN, "Reform of Peacekeeping," http://www.un.org/en/peacekeeping/operations/reform.shtml。

表7－1　联合国正在开展的维和行动

地　区	非　洲	中东、欧洲	其　他
维和行动	西撒哈拉（MINURSO）、马里（MINUSMA）、利比里亚（UNMIL）、科特迪瓦（UNOCI）、中非（MINUSCA）、刚果（金）（MONUSCO）、达尔富尔（UNAMID）、阿比耶（UNISFA）、南苏丹（UNMISS）	科索沃（UNMIK）、塞浦路斯（UNFICYP）、黎巴嫩（UNIFIL）、中东（UNTSO）、叙利亚（UNDOF）	海地（MINUSTAH）、印度－巴基斯坦（UNMOGIP）

资料来源：联合国维和行动网站，http：//www.un.org/en/peacekeeping/operations/current.shtml。

二　国际维和行动目标的拓展

经过近70年的发展和实践，联合国维和的理念、目的、方式和效果正经历着悄然的变化。早期的维和主要局限于维持停火和稳定局势，主要通过和平方式和政治努力来为冲突解决提供支持。因此采取的行动主要是利用非武装化的军事观察员，使用轻型军事装备进行监督、报告和信任构建。早期的联合国维和行动最大限度地保持了中立和避免直接军事介入、干预。从实际效果和成员国的反应来看，这一时期的联合国维和行动享有非常高的声誉。

冷战结束后，大国全球战略和重心的变化使之前被掩盖的地区热点问题开始爆发，冲突的主要形式从冷战时期的国家间冲突向国内冲突转化，联合国在国际冲突和安全上开始面临更大的压力。为了应对国际战略环境和现实的变化，联合国维和行动也开始经历重大调整。联合国维和行动从传统的以军事观察行动为主向多手段并用发展。多手段包括确保全面和平框架协议的执行，协助建立可持续和平，帮助建立稳定的治理体系，进行人权监督、安全部门改革、武装解除与安置（DDR）等。也就是说，一方面，联合国在应对全球冲突问题上不得不加大军事力量投入；另一方面，联合国也不得不探索全面的安全治理体系，这一探索过程事实上构成了全球安全治理的主要话语和范式。"联合国维和行动不单单是一项军事行动，而且涉及行政人员、经济学家、警察、法律专家、拆弹专家、选举观察、人权观察、国内事务和治理专家、人道主义工作人员、通信和公共信息专家等。"[1]国际维和理念的

---

[1]　联合国网站，http：//www.un.org/en/peacekeeping/operations/surge.shtml。

泛化和维和行动涉及面的扩大对联合国维和行动的能力和效果构成了巨大的挑战。一方面，冷战后全球冲突的增加大大超出了联合国维和力量能力建设速度，联合国维和行动更多是在冲突爆发后被动介入，更类似于人道主义介入。虽然提出了和平与安全治理的理念，但在现实中往往由于涉及更复杂和系统的问题，其有效性面临考验。因此，当前的维和行动事实上仍主要集中于军事行动。另一方面，联合国维和行动作为一个复杂系统的弊病开始凸显，联合国维和行动的效果面临质疑，尤其是在地区组织和国家的地区和平安全意识和能力不断提升以及地区组织与联合国互动关系不断加深的大背景下，联合国维和行动正面临严峻的内外部改革压力。国际维和行动是联合国成立后参与国际事务管理的重要方式。从无到有，再到当今拥有复杂的体系，联合国维和行动的发展反映了联合国和国际社会对国际冲突和安全威胁立场和政策的变化。这一变化的核心指标反映的是国际维和目标的变化，即国际维和行动会实现什么样的目标？是通过派遣军事观察员，在交战双方间建立隔离区，政治斡旋等敦促停火？是保护平民和提供人道主义保护？是为国家政治秩序回归创造和平环境？还是派遣作战部队，通过军事手段协助所在国消除安全威胁和冲突的根源？在不同时期、不同冲突地区、不同的地缘政治环境下，每一项联合国维和行动的具体议程和目标有重叠之处，但又各不相同。相同之处包括人道主义保护、无条件停火、遵守和平协议等。不同之处则体现在不同的冲突和安全威胁所决定的维和方式和手段不同。一个非常重要的发展是，中立公正原则和不主动使用武力等联合国维和的核心原则在不同维和行动中被灵活应用。根据当前联合国正在开展的主要国际维和行动，联合国维和行动可以分为三类：一是传统的军事维和行动；二是具有作战性质的军事维和行动；三是以人道主义为主的维和行动。第一类仍是当前的主流，以南苏丹、中非、马里等的维和行动为主；第二类情况比较特殊，但这恰恰是联合国维和行动转型的一个重要反映，一个重要的案例是联合国在刚果（金）的行动。作为世界上最昂贵的维和行动，刚果（金）维和行动反映了联合国对刚果（金）问题的重视。第三类主要是提供人道主义保护，如海地维和行动。

尽管国际维和行动的目标和方式各不相同，但是国际维和行动的目标在本质上仍是一致的，即以维持和平为主。不同环境下，不同方式的应用基本是以停战、实现和平为目标的。"传统维和行动的核心目标仍主要是为冲突各方创造一个实现政治解决的环境和前提，以监督其社会和政治的转型。"①当前联合国每一项维和行动基本仍以这一目标为导向，但是一个核心的问题是，国际维和行动议程和目标的实现是否就意味着维和行动取得了成功？这里存在一个不对称的问题，即维和行动的目标设置与冲突管理和解决的需求之间的不对称。国际维和行动主要以实现停战、促和等传统行动目标为导向，而冲突管理和解决则需要从根源上寻找解决冲突的方式。如何评估国际维和行动一直是维和研究争论的一个焦点。有学者认为，一项维和行动只要在和平稳定上发挥了正面作用，那么它就可以被认为是成功的。② 然而，大量的学者则认为当前联合国的维和行动目标与冲突解决、和平构建之间存在难以逾越的鸿沟。1993 年，Paul Diehl 在《国际维和》一书中提出了评估国际维和行动的两个标准：一是限制武装冲突；二是促进冲突解决。③ 在这一认识的基础上，一些学者认为，衡量一项维和行动的成功时必须以能有效管理冲突、消除冲突根源、推动和平建设为目标。④ Steven Ratner 则提出，维和行动是否成功应该借助于对目标国的短期、中期和长期效果进行的综合评估。⑤ Maja Grab 则提出了一个综合的标准，即成功的维和行动应包括实现了行动最初的目标、促进政治和安全形势的改善、为当地民众提供了救助。⑥ 然而，即便如此，仍有大量学者批评国际维和行动的评估体系不完整。因为从某一角度理解，比如防止冲突扩大，国际维和行动的目标达到了，但从另外一个角度理解，比如当地民众的认可，国际维和行动可能是失败的。⑦ 总体上，上述国际维和行

① Alex J. Bellamy, Paul Williams, Stuart Griffin, *Understanding Peacekeeping* (Cambridge: Polity, March 29, 2010).

② Robert C. Johansen, "Review: UN Peacekeeping: How Should We Measure Success?" *Mershon International Studies Review*, Vol. 38, No. 2, 1994, pp. 307 – 310.

③ Paul Diehl, *International Peacekeeping* (Baltimore: Johns Hopkins University Press, November, 1993), pp. 3 – 34.

④ A. B. Featherston, *Towards A Theory of United Nations Peacekeeping* (London: Palgrave Macmillan, 1994), pp. 88 – 123.

⑤ Steven R. Ratner, *The New UN Peacekeeping* (London: Palgrave Macmillan, 1996), p. 7.

⑥ Maja Grab, "Evaluating the Success of Peace Operations," *Scientia Militaria*, *South African Journal of Military Studies*, Vol. 42, No. 1, 2014, pp. 44 – 63.

⑦ Daniel Druckman, Paul C. Stern, "Evaluating Peacekeeping Missions," *Mershon International Studies Review*, Vol. 41, No. 1, 1997, pp. 151 – 165.

动目标的争论本质上是关于国际维和行动的核心目标，其应该是维和（peacekeeping）还是和平建设（peacebuilding），虽然学术研究试图在维和行动与冲突解决之间建立政策联系，但是从具体的实践来看，国际维和行动目标并没有真正跳出维和的范畴，这事实上也构成了影响当前国际维和行动有效性的一个重要因素。

三　国际维和行动有效性争论

联合国维和行动的有效性是一个一直存在巨大争论的问题。正如上面提到的那样，因为出发点和评估标准不同，国际社会对国际维和行动有效性的认识也存在很大的差异。从传统维和议程的角度来看，国际维和行动在防止冲突升级、降低暴力威胁和平民伤害程度、增加结束冲突的可能性、降低战争结束后冲突复发的风险等方面发挥着重要作用。①联合国维和行动的改革，尤其是从单一维度维和转向多维度维和，对国际维和行动的有效性产生了重要影响。Doyle 和 Sambanis 等认为传统的维和因为军事化程度较低、行动目标比较单一，并不能维系长时间的和平。而多维度维和则将维和与和平建设（peacebuilding）相结合，因此能够对和平重建产生重要而积极的影响。②然而，国际维和行动作用的发挥必须满足以下三个前提：强有力的维和意愿和投入；明确的议程和目标；与冲突方的有效沟通。Havard Hegre 等对联合国维和行动进行了综合评估后认为，如果联合国在维和行动派遣上具有强烈的意愿、明确的议程以及能够使维和预算翻倍，那么当今世界上主要武装冲突的数量将能够减少一半到三分之二，因此，从这一角度来看，联合国维和行动虽然花费巨大，但确实是实现全球安全的重要途径。③

---

① 这是一种主流的认识，虽然无法明确界定国际维和行动的作用，但可以肯定的是，如果没有国际维和行动，那么国际冲突升级和扩大的后果将很难想象。关于联合国维和行动，北约、欧盟以及美国对外军事行动的比较可以参见 James Dobbins，"A Comparative Evaluation of United Nations Peacekeeping，" *Rand Corporation*，CT - 284，June，2007。

② 关于维和、建和、创和的概念区分可参见 A. B. Featherston，"Peacekeeping，Peacemaking and Peacebuilding：Definitions and Linkages，" in A. B. Featherston，*Towards a Theory of United Nations Peacekeeping*（London：Palgrave Macmillan，1994），pp. 88 - 123。

③ Havard Hegre，Lisa Hultman，Havard Mokleiv Nygard，Evaluating the Conflict - Reducing Effect of UN Peacekeeping Operations（paper presented at the European Political Science Association，Berlin，June 20 - 22，2012）。

由于国际维和行动涉及诸多复杂的因素，因此国际社会在批评和指责国际维和行动效率时可以有不同的理由，包括大国的利益和立场、联合国成员国的意愿、决策和授权程序、维和的规模、维和的方式、派遣维和士兵的质量等，尤其是在出现平民和维和人员伤亡时，批评的声音会更大。然而，这种批评往往集中于联合国维和行动本身，却忽视了联合国维和行动只是冲突和安全治理一部分的事实。因此，在现实中这往往会掩盖影响国际维和行动的一些重要问题。

其中第一个核心问题是，为什么不能设置一个明确的能够与冲突解决相匹配的维和行动目标？Doyle 和 Sambanis 认为维和行动的目标设置将是决定性的，如果维和行动目标与冲突解决不匹配，那么再多的维和投入和兵力派遣，都很难发挥预期的效果。[①] 然而，由于国际维和行动的路径依赖，联合国维和行动决策过程中的立场和政策协调，不同国家和行为体如西方公民社会的优先议题关注等诸多因素，维和行动的目标和重心可能会偏离冲突解决自身。很明显，当前国际维和行动的一个重要关切是人道主义关怀，这是国际社会尤其是国际公民社会最关心的问题，然而这更多只是冲突的表象而不是根本。另外，从技术和可操作层面来看，一个理想的能够与冲突解决完全匹配的维和行动，往往意味着国际维和行动会进行大的调整并投入更多的资源，这在现实中几乎很难实现。

第二个核心问题是国际维和行动与地区安全治理之间的协调仍存在很大问题。国际维和行动与地区安全治理在冲突预防、管理和解决以及和平建设上的出发点并不一致。国际维和行动以创造和平环境为目标，而地区安全治理以消除威胁和平的根源为目标。因此，这两者之间存在很大的互补性。自冷战结束后，地区力量在维和行动中的特殊优势受到重视，[②] 国际维和行动与地区维和行动之间的联系和协调取得了重大进展，并形成了

---

① Michael W. Doyle, Nicholas Sambanis, *Making War and Building Peace：United Nations Peace Operations*（Princeton：Princeton University Press, 2006），p. 13.

② 地区维和的独特优势包括对冲突根源更深刻的认识、地缘政治优势、快速反应优势、邻国的意愿等。可参见 Bellamy, Williams, *Understanding Peacekeeping*, Chap. 13；周琦、陈楷鑫《联合国在非洲的维和行动与非盟的伙伴地位浅析》，《当代世界与社会主义》2014 年第 6 期。

三种主要的联合国维和行动与地区维和行动的互动模式，包括平行模式、移交模式、支持模式。[1] 然而，很大程度上，当前这种协调关系主要聚焦于维和行动本身，其并没有上升到冲突管理和综合安全治理的角度。如非盟索马里行动仍主要是一种军事行动。在这种合作关系中，地区的安全治理理念并没有有效转化为维和行动的议程和目标。当然，由于不同地区尤其是发展中地区综合安全实力、集体安全能力以及维和经验的局限，地区安全治理的范式本身处于相对弱势地位，而这一局限性又导致地区力量自身的维和行动存在诸多问题，使其很难真正影响由国际社会尤其是大国主导的国际维和行动。[2] 也就是说，国际维和行动如何利用地区力量在安全治理上的理念、设想和主张，地区力量如何跳出国际维和行动塑造的安全范式并充分利用国际资源将自身的和平理念转化为适合本地区的安全治理，将是提升国际维和行动有效性的重要条件。在上述国际维和行动有效性争论的基础上，后文将以联合国南苏丹维和为例来理解当前国际维和行动有效性所面临的挑战，并通过对伊加特和非盟等非洲地区组织在南苏丹冲突管理上的作用的分析来观察国际维和行动正在发生的重要变化。联合国非洲维和行动概况见表7-2。

表7-2　联合国非洲维和行动概况

单位：人，美元

序号	名　称	起始年份	总人数	军事人员	伤亡	经费
1	西撒哈拉独立公投监督使命团（MINURSO）	1991年4月	481	241	15	56582500
2	中非共和国稳定联合特派团（MINUSCA）	2014年4月	13377	12158	32	920727900
3	马里稳定联合特派团（MINUS-MA）	2013年4月	13555	12080	114	933411000

---

① 平行模式指联合国与地区力量在同一冲突地区同时开展维和行动，如联合国和欧盟在中非共和国的行动；移交模式指在联合国与地区力量之间移交维和行动，目前主要是从地区向联合国移交，即首先由地区力量开展维和行动，然后根据需要再移交给联合国，例如，在马里的维和行动；支持模式指联合国向地区维和行动提供后勤、资金、培训等各方面的支持，一个重要的例子是非盟索马里行动。

② Paul F. Diehl, " New Roles for Regional Organizations," in Chester A. Crocker, Fen Osler Hampson, Pamela R. Aall, eds. , *Leashing the Dogs of War: Conflict Management in a Divided World* (United States of Peace Press, 2007), p. 546.

续表

序号	名　　称	起始年份	总人数	军事人员	伤亡	经费
4	刚果（金）稳定特派团	2010 年 7 月	22397	18728	107	1235723100
5	联合国 – 非盟达尔富尔联合行动（UNAMID）	2007 年 7 月	20320	17290	244	1039573200
6	联合国利比里亚行动（UNMIL）	2003 年 9 月	1729	UP 825	199	187192400
7	联合国科特迪瓦行动（UNOCI）	2004 年 9 月	795	UP 63	144	153046000
8	联合国阿比耶过渡安全力量（UNISFA）	2011 年 6 月	4740	4504	21	268624600
9	联合国南苏丹稳定特派团	2011 年 7 月	15767	13255	48	1081788400

注：总人数是军事人员、民事人员以及志愿者人数之和，其中军事人员包括军队人员、军事观察员和警察。

资料来源：联合国维和行动网站。

第二节　非洲和平支持行动

一　欧洲在非洲的维和行动

在联合国的总体维和行动框架之外，欧盟（作为一个整体）和欧洲国家是非洲和平行动的主要外部力量。面对殖民统治的历史，对非洲的和平支持既是欧洲与非洲历史和传统关系的延续，也是欧洲国家对殖民历史"包袱"的偿还。同时，在新时期，参与非洲和平安全事务更是欧洲现实利益的需要，非洲和平安全事务包括防止恐怖主义扩散、应对难民问题等。在欧洲国家层面，以法国和英国为代表的传统殖民宗主国则通过单边的方式持续参与非洲的和平安全建设。在欧盟层面，欧盟既是联合国维和行动的重要配合者，也是非洲和平安全建设的主要国际伙伴。早期欧盟的国际行动主要是在欧洲安全防务政策（ESDP）框架下实施的，2009 年后，欧盟的国际行动发展为共同的安全与防务政策（CSDP）。2003～2017 年，欧盟在海外共开展了 35 项 CSDP 民事和军事行动，19 项行动已结束，16 项仍在继续。其在非洲开展的 19 项 CSDP 行动中，10 项已结束（见表 7 – 3），还有几项仍在继续（见表 7 – 4）。① 这些行动涉及利比亚、马里、尼

---

① 欧盟对外事务网站，https：//eeas. europa. eu/headquarters/headquarters – homepage/430/military – and – civilian – missions – and – operations_ en。

日尔、中非共和国、索马里、南苏丹、乍得、刚果（金）、几内亚比绍等。

表 7 - 3 欧盟在非已结束的 CSDP 行动

单位：人

序号	名　称	时　间	人　数	类型
1	EUFOR TCHAD/RCA	2008 年 1 月 28 日至 2009 年 1 月 14 日	3700	军事
2	EUFOR RCA	2014 年 2 月至 2015 年 3 月	750（14）*	军事
3	EUFORRD CONGO	2006 年	2300（21 + Turkey）**	军事
4	EUPOL KINSHASA	2005 ~ 2006 年	29	民事
5	EUSEC RD CONGO	2005 年	10	民事
6	EUPOL RD CONGO	2007 ~ 2014 年	31	民事
7	ARTEMIS/DRC	2003 年	1968	军事
8	EUMAM RCA	2015 ~ 2016 年	60	军事
9	EUAVSEC SOUTH SUDAN	2012 ~ 2014 年	34	民事
10	EUSSR GUINEA - BISSAU	2008 ~ 2010 年	8	民事

注：* 参见 "Goodbye EUFOR, Welcome EUMAM," http：//www. eeas. europa. eu/archives/csdp/ missions - and - operations/eufor - rca/news/archives/20150315_ en. htm, March 15, 2015；**指欧盟 21 个国家与土耳其；EUFOR = EU Force；EUMAM = EU Military Advisory Mission；EUSSR = EU Security Sector Reform。

资料来源：根据欧盟对外关系委员会公布的数据进行的整理，https：//eeas. europa. eu/head-quarters/headquarters - homepage/430/military - and - civilian - missions - and - operations_ en，以及 Minke Meijinders, Dick Zandee, "The CSDP in Africa," in Dick Zandee, Hans Hoebeke, Hans Merket, Minke Meijinders, *The EU as a Security Actor in Africa*（Clingendael Monitor, 2016）, pp. 31 - 41。

欧盟对非洲的和平支持行动是一种综合性的参与（comprehensive approach），即一方面在欧盟的非洲政策框架下，在决定和开展非洲行动上，欧盟（作为一个整体）与欧盟成员国、欧盟驻非洲使团、欧洲社会组织等相关行为体之间建立了密切的沟通协调关系。另一方面，欧盟建立了一套相对完整的参与非洲安全事务的程序。这一程序包括军事介入、警务参与、民事参与以及政治安排和发展重建。然而，尽管从行动数量上看，欧盟较大程度地参与了非洲国家的和平安全事务，但是从行动范围、维和行动人数以及维和类型看，欧盟在非洲的和平支持行动的作用事实上非常有限。欧盟对非洲的和平支持行动主要集中在与欧洲安全和欧洲国家利益有着密切关系的国家，如萨赫勒地区的马里和尼日尔，刚果（金）、索马里和南苏丹。横向看，相比于联合国的多边框架和法国等大国的单边军事行动，欧盟在非洲的和平行动意愿其实并不高。很多情况下，欧盟作为一个参与者、配合者相对被动地参与非洲的和平支持行动。欧盟的军事行动一方面需要联合国的授权，另一方面则往往很快被移交给联合国维和行动。在欧盟内部，欧盟的军事行动大多数是在法国的推动下执行的。同时，与联合国的维和行动相比，欧盟的军事行动发挥的作用其实非常有限。在过去的二十几年里，欧盟对联合国维和行动的人员贡献低于2%，而且从现有的实践来看，欧盟基本在扮演一个过渡者的角色，并没有独立领导军事维和行动的意愿。总体上，欧盟主要依赖与非盟等地区组织间的机制合作，通过战略引导、情报分享、资金支持、能力建设等方式来加强与非洲的和平安全合作，但在直接提供军事支持行动上的意愿并不强。正因如此，一些学者认为，欧盟作为一个与非洲安全相关的重要的外部安全行为体，在非洲的军事安全参与上仍存在较大的空间（见表7-4）。①

表7-4　欧盟在非正在进行的 CSDP 行动

单位：人

序号	名　称	起始时间	人　数	类　型
1	EUNAVFOR ATALANTA SOMALIA	2010 年	1200	军事
2	EUBAM LIBYA	2013 年	17	民事
3	EUBAM SOMALIA	2008 年	155	军事
4	EUCAP SOMALIA（Nestor）	2012 年	100	军事/民事
5	EUCAP SAHEL MALI	2014 年	80	民事
6	EUCAP SAHEL NIGER	2012 年	56	民事
7	EUTM RCA	2016 年	—	军事
8	EUTM - MALI	2013 年	550	军事

资料来源：同表7-3。

二　非洲和平支持行动

冷战结束后，非洲日益升级的国内冲突以及地区安全威胁对非洲国家

---

① Katarina Engberg, "Ten Years of EU Military Operations," *European Union Institute for Security Studies*, No. 43, 2013.

自身的和平支持行动提出了新的需求。"当前在国际维和行动中加强地区组织的作用，无论独立行动还是与联合国相互配合的行动，都已经成为新的规范，而不是特殊案例。"①

在非洲和平安全建设从不干涉向不冷漠转变的背景下，非洲自身的和平支持行动和能力建设成为衡量非洲地区组织集体安全能力的重要指标。西部非洲共同体和南部非洲共同体等在尼日利亚和南非等大国的领导下在相关地区层面进行了早期的军事介入实践，对塞拉利昂、利比里亚、莱索托等国的干预凸显了次区域组织和地区大国在地区安全上的重要作用，这也为后来非盟的和平支持行动建设提供了经验借鉴。在非盟和平安全框架下，非洲常备军和非洲领导的和平支持行动无疑是非盟和平安全建设的核心内容。然而，受制于非洲国家自身的实力，非洲国家的和平支持行动在整个非洲和平支持行动格局中仍主要扮演有限参与者、配合者和追随者的角色。但在局部非洲安全议题如索马里和南苏丹问题上，非洲国家正在发挥越来越重要的作用。

非洲和平支持行动按照核心领导力量可以分为三个类型：一是非盟独立领导或核心参与的和平支持行动；二是次区域组织领导的和平支持行动；三是核心国家或联盟领导的和平支持行动。第一类中，目前非盟主导的和平支持行动有三项：非盟索马里行动（AMISOM）、联合国－非盟达尔富尔联合行动（UNAMID）、非盟打击圣灵抵抗军的地区合作倡议（AU－led RCI－LRA）。非盟领导的和平支持行动更像是联合国维和行动在非洲的本土化操作，即由非盟和非洲和平安全理事会作为和平安全的最高决策机构，对地区内和平安全威胁做出决策以及派遣和平支持行动的决定，而和平支持行动兵力则由成员国提供，但是其资金则严重依赖国际社会。第二类中，相当长时期内，非盟作为一个洲际和平安全机制的作用其实非常有限，相反，次区域组织由于直接的利益相关性则发挥着更重要的作用。例如，西部非洲共同体最早被国际社会广泛关注正源于其对利比里亚、塞拉利昂等国的军事介入，东非政府间发展组织"伊加特"在苏丹、索马里、南苏丹事务

① United Nations Security Council, *Partnering for Peace*: *Moving towards Partnership Peacekeeping*, http：//www. un. org/en/ga/search/view_ doc. asp? symbol = S/2015/229, S/2015/229, April 1, 2015.

上的参与，都是因为这些问题与地区内国家以及次区域组织的合法性密切相关。但次区域组织的军事介入模式不同于联合国和非盟的模式，其更多是次区域国家尤其是大国如尼日利亚对地区秩序变动和地区安全威胁的现实反应。例如西部非洲共同体对利比里亚和塞拉利昂的军事介入基本是由尼日利亚主导、出资和出兵实现的，其并不是次区域组织的机制化决策，相反则是由国家推动的，次区域组织在很大程度上只对这一行动提供合法性背书。第三类中，非洲相关国家针对共同面临的安全威胁形成国家联盟，共同开展军事行动。在这一类军事行动中，国家联盟的行动没有借助相关的次区域组织，或者不需要更高层次的国际组织的合法性授权，如乍得湖四国（包括尼日利亚、尼日尔、乍得和喀麦隆）在打击博科圣地恐怖组织上形成的多国联盟。非盟领导的和平支持行动概况见表7–5。

表7–5 非盟领导的和平支持行动概况

单位：人

名 称	时间	人数	兵力贡献国	经费来源方
非盟索马里行动（AMISOM）	2007年至今	22126	乌干达、布隆迪、吉布提、肯尼亚、埃塞俄比亚、塞拉利昂	联合国、欧盟、美国等
联合国–非盟达尔富尔联合行动（UNAMID）	2007年7月至今	20057	孟加拉国、布基纳法索、中国、埃及、埃塞俄比亚、冈比亚、肯尼亚、印度尼西亚、蒙古、尼泊尔、尼日利亚、巴基斯坦、卢旺达、塞内加尔、坦桑尼亚	联合国
非盟打击圣灵抵抗军的地区合作倡议（AU–led RCI–LRA）	2013年11月至今	3085	乌干达、南苏丹、刚果（金）、中非	联合国、欧盟、美国*等
非洲国家领导的中非国际支持行动（MISCA）	2013年12月至2014年	3500	加蓬、卢旺达、刚果（金）、刚果（布）、喀麦隆、布隆迪、赤道几内亚	欧盟、美国、加拿大、日本、卢森堡、挪威、中非经济共同体、南非、科特迪瓦、埃塞俄比亚、冈比亚

续表

名 称	时间	人数	兵力贡献国	经费来源方
非洲国家领导的马里国际支持行动（AFISMA）	2013年1月至7月	8000	乍得、尼日利亚、加蓬、布基纳法索、科特迪瓦、尼日尔、塞内加尔、塞拉利昂、多哥等	美国、日本、欧盟、法国、非盟、德国以及中国等

注：＊美国派遣100名特种部队成员，以提供后勤和情报支持。

资料来源：笔者根据各行动网站整理而成。

从早期的军事介入到当前的派遣和平支持行动，非洲自主和平安全的方式正在经历深层次的变化，上述三类非洲和平支持行动既反映了非洲国家在构建地区集体和平安全上的各种自主尝试和努力，同时也推动着各层次和平支持行动间协调关系的发展。具体表现如下。第一，合法性与行动能力之间的反转。早期的军事维和行动的一个明显的特点表现为，一方面，次地区组织如西部非洲共同体和南部非洲共同体在军事介入成员国事务上具有强烈的意愿和能力，但是其合法性不足，因为在次区域组织内部各成员国间存在很大的分歧；另一方面，作为非洲集体和平安全组织，非盟获得了更高的合法性，但是其集体行动能力则非常弱。然而，当前的一个发展趋势是，次区域组织的合法性不足导致次区域内部的分歧，次区域组织在地区安全事务上的意愿和能力与早期（尤其是军政府时期）相比明显下降，如尼日利亚并不愿再积极介入地区内其他国家的安全事务，南非则秉持"静悄悄外交"的行为方式。与之对应，随着非盟和平安全框架的建设，尤其是非洲常备军的建设，非盟的整体和平支持行动能力开始获得较大提升。第二，非洲次区域组织、非盟、联合国在和平支持行动上协作关系的建立。在一国的和平支持行动中，次区域组织主要发挥快速反应和过渡移交的作用，而非盟则考虑接管或继续移交，联合国维和部队则位于这一关系的顶端，掌握着最大的话语权和控制力。在马里、中非、南苏丹等问题上，最开始也往往是由次区域组织介入，然后由于资金和能力问题，非盟以及非洲次区域组织领导的和平支持行动往往最终移交给联合国维和部队或者需要国际社会的参与。在索马里问题上，最开始做出反应的是伊加特，2006年联合国向非盟授权派遣和平支持行动，非盟的最初设想是在六个月后将和平支持行动移交给联合国，但最终非盟不得不独立领导这一行动，与此同时非盟必须从联合国、欧盟、美国等国际伙伴那里获得资金和技术支持。第三，从早期重视军事维和、恢复国家秩序向重视政治谈判、通过综合性手段巩固军事成果、从根源上预防和解决冲突以及国家建设的方向发展。当前的非盟索马里行动正在经历这样的转变，这也是非洲国家领导的和平支持行动与联合国以及西方国家主导的军事行动之间的根本区别的重要内容。

第三节　索马里问题上的非洲方式

20 世纪 80 年代后期，西亚德在索马里的失败统治引发了国内强烈的反抗，地方武装开始迅速发展。以反对西亚德的名义，索马里形成了索马里联合议会（USC）、索马里民族拯救阵线、索马里国家阵线（SNF）、索马里爱国运动（SPM）等 10 支重要地方武装。1991 年，位于摩加迪沙的 USC 推翻了西亚德政权，与此同时，各地方武装开始迅速填补中央政府倒台后的权力真空，这导致索马里陷入军阀割据的混乱无政府状态。

一　早期方案的失败

在这种背景下，联合国先是派遣了一个观察团以及一个保护分队监督交战各方的停火，即 UNOSOM Ⅰ（1992～1993 年）。随着形势的恶化，美国开始采取军事行动，由美国领导的联合部队（UNITAF）进行了美国在非洲最大规模的军事行动，UNITAF 约由 37000 名美国士兵组成。美国的介入迅速取得了军事效果，但美国并不愿深度介入并很快撤出了大部分作战力量。在这种情况下，1993 年联合国开始派遣由来自 34 个国家、规模达到 28000 人的多国维和部队，即 UNOSOM Ⅱ。但是，这一时期各据一方的索马里武装将联合国维和力量视为自身利益的威胁，因此采取与维和部队武装对抗的方式。随着 24 名联合国维和人员以及 18 名美国士兵在执行行动中被杀，联合国和美国决定完全撤出索马里，"留下了一个与介入前几乎一模一样的索马里"。[①] 在外部力量撤出后，索马里各武装继续巩固各自实力范围。但有意思的是，与早期外部介入相比，这一时期的武装冲突

---

① Paul D. Williams, "AMISOM in Transition: The Future of the African Union Mission in Somalia," *Rift Valley Institute*, Briefing Paper, February 13, 2013, p. 3.

无论规模还是烈度上都有所下降。直到 2004 年索马里联邦过渡政府在肯尼亚成立，伊斯兰法院联盟（ICU）才开始崛起并在索马里南部迅速扩张，在国际反恐的大背景下，塔利班化的索马里再次引起了国际社会的关注。

从 2005 年开始，索马里和平进程进入第二阶段。这一阶段的核心特征是非洲国家在索马里和平进程中的领导力开始增强。2005 年 1 月，根据索马里过渡政府总统优素福的请求，伊加特提出向索马里派遣 10500 人规模的和平支持行动，即 IGASOM，其目的是帮助索马里过渡政府重新回到摩加迪沙。但是伊加特的提议并没有得到成员国的积极回应，其因此没有派出部队。相反，埃塞俄比亚、肯尼亚等邻国则开始加大单边行动的力度。2006 年 12 月，埃塞俄比亚军队进入索马里，帮助索马里过渡政府抵抗伊斯兰法院联盟的进攻，并从 ICU 手中夺回摩加迪沙。2007 年，非盟决定派遣和平支持行动，即 AMISOM，伊加特在索马里的和平使命也移交给 AMISOM。2008 年下半年，在联合国的斡旋下，索马里国内各派在吉布提达成了协定，决定成立联邦政府。在这种情况下，埃塞俄比亚开始从索马里撤出单边军事力量。索马里和平支持行动开始进入主要由 AMISOM 领导的阶段。与此同时，军事上的溃败加快了 ICU 的分裂和极端化步伐，2007～2008 年，从 ICU 分裂出去的伊斯兰青年党（即阿沙布）开始崛起，阿沙布连续取得军事胜利，在索马里中部和南部产生了重要影响。2009～2010 年，在埃塞俄比亚军队撤出后，主要由乌干达和布隆迪军队组成的 AMISOM 与阿沙布的战斗陷入僵持状态，任何一方都无法从根本上改变局势。

2010 年末，索马里和平支持行动开始发生重要变化。为了提升埃塞俄比亚军队撤出后打击阿沙布的能力，AMISOM 开始增强兵力，根据联合国 2010 年 1964 号决议，AMISOM 兵力计划从 8000 人增至 12000 人。为此，AMISOM 开始允许索马里邻国向 AMISOM 贡献兵力。2011 年 10 月，吉布提向 AMISOM 派遣部队。2011 年底，随着肯尼亚向索马里派出作战部队，以及随后埃塞俄比亚再次派兵进驻索马里，非盟、联合国及其他国际伙伴根据形势发展决定制定新的和平支持方案（Concept of Operations）。新的和平支持方案的核心目标是提升 AMISOM 在索马里和平进程中的核心领导地位。具体表现在三个方面。一是扩员。AMISOM 的规模从 12000 人扩大到 18000 人。二是整合。前期出于规避原则，AMISOM 并没有接受埃塞俄比亚和肯尼亚的军队。

但是为了更好地领导和协调各方力量，AMISOM 决定整合各方力量。在这一背景下，2012 年和 2014 年，肯尼亚和埃塞俄比亚军队先后编入了 AMISOM。三是协调。根据这一方案，AMISOM 包含 1 个总部、4 个陆战区和 1 个海战区。西南战区，主要由肯尼亚军队主导；摩加迪沙战区则由以乌干达和布隆迪为主的军队主导；北部战区和拜达博（Baioda）战区则分别由吉布提军队以及乌干达、布隆迪军队主导，同时在这两个战区埃塞俄比亚军队都扮演着支援力量的角色。① 由此，这一新的和平支持方案基本确定了当前非盟索马里行动的格局，即形成了名义上统一由 AMISOM 主导，各国际伙伴、地区、国家和国内武装共同参与的和平支持行动。

在这一新的和平框架下，AMISOM 与索马里安全部队（SNA）的协调和联合作战水平开始增强，范围开始扩大。2014 年 3 月，AMISOM 与 SNA 共同发起了"猎鹰行动"，8 月，又发起了"印度洋行动"（Operation Indian Ocean），通过这些联合行动，联合军队收复了多处重要据点，包括阿沙布的"首府"巴拉韦（Baraawe），在政策特赦令下，Barre Hirale 反政府武装 114 人、阿沙布约 800 人向政府投诚。这对阿沙布是重大打击，为此阿沙布开始向农村和朱巴兰中部地区撤退，希望保存实力和进行武器准备以长期作战。② 通过朱巴兰走廊行动，阿沙布的物理空间进一步被压缩。然而，随着阿沙布在正面战场的溃败和其传统据点的丧失，阿沙布的恐怖活动和侧面攻击反而开始增强。阿沙布对 AMISOM、索马里政府官员以及在境外（肯尼亚等国）发动了多起恐怖活动，恐怖袭击造成了索马里环境部部长的死亡等。

在索马里 2016 年总统大选到来之际，保障大选的安全成为各方的重要关切。在这一背景下，根据形势发展的变化，2016 年 6 月，非盟通过了新的和平支持行动方案。这一和平支持行动方案的优先任务包括：AMISOM 在行动区域内为大选提供安全支持；与索马里安全部队一道针对阿沙布采取更加有效和精准的打击行动；建立联合技术情报委员会（JTIC），加强情报分享和管理；通过专业人才招募，加强 AMISOM 战略、行动和技术总

---

① Paul D. Williams, "AMISOM in Transition: The Future of the African Union Mission in Somalia," *Rift Valley Institute*, Briefing Paper, February 13, 2013, p. 3.

② "Report of the Chairperson of the Commission on the Situation in Somalia," Peace and Security Council 462nd Meeting, Addis Ababa, Ethiopia, PSC/PR/2. (CDLXII), October 16, 2014, p. 5.

部的指挥和控制能力。① 与此同时，AMISOM 从索马里退出战略也开始被提上议程。在 2017 年底十周年纪念之后，AMISOM 将从 2018 年 10 月开始逐步撤出，到 2020 年完全退出。② 但退出的前提是在未来两年内，安全保护的责任应从 AMISOM 向索马里国家武装力量顺利转移。

　　从索马里行动的历史过程来看，早期的和平支持行动无论是联合国维和部队，还是美国领导的联合部队基本都失败了。非盟索马里行动一开始只是对索马里问题的被动反应，非盟也只是将自身定位为一个"过渡者"的角色，即计划很快将其移交给联合国维和部队。也就是说无论非盟还是国际社会在最开始都没有把非盟视为解决索马里问题的核心角色，就像其在非洲其他安全问题的解决上那样。确实，从 2007 年到 2010 年 AMISOM 的早期实践中，非盟领导的和平支持行动由于兵力、武器、能力以及索马里安全部队能力的限制等因素，并没有表现出强大的军事优势。而且这一时期的 AMISOM 主要延续着联合国维和部队的操作规范，是以维和为主的和平支持行动，以保卫索马里过渡政府和防止人道主义灾难为主要行动目的。而从 2011 年开始，非盟新和平支持行动方案的制定，以及肯尼亚、吉布提和埃塞俄比亚等邻国军队加入 AMISOM，非盟索马里行动一方面实力大大增强，另一方面也从军事维和行动转向军事打击行动。非盟索马里行动事实上已经超出了联合国维和的范畴，而成为一个军事联盟。这一转型正是非盟在索马里军事上取得成功的重要前提。然而，军事成功只是索马里和平进程的一个首要前提，如何在此基础上巩固军事打击和反恐成果、从根源上消除索马里动荡的根源、恢复索马里的稳定和秩序、保障索马里总统大选以及国家建设顺利进行、推动索马里国内政治和解，这一系列问题才是索马里和平进程的最终衡量标准。从非盟索马里和平进程来看，非盟给予这些问题足够的重视，相比于传统的维和行动以及西方的军事介入，非盟索马里和平进程能够体现非洲和平支持行动的非洲特色和"非洲

① African Union, "Communiqué of 608th PSC Meeting of the PSC on the Situation in Somalia and the African Union Mission in Somalia (AMISOM)," PSC/PR/COMM (DCVIII), June 29, 2016, p. 2.

② African Union, "Communiqué of 622th PSC Meeting of the PSC on the Situation in Somalia and the African Union Mission in Somalia (AMISOM)," PSC/PR/COMM (DCXXII), September 6, 2016.

方式"。

二　AMISOM 中的"非洲方式"

"非洲方式"是一个相对的概念，相对于传统的联合国维和方式，以及西方在非洲和平安全问题上的军事介入，"非洲方式"是包含非洲理念、非洲主张和非洲路径的和平进程。大致而言，非洲方式主要表现在三个层面。

一是非洲和平的核心理念是，和平安全最终取决于国家和社会发展。和平的获得和巩固必须依赖国家的经济发展和治理。在索马里问题上，军方也认为，贫困和不发展是索马里极端主义滋生的重要原因。如 AMISOM 总指挥 Soubagleh 将军就明确指出，"无论是当前还是选举后，我们必须支持和帮助索马里联邦政府大力发展经济、提高执政水平，从而帮助其赢得民众的支持，抵御阿沙布的宣传"①。

二是主张非洲的和平和稳定必须从根源入手，采取标本兼治、多元系统的解决方式。如索马里问题的根源在于索马里国内的部落政治和地方政府的权力争夺，因此索马里的和平进程归根结底是要在中央和地方之间以及地方政府内部各部落间建立公平有序的权力分配关系。非盟以及伊加特等主导的索马里和平进程当前的一个重要使命就是通过理清这一关系重建索马里政治秩序。这是非洲和平支持行动与联合国维和行动和西方军事介入的重要不同之处。比较而言，联合国维和行动更多是一个程式化的运作，即通过军事维和行动使冲突和不稳定国家恢复秩序，以最大限度提供人道主义保护。联合国维和行动虽然现在名义上有促进冲突国家国内政治进程的使命，但其并不完全承担责任和义务，相反，在大多数情况下，联合国维和行动不愿意过度介入所在国政治事务，因为这意味着更大的风险，同时公平和中立的原则也为联合国提供了合法理由。西方国家（包括法国、美国）的军事介入则更多是本国国家利益的反应，其在冲突国家的和平构建和政治进程中的角色更取决于这是否与其国家利益一致，而非冲突根源本身，因此，西方国家的政治进程方案与真正反映冲突国家的现实之间必然存在不一致性。

---

① Amisom Public Information，"AMISOM, SNA Pledge Unity in War against Al - Shabaab,"http：//amisom - au. org/2016/08/amisomsna - pledge - unity - in - war - against - al - shabaab/，August 25，2016.

三是非洲实现和平安全的路径弹性灵活。一方面，非洲的和平安全进程中从不缺乏外部力量的存在，这决定了非洲自身的和平安全路径必须也不得不依赖和加强与外部力量的合作。另一方面，非洲自身的实力（包括非盟、次区域组织等集体性安全机制，以及单个非洲国家的实力）都相对比较弱，这决定了非洲很难出现类似于北约和美国、法国等主导性的集体安全机制和安全大国。相反，非盟、次区域组织以及次区域大国如埃塞俄比亚、尼日利亚、肯尼亚等在地区安全上都存在发挥作用的动力和空间。然而，各方都有自己的优势和关切，都可以参与地区和平安全进程，但同时缺乏一个主导性的力量。这导致这一和平进程往往是一个"自然分工"的结果，或者说是一种"协调式"的和平进程。这种方式一方面给予各方较大的自主性和灵活性，如埃塞俄比亚的单边行动以及 AMISOM 框架下的灵活作战，但另一方面，由于这一协调机制相对松散，在实践过程中，其也会存在一些问题，如单边作战中的违规行为是对 AMISOM 整体议程和操作规范的违背。

上述的非洲和平理念塑造了非洲和平安全参与的个性。具体表现如下。

其一，非盟索马里行动构建了一个非洲问题非洲解决的样板。非盟领导的索马里和平支持行动事实上包含军事维和、军事打击、军事能力援助、恢复国家秩序、政治进程参与、发展介入以及明确退出战略等相对完整的操作流程。在非盟索马里行动中，非盟领导的和平支持行动不是中立的维和者。相对于联合国的"peacekeeping"，非盟和平支持行动体现的则是"support"的特征。非盟索马里特别代表 Francisco Madeira 就明确表达了非盟和平支持行动的战术，"我们必须打击阿沙布。想要摧毁阿沙布，就必须对其穷追猛打不让其有任何反手之力。正确的策略是既要防守也要进攻"①；与此同时，主张军事、政治、社会等多种方式的综合应用，实现安全的可持续性，即从根源上解决和预防冲突。为此，AMISOM 提出了速效项目倡议（Quick Projects Initiative），即通过快速的发展投入，恢复索马

---

① AMISOM News, "Securing Somalia's Electoral Process Is Top Priority for AMISOM, Says AU Special Representative for Somalia," http: //amisom - au. org/2016/08/securing - somalias - electoral - process - is - top - priority - for - amisom - says - au - special - representative - for - somalia/, August 26, 2016

里的政治经济秩序，从而削弱和铲除不安全的根源。

其二，非盟索马里行动是一个松散的军事联盟。在这一松散的"军事联盟"中，既存在多边手段，如非盟领导下的军事行动，也存在双边的军事合作，如肯尼亚与索马里政府的联合行动，同时存在单边军事行动，如埃塞俄比亚的两次军事介入。虽然经过不断的协调和磨合，肯尼亚和埃塞俄比亚军队都已被纳入非盟总体的和平支持行动框架之中，但是这两个国家仍保留了很大的行动自主权，基本是在各自负责的区域内独立行动，联合国和非盟更多是为这种单边行动提供合法性和资源支撑。这一现实也导致非盟和平支持行动的总部并不是发号命令和规范领导的总司令部，而只是一个协调总部。当然，这种安排一方面在现实中对于保障各国武装的灵活性和自主性具有积极作用，另一方面也会导致协调不力、行动不一致、规范缺乏统一性，甚至引发违背维和行动规范的行为。

其三，非盟索马里行动主要是由索马里邻国组成的。这意味着邻国的国家利益、国家关切以及行动方案在和平支持行动组建上发挥了非常重要的作用。一开始联合国拒绝这些邻国提供主要兵力，一方面是因为索马里的反对，尤其是埃塞俄比亚军队进入索马里带来了恶劣影响；另一方面，这与联合国维和行动严格意义上的客观中立原则相违背。但后来迫于现实需要以及非盟独立领导这一行动的特殊性，这一立场得以改变。从较早时期肯尼亚、埃塞俄比亚两国单边介入索马里事务，到后来两国军队被并入 AMISOM，成为"前线国家"，这对非洲和平支持行动具有重要的启示。一方面，国际社会的维和行动必须充分考虑到非洲的现实，联合国维和行动的中立原则应该具有更大的灵活性，必须增加非洲国家的话语权和议程制定权。另一方面，非洲国家的主张与执行能力之间仍存在很大的差距和不平衡性。虽然非洲国家认为应该采取系统综合的方式消除索马里不安全的根源，但是其在政治和平议程不同阶段的能力是不均衡的。比如当前索马里军事上的积极进展主要得益于埃塞俄比亚、肯尼亚、乌干达等国相对强大的军事能力，但是，当重点从军事打击转向政治进程构建时，邻国不同的地缘政治利益又将成为影响索马里政治进程的重要外部因素。这意味着，周边国家的利益协调和合作共识也将至关重要。

三 "协调式"安全进程

非盟索马里行动塑造了非洲和平支持行动的典型模式,这一模式的核心特征是其协调性,即非盟扮演着一个协调各方资源的角色。一方面,非盟并不能提供领导索马里行动的所有必要条件。非盟在和平安全上严重依赖国际社会,尤其是经费、情报信息等核心要素。AMISOM 的经费和人员津贴是由联合国和欧盟提供的,装备、情报以及军事培训则得到美国的支持。最近明显的案例是,随着欧盟决定将对非盟索马里行动投入(主要是维和人员的工资补贴)缩减 20%,埃塞俄比亚部分军队开始撤出,结果导致这些地区很快被阿沙布重新占领。① 另一方面,索马里因其地缘战略重要性不仅获得西方大国的重点关注,而且得到了土耳其、沙特等中东国家的持续关注,同时,索马里也是国际组织和非政府组织关注的重点国家之一。这就导致索马里和平进程中存在来自政府与非政府、内部与外部、政治军事力量与人道主义力量等不同方面和领域的行为体。这就决定了当前索马里和平进程中多元安全复合体的形成。这也决定了非盟索马里行动必须依赖各行为体间的有效协调。因此,"协调式"和平安全构成了 AMISOM 的重要特征。正如 Madeira 所言,"这不仅仅是政府的职责,不论该政府有多强大,也不论政治家多有智慧。这也不能仅仅依靠军事手段解决,无论军队有多强大,毕竟军事打击已经持续了 9 年。同样,这也不能仅仅依靠人道主义机构。这需要各方加强协调、共同努力才能实现"②。

非盟领导的索马里和平进程协调具体表现在三个层面:一是与国际伙伴的协调;二是与次区域组织、非盟国家间的协调;三是与索马里政府以及索马里各武装组织和地方政府间的协调。

---

① BBC, "Ethiopia Withdraws Troops in Somalia over 'Lack of Support'," http://www.bbc.com/news/world - africa - 37775555? utm_ source = Media + Review + for + October + 27% 2C + 2016&utm_ campaign = DMR - + EN + - + 10% 2F27% 2F2016&utm_ medium = email, October 26, 2016.

② AMISOM News, "Restoring Stability in Somalia Needs A Multi - Pronged Approach, Says AU Special Representative," http://amisom - au. org/so/2016/09/restoring - stability - in - somalia - needs - a - multi - pronged - approach - says - au - special - representative/, September 28, 2016.

在第一个层面，即国际层面，非盟索马里行动严重依赖国际伙伴的支持，包括资金、武器、培训等方面。但多元国际伙伴的存在意味着协调和整合各方资源至关重要。截至 2016 年，非盟和平安全理事会已经与联合国安理会举行了 10 次年度协调会议。从 2007 年开始至今，欧盟与非盟索马里行动共签订了 13 个支持协议，向非盟索马里行动共提供 10 亿欧元。这些资金主要用于 AMISOM 军事人员的津贴，警察的工资和津贴，文职人员的工资，内罗毕/摩加迪沙办公室以及训练营的运营经费。① 而在双边层面，美国和英国是 AMISOM 主要的双边贡献国，同时美国也通过空袭等单边军事行动打击阿沙布。

在第二个层面，即地区层面，非盟面临与伊加特等次区域组织协调的需求。伊加特是维护东非之角安全的重要组织，近年来，伊加特一直努力在索马里、南苏丹等地区热点问题上发挥积极作用。在联合国和美国退出后，伊加特先提出了组建 IGASOM 以应对索马里危机，随后伊加特成员国又积极向 AMISOM 贡献兵力。2016 年 9 月 13 日，伊加特第 28 届峰会在索马里召开，这是伊加特成立 30 年来第一次在索马里举行峰会。当前的一个趋势是，在国际维和以及非盟和平安全框架下，伊加特成员国的军事贡献被纳入非盟索马里行动中，但是在索马里政治秩序恢复和重建上，伊加特希望通过自身的优势在其中发挥更大的作用。这一现实要求非盟、伊加特、联合国以及其他国际伙伴必须加强在这一问题上的协调和共识。

在第三个层面，非盟与索马里政府的协调已经成为当前关系非盟索马里行动合法性和效率的重要因素。随着索马里联邦政府的成立以及政治局势的好转，索马里国内以及联邦政府的重点开始放在国内权力分配以及非盟索马里行动的撤出上。一方面，非盟索马里行动在索马里和平进程中发挥了重要作用，另一方面，这一行动在索马里国内也被认为对其进行占领和对其主权造成伤害，加上非盟军队经常发生的腐败、性侵等丑闻，索马里内部要求 AMISOM 以及外国军队尽早撤离的呼声一直不断。在这种背景下，当前非盟的一个重要任务就是与索马里政府以及索马里安全部队之间加强联系和协调，从而使索马里安全在 AMISOM 撤出

---

① *EU*, *African Peace Facility Annual Report 2015*（Luxembourg：Publications Office of the European Union，2016），p. 15.

后能够得到有效保护。索马里维和行动的目标见表7-6。

表7-6　索马里维和行动的目标

联合国维和基本目标	AMISOM 的目标
维持和平与稳定	维持和平与稳定
中立、公正	支持索马里政府打击另一方；与索马里国家防务力量和公共安全机制一道，采取必要措施，减小阿沙布及其他反叛武装的威胁
不使用武力，自卫情况下除外	主动进行军事攻击
参与政治进程	非盟（特别代表）、伊加特参与政治进程
保护平民	保护平民；与人道主义组织一道向索马里提供人道救助，包括国内难民和外部难民的安置
DDR	DDR
保障选举	保障选举
保障人权和恢复法治	保障人权和恢复法治；通过安全措施帮助建立有效合法的索马里政府，包括保护索马里政府机构、关键基础设施、良治、法治以及基本服务
—	支持索马里联邦政府巩固和扩大疆域
—	提供适合索马里的能力、技术和其他支持；帮助索马里政府机构提升能力，尤其是国家防务、公共安全和公共服务能力

第四节　南苏丹问题上的非洲方式

如果说索马里维和行动是国际维和行动在非洲的一次突破和创新的话，那么联合国在南苏丹的维和行动（UNMISS）则是传统维和方式在非洲的再一次实践，虽然南苏丹维和行动是联合国最新的一次维和行动，但其对新时期联合国维和行动的有效性构成了更严峻的挑战。在南苏丹维和行动中，传统维和方式与非洲新安全需求之间的矛盾和差距达到了新的高度。这使南苏丹维和行动成为考察联合国维和行动根据新的形势发展加快转型的重要案例。南苏丹问题不仅挑战着联合国维和行动的基本议程、规范和效率，还考验着国际社会尤其是大国在非洲安全问题上的协调，同时也对非洲和平安全框架以及非洲和平方式提出了新的要求。总体上，目前呈现的传统的方式很难适应或者解决当前南苏丹的安全困局，联合国维和部队不愿过度介入南苏丹和平以及政治进程，非洲尤其是次区域组织则尝试在南苏丹问题上发挥更加积极的作用，非洲方式开始成为南苏丹问题解决的一个重要政策选项。在联合国维和行动备受指责的现实下，非洲国家和国际组织能否提供一个更为有效的"非洲方式"？这是当前南苏丹和平支持行动的一个重要问题。

一　南苏丹维和行动的有效性危机

2005 年 1 月 9 日，苏丹政府与苏丹人民解放运动（SPLM）签订全面和平协定（CPA），结束了苏丹 20 多年的内战。联合国向苏丹派驻了维和行动（UNMIS）来监督和保证 CPA 的执行。经过六年的和平进程，2011年 7 月 9 日，南苏丹终于获得独立。7 月 8 日，联合国安理会通过了 1996号决议，即向南苏丹派驻一支新的维和部队（UNMISS），以取代苏丹维和行动（UNMIS）。UNMIS 的主要使命是在苏丹内部双方之间建立缓冲，为双方的和平进程提供保障，因此，它事实上在一定程度上为非政府的一方即 SPLM 提供了合法性和保护。在南苏丹独立后的一年半时间里，UNMISS事实上成为苏丹与南苏丹两国之间的一个重要缓冲，即为新独立的南苏丹国家稳定提供保障。根据最开始 UNMISS 的使命，"UNMISS 支持南苏丹政府巩固和平，推动长期的国家建设以及经济发展；帮助南苏丹政府承担起预防、解决冲突以及保护平民的责任；帮助南苏丹政府提高提供安全的能力，尤其是建立法治体系，提升司法和安全部门的实力"。2013 年 12 月 15日，随着南苏丹内部冲突的爆发、加剧并最终演变为内战，UNMISS 在南苏丹的中立者角色开始发生重要变化，即从苏丹和南苏丹两国间的中立者角色变成南苏丹内部的以基尔为总统的南苏丹政府与以马沙尔为首的反政府双方和多方间的中立者角色。随着南苏丹国内危机的持续，UNMISS 成为南苏丹和平安全以及人道主义保护的主要依靠对象。

然而，与南苏丹安全的持续恶化相比，UNMISS 并没有发挥预期的作用，相反，UNMISS 则陷入了巨大的合法性和有效性危机。第一，UNMISS的中立性面临危机。与南苏丹独立之前苏丹政府对联合国苏丹维和行动的看法相似，在南苏丹的内战中，现政府即基尔政权对 UNMISS 的不信任大大加深。在基尔政府看来，UNMISS 在很大程度上为反政府武装尤其是马沙尔领导的武装提供了重要保护以及合法性保证。这导致 UNMISS 事实上成为一个不被基尔政府信任的和平力量,甚至是现政府利益和安全的重要威胁。因此,南苏丹政府与 UNMISS 的关系不断恶化,UNMISS 也成为武装攻击的重要对象。第二,UNMISS 对人道主义危机无法提供有效的保护。南苏丹内战爆发四周时间里,国内难民数量迅速增至 50 万人,7 万多名难民逃亡邻国,到 2014 年 2 月时,国内难民和逃向国外的难民的数量已经增长至 90 万人和近 17 万人。与之相对应,根据联合国安理会 2132 号决议,UNMISS 从 7000 人增加至 12500 人,另外维和警察人数则增加至 1323 人。[①] UNMISS 的工作重心暂时从维和、国家重建以及国家权力分享转到严格中立以及人道主义保护上。根据 2014 年联合国安理会 2155 号决议,UNMISS 的使命主要是平民保护、人权监督和协助实施人道主义救援。然而,UNMISS 在南苏丹建立的 8 个保护区并不能提供充分保护,南苏丹的平民伤亡情况和不计其数的性暴力问题等依然严重。对 UNMISS 的不作为甚至规避风险的指责更使其有效性面临挑战,例如,2016 年 2 月,UNMISS 并没有为 Malakai 一个平民保护区提供有效保护,导致 30 名国内难民死亡。2016 年 7 月 8 日,支持基尔的军队与支持马沙尔的武装在朱巴再次发生交火,交火地点就在 UNMISS 设置的保护区附近,然而 UNMISS 并没有对其间发生的暴力行为采取措施。这一事件使 UNMISS 的信用降到了低点。在很多人看来,联合国在南苏丹的维和行动已经失败,而且南苏丹维和行动更凸显了当前联合国维和模式的过时。[②]

二 南苏丹维和行动低效的原因解释

UNMISS 的失败可归结于多重原因。一是中立原则和议程的单一性导致的联合国维和部队的权威性的丧失。从早期被视为有利于南苏丹基尔政府,到后来被基尔政府视为为反政府武装提供保护,联合国维和部队在南苏丹面临非常尴尬的处境。在南苏丹内战爆发后,UNMISS 将使命调整为严格保持中立,重点放在保护平民和人道主义保护上,这事实上回归了 20 世纪的维和模式,即单一的人道主义保护。这一方面迫于南苏

---

① 联合国南苏丹维和行动,http://unmiss.unmissions.org/background。

② Sam Oakford, "South Sudan: Should the UN Surrender over Peacekeeping?"

丹国内的现实，是联合国维和部队保持在南苏丹存在的权宜之计，另一方面被迫严格保持中立则反映了 UNMISS 几乎很难在南苏丹的国内冲突和政治和解上发挥核心作用。也就是说对南苏丹内部各方来说，UNMISS 的相关性并不高，UNMISS 权威性的不足不能使其成为各方信任的力量，反而使其成为南苏丹政府和各方挑衅甚至攻击的对象。二是联合国维和行动自身所面临的转型问题。如果说非盟领导的索马里维和行动反映了国际维和行动的一个重要趋势的话，即加强地区组织和相关国家在国家和地区安全上的作用，那么南苏丹维和行动则仍是一个传统的标准维和行动。在这一行动中，维和部队是根据联合国维和原则由国际社会贡献国共同组建的，其本质上只是一项自上而下的"任务"，而不是一支自下而上、立足于南苏丹国内现实和需要的力量。这一落差使其存在兵员分散和被动式维和、领导和协调不力、行动意愿和快速反应能力不高等一系列问题。UNMISS 的 13000 多名维和人员以及警察由来自国际社会40 多个国家的人员构成，最近 UNMISS 总司令的变更很大原因就在于维和部队在南苏丹暴力冲突中的不作为表现。三是大国意愿不足以及各自的利益和政策考虑降低了联合国的作用。南苏丹对于大国来说具有重要的政治、经济和战略价值，如南苏丹是在美国支持下独立的，因此美国在南苏丹问题上表现出了更大的关注，中国的石油和管道投资主要集中于南苏丹，因此中国也愿意在南苏丹问题上发挥积极作用。然而，这种关注更倾向于军事上的多边合作即依赖联合国维和行动，政治上的多方协调合作，这反映了大国并不愿直接介入南苏丹国内冲突。然而，即便如此，美国等大国也依然是南苏丹政治进程的重要外部力量。在这一角度，美国比联合国更有权威和话语权，事实上，这在一定程度上降低了联合国的相关性。四是地缘政治而非协调一致的地区战略仍在南苏丹问题上发挥着关键作用。东非政府间发展组织在南苏丹冲突调解上进行了多次尝试，并提出了综合性的和平协议框架。但相对于周边国家尤其是乌干达等在南苏丹问题上的单边直接介入，伊加特的和平协议框架对各方的吸引力和约束力都很弱。基尔政府更信赖乌干达穆塞韦尼政府，马沙尔等反政府武装希望获得埃塞俄比亚的支持，埃及因为复兴大坝问题积极支持基尔政府从而削弱了埃塞俄比亚在南苏丹的影响力。一直以来，要求联合国将更大的权力和资源转移给非洲国家和地区组织的呼声在上升，无论在国际社会还是非洲内部都存在一个共同的认识，即让非洲人在南苏丹问题的解决上发挥更大的作用。在 2016 年 7 月的联合国维和行动危机后，伊加特以及东非国家就主张派遣地区部队参与南苏丹的维和。这一主张一直存在的一个障碍是南苏丹政府的立场和态度，南苏丹反对与其边境接壤的国家参与联合国的维和行动，因为在基尔政府看来，邻国对马沙尔反政府武装可能持同情甚至支持态度。然而在伊加特以及埃塞俄比亚等各方的共同努力下，尤其是得到邻国不支持反政府武装的保证下，南苏丹政府的这一立场开始发生变化。2016 年 11 月，南苏丹政府接受地区部队参与联合国的南苏丹维和行动。①

三　伊加特在南苏丹问题上进行的冲突调解

作为非洲之角的重要地区组织，伊加特在地区和平与安全上发挥着积极的作用。从 20 世纪 90 年代开始，在苏丹内战冲突期间，伊加特就积极在南北双方之间协调斡旋，在促使双方重归谈判桌，以及推动南苏丹实现独立、苏丹接受这一结果的过程中发挥着非常重要的作用。在加速苏丹南北双方重归谈判桌并签订全面和平协定（CPA）上的积极斡旋使伊加特声名鹊起，这一时期也是伊加特的"辉煌"时期。② 这也成为伊加特积极参与后来苏丹、南苏丹事务的重要遗产。南苏丹独立后，伊加特也开始积极参与南苏丹的国家建设，在南苏丹冲突爆发后，伊加特则再次希望扮演推动南苏丹和平进程的重要外部者角色。伊加特积极参与南苏丹冲突各方的斡旋和调停，并提出了针对敌对各方的停火协定。2014 年 1 月 23 日，南苏丹政府与苏丹人民解放运动在亚的斯亚贝巴签订了《停止敌对和被拘押者问题的协定》。这一协定并没有对各方形成约束力，反而屡屡遭到破坏，形同虚设。为此，伊加特推动构建了新的斡旋行动，即"伊加特+"机制。通过这一机制，伊加特邀请非盟、联合国、欧盟以及美国、中国、英

① "South Sudan Accepts Participation of Neighboring Countries in UN Protection Force," http：//www. sudantribune. com/spip. php? article60783&utm_ source = Media + Review + for + November + 9%2C + 2016&utm_ campaign = DMR − + EN + − + 11%2F9%2F2016&utm_ medium = email，November 9，2016.

② Irit Back，"IGAD and South Sudan：Success and Failure in Mediation," *Telaviv Notes*，Vol. 8，No. 23，2014，p. 1.

国等国际伙伴共同参与这一和平进程。2015 年 8 月 17 日，伊加特提出了最终的南苏丹各方和平协定框架。8 月 18 日，在联合国、欧盟、美国、英国、挪威、意大利等国际代表的见证下，南苏丹 SPLM/SPLA－IO 反政府武装在和平协定上签字，南苏丹政府随后也在该和平协定上签字。这一协定对南苏丹过渡政府的权力结构、国家选举、永久停火和过渡时期安全安排、人道主义救助和重建、国家资源以及经济金融管理、过渡时期的司法正义、真相和国家和解以及相应的监督和评估机制等各方面做出了制度性安排。①这一协定短暂中止了南苏丹近两年的内战和冲突，为南苏丹的和平进程创造了条件。然而，2016 年 7 月，朱巴再次发生冲突，并且其随后演变成基尔所在的丁卡族与马沙尔所在的努尔族以及其他少数部族间的冲突。2016 年 9 月，马沙尔向基尔宣战，11 月，马沙尔拒绝参加联合监督和评估委员会（JMEC）组织的会议，称和平协定需要进行修改。这标志着伊加特的斡旋努力再次面临失败的窘境。

四 非盟的参与

当前南苏丹和平进程的一个明显趋势是联合国维和行动向非洲地区和平支持行动的转向，与此同时，美国等大国协调的无力、伊加特和平倡议的失败进一步要求非盟在南苏丹和平进程中发挥更大的作用。联合国维和行动的低效以及"伊加特＋"机制斡旋调停的失败加速了南苏丹冲突解决方式的发展和转型，非盟在构建解决南苏丹问题的"非洲方式"上的需求开始明显上升。第一，伊加特成员国的利益分歧以及地区事务领导权之争削弱了伊加特的影响力，从而使其合法性和国际支持面临挑战，这要求非盟必须积极介入从而解决南苏丹和平进程的领导力缺失问题，尤其是在朱巴冲突爆发后不久，非盟峰会即将在卢旺达首都基加利召开之时。因此，这使外界对非盟在南苏丹问题上发挥更大作用的呼声高涨。② 第二，非盟和平安全框架建设的

---

① IGAD, Agreement on the Resolution of the Conflict in the Republic of South Sudan, August 17, 2015.

② Mulugeta Gebrehiwot, Alex de Waal, "The African Union Can and Must Intervene to Prevent Atrocities in South Sudan," *African Arguments*, http：//africanarguments. org/2016/07/13/the－african－union－can－and－must－intervene－to－prevent－atrocities－in－south－sudan/, July 13, 2016.

适用性尤其是非盟常备军和地区安全威胁应急响应能力再一次面临现实的压力。朱巴冲突加速了非盟向南苏丹问题提供和平安全解决方案的过程。在这一现实推动下，在基加利召开的非盟峰会上，非盟领导人决定支持向南苏丹派遣由地区国家军队组成的地区稳定部队。这一部队来自东非待命部队，是非盟和平安全框架下最早成立的地区待命部队。同时这一部队的派驻综合了非盟索马里行动以及联合国刚果（金）稳定行动的成功经验。[1]即一是充分利用地区国家的政治意愿和军事介入能力，二是维和行动更加明确，在保护平民的首要目的下可以通过更有力的军事回应乃至军事打击实现维和的效果。第三，非盟和非洲国家主张从根源解决冲突的和平范式再次被提上议程。南苏丹问题再次凸显了军事维和行动作为一种和平实现方式的局限性，离开了政治和解、权力合理分配、部族关系稳定基础上的国家建构，军事维和行动更多只是人道主义干预，不能从根本上解决当前的冲突，甚至从某种程度上讲，这种以人为目标的保护不利于南苏丹部族间关系的正常调适。这意味着外部的介入和干预在当事国看来存在合法性不足的问题。外部力量并不能构成真正影响南苏丹国内政治和解的主要因素，例如南苏丹交战各方可以以外部主导为借口轻易放弃和平协定。"也就是说，南苏丹内部各方力量之间的相互低效使和平努力更加困难，而不利于推动实现国家的和平和解。"[2]

上述现实意味着，当前单纯依靠联合国的维和行动或者伊加特主导的斡旋调停都无法更为有效地推动南苏丹和平进程。南苏丹的冲突解决需要更全面综合的方式，即包括军事维和行动与政治劝说，提供人道主义保护与向交战各方施压，在南苏丹冲突各方之间以及国际各方与南苏丹之间建立对话平台和冲突解决机制，柔性地游说以及强力的威胁、制裁和军事介入等。这一现实性的需求显然已经超出了伊加特作为一个次区域组织所能发挥的作用，加上伊加特自身国家间的领导权以及各自利益考虑，其权威和合法性面临非常现实的挑战。同时，国际相关方一方面不具备直接介入南苏丹国内进程的合法性，另一方面，缺乏协调基础的单边行动则不利于

---

[1] BBC, "South Sudan Conflict: African Union Approves Regional Force," http://www.bbc.com/news/world-africa-36833875.

[2] Yasmin Sooka, Arnold Tsunga, David Deng, Betty Kaari Murungi, "The Way forward the African Union in South Sudan," *Policy Brief*, January, 2016.

形成统一有效的和平方案。如美国在南苏丹具有重要的政治影响力，但如果不能建立有效的协调平台，那么非盟以及伊加特等的主导权和话语面临被弱化的危险。因此，这一现实要求非盟必须在南苏丹问题上发挥更加积极的主导作用。

非盟目前在南苏丹问题上主要通过三种方式参与。一是通过非盟峰会以及非盟和平安全理事会等非盟机制做出政策回应。2013 年 12 月 15 日，南苏丹冲突爆发后，非盟委员会随即呼吁南苏丹冲突各方保持最大克制，避免冲突升级，并通过和平方式解决分歧。祖马表示非盟准备通过现有框架寻求解决当前冲突的方式。① 非盟和平安全理事会先后举行了 20 次南苏丹安理会磋商会议。二是推动建立以非盟为中心的南苏丹问题解决机制。为给非盟的后续政治和军事行动提供技术支持，非盟还向南苏丹派驻以奥巴桑乔为主席的非盟南苏丹调查团（AUCISS），以调查南苏丹发生的侵犯人权和其他伤害行为。其搜集的相关证据为南苏丹实现和平以及非盟的和平安全支持行动提供技术和证据支持。② 非盟提议建立由阿尔及利亚、乍得、卢旺达、尼日利亚和南非五国总统组成的南苏丹问题非盟高级别特别委员会，以作为应对和解决南苏丹冲突的主要机制。该机制将加强其与中国、埃塞俄比亚、苏丹、肯尼亚、美国、英国和挪威等国家的协调和磋商。非盟在南苏丹建立了非盟南苏丹联络办公室，派遣了非盟委员会主席南苏丹事务特别代表。为此，其首先派遣了马里前总统科纳雷（Alpha Oumar Konare）作为非盟南苏丹问题高级代表。2016 年 10 月 1 日，非盟委员会任命坦桑尼亚大使 Joram Mukama Biswaro 作为非盟委员会主席特别代表。非盟根据南苏丹和平协定框架，推动联合监督和评估委员会（JMEC）投入运作。另外，非盟在南苏丹问题上的一个主要议程是根据和平协定推动罪犯审判法庭的建立和运作。这一审判法庭将对南苏丹问题中的暴行和种族屠杀行为进行审判。这是非盟在推动南苏丹的和解、公正和恢复上所做出的重要努力。三是效仿非盟在刚果（金）和索马里的和平支持行动经验，支持向南苏丹派遣非盟领导的地区保护力量。2016 年 7 月朱巴冲突的

---

① "The African Union Deeply Concerned about the Ongoing Developments in South Sudan," http: //www. peaceau. org/en/article/the – african – union – deeply – concerned – about – the – ongoing – developments – in – south – sudan, December 17, 2013.

② AU Commission of Inquiry on South Sudan, Addis Ababa, Ethiopia, October 15, 2014.

再次爆发，标志着伊加特推动的南苏丹和平协定再次失败，南苏丹冲突形势升级，联合国多次警告南苏丹面临种族屠杀的可能。在这一背景下，由非洲国家提供一支地区保护力量成为各方的主要希望。7 月 16 日，"伊加特＋"机制呼吁组建地区保护部队（RPF）；7 月 18 日，非盟大会通过组建 RPF 决议；8 月 12 日，在没有征得当事国完全同意的情况下，联合国安理会 2304 号决议授权组建一支 4000 人规模的 RPF。9 月 19 日，和安会决议再次重申，"必须充分利用非洲所有可以利用的力量来应对南苏丹问题，尤其是，非洲国家维和力量能够有效参与地区保护力量的建设"。根据联合国决议，"RPF 过渡政府的合作为和平协定执行创造可能条件，为实现这一目标，安理会授权地区部队采取一切必要措施，包括采取强有力的行动"。RPF 的使命包括：（1）为朱巴安全环境改善创造条件，包括保护朱巴主要交通和通信线路，保证人员在朱巴自由安全的出行；（2）保护和保障机场的运转，保护与人的生活息息相关的关键设施；（3）针对任何证实的攻击进行快速有效回应。①在各方的共同努力下，南苏丹政府开始同意地区保护部队的派驻。相比于现有的联合国和平支持行动，尽管这一地区保护部队仍在联合国维和框架之下，但是相对而言，其将拥有更大的主动性，在冲突处理上也被赋予了更有力的回应力度，比如地区保护部队应对安全威胁时"可以执行惩罚性措施"。②然而，2017 年 2 月，南苏丹政府再次改变态度，拒绝 RPF 的派遣。

第五节　联合国非洲维和行动的转型

经过近 70 年的发展和实践，联合国维和行动的理念、目的、方式和效果正经历悄然的变化。维和行动的有效性是推动联合国转型的重要动力。联合国的转型主要表现在三个层面。

一是从单一的政治和军事介入来维持和平（peacekeeping）向构建综合安全框架来建设和平（peacebuilding）的变化。联合国维和行动从传统

---

① https：//www.un.org/press/en/2016/sc12475.doc.htm.

② James Okuk, "Implications of Regional Protection Force for South Sudan," *Gurtong*, http：//www.gurtong.net/ECM/Editorial/tabid/124/ctl/ArticleView/mid/519/articleId/19746/Implications - of – Regional – Protection – Force – For – South – Sudan.aspx, August 8, 2016.

的以军事观察行动为主向多手段并用发展。多手段包括确保全面和平框架协议的执行，协助建立可持续和平，帮助建立稳定的治理体系，进行人权监督、安全部门改革、武装解除与安置（DDR）等。也就是说，一方面，联合国在应对全球冲突问题上不得不加大军事投入力量；另一方面，联合国也不得不探索全面的安全治理体系。这一探索过程事实上构成了全球安全治理的主要话语和范式。"联合国维和行动不单单是一项军事行动，而且涉及行政人员，经济学家，警察，法律专家，拆弹专家，选举观察、人权观察、国内事务和治理专家，人道主义工作人员，通信和公共信息专家等。"[①]国际维和理念的泛化和维和行动涉及面的扩大对联合国维和行动的能力和效果构成了巨大的挑战，一方面，冷战后全球冲突的增加大大超出了联合国维和力量能力建设速度，联合国维和部队更多是在冲突爆发后的被动介入，更类似于人道主义介入。虽然提出了和平与安全治理的理念，但在现实中往往由于涉及更复杂和系统的问题，其有效性面临着考验。在刚果（金）维和行动中，联合国专门成立作战旅，因此，当前的维和行动事实上仍主要采用军事手段。另一方面，联合国维和体系作为一个复杂系统的弊病开始凸显，联合国维和部队的效果开始面临质疑，尤其是在地区组织、国家的地区和平安全意识和能力不断提升以及地区组织与联合国互动关系不断加深的大背景下，联合国维和部队正面临着严峻的内外部改革压力。

二是地区组织在联合国维和部队中的作用明显提升。随着地区主义的发展，尤其是地区自主意识和能力的提升，集体安全和自主安全成为发展中地区实现地区和平安全的一个重要战略选择。冷战结束前后，国际政治安全格局的变化推动了国际维和行动的发展。在传统的联合国维和行动之外，非联合国维和行动以及未获得联合国安理会授权的行动的比重开始上升。[②] 其中，

---

① 联合国网站，http：//www. un. org/en/peacekeeping/operations/surge. shtml，2017 年 1 月 20 日。

② 这既包括北约、欧盟、非洲次区域组织等集体安全组织的和平干预，如北约对科索沃、西部非洲共同体对利比里亚等国的干预，也包括大国单边的军事行动，如俄罗斯对独联体国家的干预、法国对法语非洲国家的干预、美国对海地的干预等。有学者将非联合国的和平行动分为六类：单一国家领导（联合国授权），单一国家领导（未获联合国授权），意愿联盟领导（联合国授权），意愿联盟领导（未获联合国授权），地区组织领导（联合国授权），地区组织领导（未获联合国授权）。具体类型可参见 Alex J. Bellamy，Paul D. Williams，"Who's Keeping the Peace? Regionalization and Contemporary Peace Operations，" *International Security*，Vol. 29，No. 4，2005，pp. 157 – 167。

比较明显的一个趋势是，大国战略重心的相对转移加速了发展中地区构建集体安全的进程。东盟提出了东盟安全共同体，非洲提出了"非洲问题非洲解决"并制定了非洲和平安全框架的战略目标。虽然当前非洲和平安全能力建设的资金仍严重依赖外部，但是其整体的和平支持行动能力得到了较大提升。在经历了联合国、美国等失败的干预后，非盟索马里行动（AMISOM）在促进索马里稳定和政治秩序回归上发挥了重要作用。这反过来促使联合国和国际社会重新审视和重视地区的作用。当前在南苏丹问题上，联合国的维和行动陷入了僵局，非洲地区保护力量的派遣成为联合国维和行动新的希望。早期非洲维和行动的一个重要经验和启示是，在非洲的冲突解决上，非洲地区力量的独特优势，包括邻国的维和行动参与、保护性进攻、更大的灵活性等，能够为当前的南苏丹维和行动带来积极影响。南苏丹政府在是否同意派遣地区保护力量上的态度不断反复。之前南苏丹政府已经同意地区保护部队的派驻，但之后的态度又发生了改变。

三是联合国维和行动核心原则的灵活性应用。根据联合国维和行动的制度设计，联合国维和行动的基本目标和原则包括：维持所在国的和平稳定；中立和公正；除自卫情况外不主动使用武力；保护平民；DDR；保障选举；保障人权和恢复法治。其中，中立和公正、除自卫情况外不主动使用武力原则是联合国维和的两个重要原则，然而，在非洲的实践中，这些原则的应用和解释具有很大的灵活性。首先，中立和公正原则、以人道主义保护为主要方式为联合国维和行动提供了合法性支撑，是联合国派遣维和部队的重要前提。然而，严格意义上的中立原则很大程度上又塑造了国内冲突各方的对立身份，在不能为冲突解决和冲突管理提供有效方案的前提下，这种"中立介入"避免了冲突的扩大，却无法从根源上消除冲突，这最终又关系着联合国维和行动的有效性。当前非洲的冲突主要表现为部族主义、分裂主义和极端主义等反叛武装对国家和地区秩序的威胁，如刚果（金）东部的叛乱武装、索马里的伊斯兰青年党极端组织、马里北部的极端组织等。单纯的人道主义保护和中立的维和行动无法消除这些威胁，而且联合国维和人员也成为受攻击的对象。因此，非洲的冲突现实对联合国维和行动提出了新的诉求，即支持非洲国家恢复政治秩序和安全能力建设。联合国在刚果（金）的维和行动、非盟索马里行动等都表现为对中央政府的支持。其次，非洲的维和行动

极大程度地修正了除自卫情况外不主动使用武力原则。联合国维和行动
与非洲地区维和行动的结合构建了一种新的维和行动规范，即通过直接
的军事支持行动参与冲突国的和平重建。如在索马里和平支持行动中，
非盟军队就扮演了盟军的角色。这种模式对于非洲一些权威不强甚至非
常虚弱的中央政府来说，具有重要意义。在刚果（金）的维和行动中，
2013 年，联合国安理会授权成立了作战旅（UN Force Intervention Bri-
gade），这是其第一次授权联合国维和部队在政府和平民安全面临威胁的
情况下主动采取进攻行动。

综上，非洲的冲突和安全威胁为联合国维和行动的有效性提出了新的
要求，也推动着联合国维和行动的转型。非洲自主安全意识和和平支持能
力的提升也加速了联合国维和行动与地区和平方式之间的结合进程。作为
一种政治和威慑方式的传统维和行动正在向以军事介入和政治解决并重的
和平建设阶段过渡。联合国刚果（金）维和行动以及非盟索马里行动为新
时期的非洲维和行动提供了重要经验。地区力量和非洲方式正在成为传统
维和行动效率不彰的重要替代选择。这种选择正在南苏丹维和行动中被应
用，但是刚果（金）和索马里的实践是否能够同样适用于南苏丹仍是一个
未知数。

第六节　非洲方式的成效与挑战

从索马里到南苏丹，非洲国家在本地区和平安全上的作用总体呈现上
升的趋势。非洲国家和国际组织已经能够独立领导或者在派遣地区和平支
持行动上发挥更加重要的作用，非洲国家在预防冲突、冲突解决和冲突后
政治重建上的话语权正在上升，非洲国际组织协调国际合作伙伴的能力也
在不断提升。然而，尽管非洲方式在地区安全上的地位有所提升，但其在
完全有效应对地区和平安全上仍面临着结构性的问题和挑战。

一　自主性的提升并没有带来自主能力的实质提升

"非洲问题非洲解决"确定了自主性的主流话语，这一方面规范和指
导着非洲国际组织和非洲国家的行为，另一方面也为国际社会开展与非洲
的合作提供了依据。这建构了自非盟成立以来非洲在地区事务上的自主

性。然而,与此同时,从自主性塑造到自主能力提升并不是自然而然的结果。这需要两个层面的共同努力。第一个层面是非洲国家和国际组织自身提升在地区安全事务上的治理能力,具体既包括非盟和平安全框架的五大支柱等机制化目标,也包括国家意愿、协调能力、斡旋能力、危机反应能力等。第二个层面是在非洲安全综合治理框架中的自主能力。这是一个相对的概念,即相对于国际伙伴,非洲能处于中心地位,能有效利用和协调在非洲的各安全参与者。然而,从这两个层面的发展实践看,非洲自主性的绝对提升,伴随的是非洲自主能力的相对下降。首先,非洲和平安全框架体现了非洲在和平安全上自主性的提升,但是这更主要是一个机制性的目标。其更像是一个目标导向性的制度设计。其存在的一个问题是,机制目标的实现是否就意味着自主安全的提升?从非洲冲突地区的实践看,非洲国家的意愿、能力、协调、危机应对和管控等切实需要的能力较之前并没有显著提升,甚至相对于 21 世纪第一个十年的非洲国际关系的"黄金时期",可能还是下降的。其次,在非洲安全治理框架中,虽然国际社会尤其是西方国家名义上强调要把非洲自主性作为其核心原则,但是事实上,由于非洲的弱势地位,非洲国家很难真正建构其核心地位,尤其是在和平安全领域。很大程度上,非洲对非洲复合和平安全框架的依赖程度同时也在加深,而这一框架的复杂性又为非洲的能力建设提升提出了挑战。

二 和平支持行动的相对成功并没有使政治和平进程影响力明显提升

军事效果体现了非洲国家的优势,但也凸显了非洲方式核心优势的效果不彰。非盟索马里行动使索马里正在逐渐摆脱持续了 20 多年的"无政府"状态,政治重建正在成为可能。同样,当前非盟和伊加特支持的地区稳定部队正在为南苏丹的国内冲突解决和稳定回归带来希望。然而,与军事上的介入相比,非盟以及伊加特无论在索马里还是在南苏丹政治进程上的影响力并没有明显提升。而且在很大程度上,非洲国际组织的作用仍然非常微弱。伊加特提出的南苏丹和平协定随意被撕毁,非盟在南苏丹问题上更多扮演了一个斡旋者的角色,其作为一个国际组织的权威性并没有真正被发挥。在南苏丹问题真相调查、部族和解、惩治犯罪行为、协调南苏丹和平进程上的灵活性、约束力和权威性仍需要提升。唯有如此，非盟在南苏丹问题上的领导地位才能真正建立。

三 和平安全参与的灵活性和适用性伴随的是非洲国际组织合法性的受损

非洲方式能够更大程度地利用和拓展联合国维和行动的原则和规范，从而为地区和平支持行动提供条件。但是，这同时又带来了非洲方式的合法性困境，非洲国际组织必须通过与各方的协调为和平支持行动提供合法性，这反过来又提高了非洲方式的行动成本。非洲方式的一个重要特色是地区国家在问题国家相关事务上的重要参与和责任履行。在打击索马里国内叛乱上，周边国家埃塞俄比亚、肯尼亚直接的军事介入一方面为军事上的成功提供了条件，另一方面不仅违反了联合国维和的避免邻国的规范，还涉及干涉他国主权的议题。联合国安理会的默许赋予这一行动合法性，但是其在索马里国内事实上遭受了巨大的质疑和批评，尤其是在埃塞俄比亚军队的行动规范存在严重问题的情况下，这增加了索马里国内对伊加特、非盟乃至联合国作为一个国际组织合法性的质疑。

四 机制建设与能力建设的不平衡性，非洲的和平安全建设存在一个值得深思的问题

非洲安全机制的建设就意味着非洲和平能力的提升吗？这一问题源于以非洲和平安全框架为核心的非洲安全机制，其相较之前获得了较大发展，但是这不等于非洲在冲突预防和解决上的能力获得了提高。相反，在很大程度上，机制建设本身就是一个重要的政治议程，其反而转移了非洲国家在冲突预防和解决上的关注度，占用了能力建设应有的资源。也就是说，非洲的安全机制建设与非洲冲突和安全问题解决之间存在一种不对称的问题。以南苏丹为例，南苏丹内战和冲突对非盟提出的能力需求是，南苏丹和平进程的领导力，能够为南苏丹和平实现的优先和长远方案提供能力，协调各方包括国际、地区国家和国家内部非政府行为体等各方的能力。从现实看，非盟并没有真正建立起以自身为核心的南苏丹和平进程协调机制，这一角色更多由伊加特在扮演。对南苏丹冲突来说，非盟更多是被动性的反应，并没有提供一套从根源上解决南苏丹问题的建议方案，包

括实现和平和国家重建的政治方案，国内部族和社会间的和解、真相调查、审判等社会修复方案等。而且更明显的是，地区保护部队的派驻也更多依赖埃及等国而非次地区快速反应部队，避免邻国和对象国的同意原则使地区快速反应部队的建设显得不那么迫切。这意味着，非洲和平安全框架的机制建设在现实中并不能真正满足热点地区的冲突需要，这正导致了当前的困境：非盟把重点放在非洲安全机制建设上，但是真正应对非洲安全和冲突的能力仍然相对滞后。这一不对称性将是非洲和平安全能力建设必须面对和解决的重要问题。

下篇　中非合作篇

第八章　中非合作机制及其与欧盟的比较

冷战结束后，全球化和区域化的快速发展对国际政治格局产生了重大影响，尽管美国仍然保持巨大的政治、经济和军事优势，但是随着以欧洲为代表的地区一体化的持续推进，地区组织的实力不断提高，地区组织不仅成为地区发展与安全的领导者，而且在对外事务中的政治诉求越来越多，其中，欧盟最有代表性。欧盟通过积极的对外合作倡议和实践正在推动地区间合作格局和机制的形成，欧亚峰会、欧非峰会、欧盟－南部美洲共同体峰会以及欧盟与大国间的峰会等纷纷建立，这已经成为地区间政治经济合作和文化价值观传播的重要平台。进入 21 世纪以来，随着中国、印度、巴西等新兴国家的崛起，全球体系中的"中间力量"正在不断壮大，新兴大国与其他地区间的合作也开始不断深化，机制化的趋势不断加强，如中国－东盟峰会、中国－欧盟峰会、中非合作论坛、印度－非盟峰会等。这些新的地区间合作形式丰富了国际合作和全球治理，成为国际政治结构转型的重要动力。

地区间关系的发展引起了国际关系学界的注意，并开始做出理论回应，地区间主义（Inter – Regionalism）① 正是在这一背景下诞生的。从早期的东盟－欧盟对话机制，到亚欧会议，再到欧盟与大国的峰会机制，学界关注的范围不断扩大，研究范式也不断创新。但总体而言，学界关注的主要是三边关系（triad）——北美、西欧和东亚②，其中以欧盟为核心的地区间关系是关注的焦点，当前从事地区间主义研究的学者大部分是欧洲

---

① Inter – Regionalism 在国内被翻译成区域间主义和地区间主义，考虑到地区的概念，本书采用地区间主义的提法。

② Heiner Hanggi, "ASEM and the Construction of the New Triad," *Journal of the Asia Pacific Economy*, Vol. 4, No. 1, 1999, pp. 56 – 80.

人也反映了这一现实。然而，尽管地区间主义已经对地区间合作进行了有效的解释，但当前的研究主要是描述性的，缺乏比较研究的视角，理论层面的研究仍然相对滞后。① 其中一个重要的原因在于其研究对象的局限性，尽管北美、欧洲和东亚是国际政治版图中的重点地区，但是其并不是全部，地区间主义必须经过更深入的案例研究才能提升其理论高度，从这个意义上讲，地区间主义仍然处于理论研究的初级阶段。而当前日益重要的中国与非洲合作关系机制化进程显然是一个具有代表性的案例。非洲发展是全球治理的重中之重，中国与西方国家在这一治理进程中的模式、角色和发挥的作用各不相同。地区间主义能否从这种差异性中寻求新的解释和创新空间？本章尝试通过对中非合作论坛和欧盟与非洲的区域间合作机制进行比较研究来回答这一问题。

第一节　地区间主义与中非合作论坛

地区间主义是对地区作为一个行为体的对外关系的研究，是对地区间合作关系日益密切和国际多边合作形式日益多样化的理论回应。然而，主要由欧洲学者开创的地区间主义研究仍然没有建立起一套有说服力的理论框架，甚至对地区间主义的概念和形式本身还不能做出清晰的界定。以中非合作论坛为例，它是一种地区间主义形式吗？在卢兰看来，即使是欧盟与其他大国的对话机制也不能被视为地区间主义的形式。②这也遭到了国内学者的质疑，如郑先武就认为，"这抹杀了单一大国在地区间主义进程中的重大贡献。现实的情况是，一些大国正通过与来自某一区域的一组国家的对话与合作机制，积极地推动着区域间主义的制度化进程。如中非合作论坛的例子"③。而事实上，中非合作论坛正在构建一种与地区间主义"正

---

① Jürgen Rüland, "Interregionalism and International Relations," Conference Summary, November 4, 2002, p. 1; 相关观点后来也可以参见 Jürgen Rüland, "Interregionalism: An Unfinished Agenda," in Heiner Hanggi, Ralf Roloff, Jürgen Rüland, eds. , *International and International Relations* (London: Routledge, 2006), pp. 295 – 313。

② Jürgen Rüland, "Interregionalism: An Unfinished Agenda," in Heiner Hanggi, Ralf Roloff, Jürgen Rüland, eds. , *International and International Relations* (London: Routledge, 2006), p. 298.

③ 郑先武：《国际关系研究新层次：区域间主义理论与实证》，《世界经济与政治》2008 年第 8 期。

统理论"截然不同的合作形式，因此，地区间主义要想走出目前的理论困境，就必须扩大其实证研究范围，不再拘泥于"想象的地区间主义"。[①]

一　地区间主义：一个被夸大了的理论框架？

区域间合作确实是冷战结束后国际政治发展的一个重要现象，地区间主义是不同地区之间政治、经济和社会互动不断泛化和深化的过程。[②]地区间主义提出了六个假设：地区间主义是国家应对全球化和地区化等外部挑战的反映；地区主义是地区间主义的动力，而全球化是地区间主义的催化剂，在全球化和区域化的背景下，国家希望通过区域间合作建立一种合作竞争的关系；地区间相互依赖的程度越高，区域间合作也越密切，相互依赖程度的加深也会导致冲突可能性的增加，尤其是在失衡的相互依赖结构中；地区间主义的形态取决于地区结构的塑造；地区间主义受到不同地区竞争和平衡战略的影响；不同地区间的制衡推动了地区间主义的发展。作为国际合作的一种表现形式，地区间主义理论本质上只是对由地区参与的国际合作的解释，更多运用现实主义、新自由制度主义和建构主义等传统的研究范式。当前的地区间主义研究存在很多问题和争议，其中，地区间主义的类型界定、功能和理论解释是争议最大的三个层面。类型界定关系地区间主义研究的实证基础和研究对象，有些学者将地区间主义分为"狭义地区间主义"和"广义地区间主义"，而有些学者坚持认为只有地区组织间的合作才是地区间主义研究的范围，或者被称为"纯地区间主义"，这与其他学者提出的"复合地区间主义"形成了鲜明的对比。[③]当前的地区

---

① 地区间主义过分关注世界三大地区间的互动关系研究，在其看来，与发展中地区的关系，如非洲，只是"想象的地区间主义"。Martin Holland, "'Imagined' Interregionalism: Europe's Relations with the African, Caribbean and Pacific States (ACP)," in Heiner Hanggi, Ralf Roloff, Jürgen Rüland, eds. , *International and International Relations* (London: Routledge, 2006), pp. 254 - 271。

② Ralf Roloff, "Interregionalism in Theoretical Perspective," in Heiner Hanggi, Ralf Roloff, Jürgen Rüland, eds. , *International and International Relations* (London: Routledge, 2006), p. 18.

③ 目前的地区间主义研究将地区间合作分为多种类型。其中有代表性的是 Heiner Hanggi 的分类：狭义地区间主义（地区组织间的关系，如欧盟 - 东盟对话机制）；广义地区间主义（两个地区以上的国家间组织，如北约）；准地区间主义（地区组织与单一国家的联系，如欧盟 - 中国峰会）。这种分类强调的是地区组织的核心地位。详情可参见 Heiner Hanggi, "Interregionalism as A Multifaceted Phenomenon," in Heiner Hanggi, Ralf Roloff, Jürgen Rüland, eds. , *International and International Relations* (London: Routledge, 2006), pp. 31 - 62。

间主义研究过分专注于类型界定，这导致实证研究的代表性不强，这在很大程度上削弱了理论研究和创新的针对性和解释力。功能则体现对区域间合作的理性预期，地区间主义的功能大体被分为：权力或制度平衡、制度建设、认同强化、理性化与议题设置、促进稳定与发展。[1]地区间主义对功能的界定更多的是一种先验性的假设验证，忽视了对区域间合作的程度和有效性的研究，这是目前研究的一个不足。理论解释上，地区间主义试图建立的一种分析框架本身就脱离了区域间合作自身的差异性，其更多地受到欧盟中心主义的影响，而忽略了不同地区的个性。为此，一些学者就提出了批评，"地区间主义的作用其实非常有限，它只不过增加了一个'第四层次博弈'的平台，地区间主义不应被理解为一种新的国际关系形态，相反，它只是欧盟在全球背景中实现其规范性权力和国际目标的一种工具"[2]。

　　尽管地区间主义理论研究目前还存在根本性的问题，但是它给我们提供了一种理解国际关系的视角，一个基本的事实是，一个地区或者一个国家集合的对外关系确实是当前国际政治中的一个特殊现象。由此视角，国际关系可以被简单理解为三组关系：国家间关系、国家与地区间的关系、地区与地区间的关系。在这种简单结构中，只有国家和地区两个基本行为体。地区间主义的核心研究任务应该是关注一个地区的对外合作实践以及程度，只有在充分的实证研究基础上才能做出清晰的理论界定。事实上，不同地区一体化程度的不同，以及地区组织能力的强弱在很大程度上决定着地区间主义的结构、类型和程度。当前地区间主义发展的基本特征是形成了以欧盟为中心辐射其他地区的关系结构。欧盟也逐渐形成了一套比较清晰的地区间主义战略，而近些年来，在欧盟之外，其他地区尤其是发展中地区与中国等新兴大国之间的关系也取得了较大的发展，其合作形式似乎并不在地区间主义的类型界定范畴内，然而，其适用性和有效性却在很

---

① 关于地区间主义的功能，可参见郑先武《国际关系研究新层次：区域间主义理论与实证》，2008年第8期；Jürgen Rüland, "Interregionalism: An Unfinished Agenda," in Heiner Hanggi, Ralf Roloff, Jürgen Rüland, eds., *International and International Relations* (London: Routledge, 2006), pp. 295 – 313。

② David Camroux, "Interregionalism or Merely A Fourth – Level Game? An Examination of the EU – ASEAN Relationship," *East Asia*, No. 27, 2010, pp. 57 – 77.

大程度上能够弥补地区间主义理论的不足。

二　论坛化与制度化：地区间主义的两种形式

地区间主义本质上是国际合作的一种表现形式，其延续了国际机制构建的强机制化与弱机制化争论。在西方发达国家参与和主导的区域间合作或对话机制中，西方国家希望建立一个能够对成员有更大约束力的机制，同时将自身的机制移植到其他地区。这被学界称为"制度同构"（institutional isomorphism）现象。"大国或强势一方总是尝试通过征服或者强迫的手段向它者移植其制度或相关的东西"[1]，"在世界五个大洲中，欧盟试图扮演地区领导者的角色，进而将其价值观和模式渗透到其他地区"[2]。以二战后欧洲与其他地区的关系为例，虽然二战后欧洲国家相继从殖民地撤出，但是，从1960年的《雅温得协定》（后来被《洛美协定》取代）到欧盟－非加太机制、《科托努协定》，再到当前欧盟与南方共同市场（Mercosur）和非洲地区组织的经济伙伴协定谈判（EPAs），欧洲国家实际上通过制度化的途径维系或强化了其与其他地区的关系。欧盟与非洲等地区的关系也从开始的贸易谈判拓展到政治安全、人权与良好治理领域。"事实上，欧盟对其伙伴国的要求越来越高，很明显欧盟是站在自身发展的立场上来要求非洲国家进行改革和推行新政的，而没有考虑非洲国家自身的发展程度和能力。"[3] 在这种不平等的关系结构中，条约或制度成为强势一方实现自身利益、规范他者行为的一种工具。即使欧洲本土学者也认为，"《科托努协定》实际上为欧盟对外宣扬其价值观、关注偏好和特殊利益提供了重要渠道"[4]。"在欧盟的区域间关系中，其与非洲的关系的制度化程

① Richard H. Steinberg, "The Formation, Transformation, and Deformation of Trading State: Liberalization and State Institutional Change Since 1947," Standford Division of International Comparative and Area Studies, Standford University, p. 1, http://www.princeton.edu/~pcglobal/conferences/normative/papers/Session5_ Steinberg.pdf, Febuary 5, 2006.
② Alan Hardacre, Michael Smith, "The EU and the Diplomacy of Complex Interregionalism," p. 177.
③ Mary Farrell, "A Triumph of Realism over Idealism? Cooperation between the European Union and Africa," *European Integration*, Vol. 27, No. 3, 2005, p. 270.
④ Mary Farrell, "A Triumph of Realism over Idealism? Cooperation between the European Union and Africa," *European Integration*, Vol. 27, No. 3, 2005, p. 270 –271.

度最高，这主要取决于《洛美协定》和《科托努协定》，以及将要取代前两者的经济伙伴协定。"①

然而，与欧盟的制度构建不同，包括中国在内的发展中国家在国际合作中更愿意接受或认可弱机制化（论坛化）的模式，这归因于殖民历史、主权意识、统治者利益、发展阶段和文化传统等方面，这也是目前国际制度建设的鲜明差异之处。中非合作论坛是中国发展与其他地区合作关系的典型代表，是中国外交文化的一种体现。表面上看，中非合作论坛只是《联合国宪章》和基本国际合作规范基础上的简单合作形式，合作更多以自愿为主，缺乏强有力的机制管理。然而，从十多年的发展进程来看，中非合作论坛在推动中非关系发展上发挥着重要的作用，这一合作形式也得到了众多非洲国家的认可和欢迎，这也直接挑战甚至超越了西方国家，主要是欧洲国家在非洲的经营模式，一个突出的反映是近些年来欧盟积极推动欧盟－中国－非盟三方合作，试图一方面借鉴中国的经验，另一方面则希望规范和牵制中国在非洲的行为。为什么目前中国与非洲的合作相对于欧洲国家更为成功？归根结底，可以理解为中非合作论坛的形式迎合了中国与非洲国家各自的需求，其能最大限度地实现共识，使双方都能受益，或者有学者将其理解为中和了"欧盟模式"与"东盟模式"的"中国模式"的魅力所在。②

制度化与论坛化构成了当前区域间合作的两种主要形式，在制度化与论坛化或者强制度与弱制度的选择上一直存在争论，欧洲一些学者已经开始反思政治条件捆绑与人权民主导向所带来的合作恶化问题③，而中国一些学者则考虑要强化中非合作论坛的制度建设④。实际上，正如苏长和的观点，制度强弱本身并不是一种优劣的表现，对制度的评价应该侧重于其

---

① Alan Hardacre，"The EU and the Diplomacy of Complex Interregionalism，" *The Hague Journal of Diplomacy*，Vol. 4，Issue 2，2009，p. 175.

② 郑先武：《构建区域间合作"中国模式"》，《社会科学》2010 年第 6 期。

③ Mary Farell 认为《科托努协定》的制定反映了欧盟与非洲国家之间的巨大失衡，尽管双方都认为有必要继续加强政治对话，但是在人权、民主、法治和良治上的政治分歧决定了双方不可能达成实质性的内容。她也提出自己的质疑，即非洲国家到底需要什么类型的民主。

④ 郑先武则提出应该适时提升中非合作论坛的级别，强化论坛的制度化水平将是未来中非合作论坛的一个发展方向。参见郑先武《构建区域间合作"中国模式"》，《社会科学》2010 年第 6 期。

适用性和效率。① 中非合作论坛目前的成功实际上就为制度强弱的效用争论提供了一个例证，那么，为什么论坛化的区域间合作比制度化的区域间合作在非洲更受欢迎，能够取得更大的成功？

第二节　制度化的区域间合作：合作还是对立？

区域间合作的特殊之处在于其把地区作为一个合作对象，然而，不同地区的地区属性是不一样的，地区属性是一个地区内国家间长期互动的结果，欧洲与东南亚和非洲等发展中地区在经济、政治发展水平等物质层面，以及主权、人权和合作规范等意识形态领域存在明显的差异。这种不对称性，或者不同性质决定了地区间关系结构本身存在合作的困境。在欧盟与其他地区的关系中，这种关系结构往往表现为在有合作需求的同时，也存在明显的对立和矛盾。全球化和欧洲的经济实力和地位迫使其他地区不得不参与欧盟推动的经济合作框架，而欧盟的双重标准、利己主义和结构性权力则在很大程度上加剧了彼此的对立。

一　欧盟的地区间主义战略

区域间合作和对话是欧盟及早期的欧共体开展对外关系的一个重要途径，经过半个世纪，欧盟与其他地区的合作获得了巨大的发展，相对于美国的商业和军事霸权模式，以地区一体化为核心的地区间主义成为欧盟的重要对外战略。地区间主义战略是冷战后欧盟推行多边主义的集中体现，它包含多层次的目的，既包括促进经贸合作、扩大市场、提供优惠关税等经济目的，也包含提高国际政治地位，制衡美国、促进欧盟规范和程序的制度化传播等政治目的，还包含提升欧盟自身的合法性等战略目的。

第一，推动其他地区的一体化是欧盟进行区域间合作的首要选择和目标，与其他地区进行贸易协定谈判是目前欧盟实现这一目标的重要手段。欧盟（1993 年 11 月 1 日正式诞生，为方便叙述，此处只使用"欧

① 苏长和对郑先武论文的评审意见，参见郑先武《构建区域间合作"中国模式"》，《社会科学》2010 年第 6 期。

盟"，不提及"欧共体"）从 20 世纪 60 年代开始就积极支持其他地区的一体化进程，冷战结束后，这表现得更加明显。"只有提供一套更加有效和民主的国际结构，欧洲才能在国际舞台上确立自己的领导者地位。"①因此，通过区域间合作，向其他地区输出欧盟的一体化模式，建立以欧盟的机制和规范为核心的区域间合作机制成为欧盟对外关系的重要工具，"这与美国更加直接的商业和军事模式形成了鲜明的对比"。②地区一体化上的成功经验是欧盟相对于美国等大国的特殊优势，同时，二战后大部分发展中国家出于各种目的纷纷采取地区一体化或区域合作的方式，这为欧盟实施地区间主义战略提供了外部条件。与非加太地区进行的经济伙伴协定谈判是欧盟这一战略的集中表现，"欧盟进行经济协定谈判的重要目的是推动更大范围的经济一体化、促进与不同地区的贸易自由化，欧盟称这是与 WTO 规则保持一致的需要，而事实是，这一外部因素只不过是增强其说服力的借口"③。在开展与其他地区的合作时，"欧盟优先考虑区域间层面的合作，主要通过加强与地区组织接触，只有在特殊环境下才会考虑双边的途径"。④以非洲为例，欧盟主要将非盟视为非洲的代表，因此重点发展与非盟的关系。欧盟模式的对外输出或"欧洲化"在国际范围内产生了重要的影响，一方面促进了欧盟模式在其他地区的传播，例如，非洲的一体化就深受欧洲一体化的影响，虽然缺乏一体化的内在动力，但是非盟建立了基本上与欧盟一致的超国家机制，根据非盟宪法草案，非盟还提出了将来要建立非洲合众国的目标。⑤另一方面则遭到其他地区的抵制，这反而加速了其他地区追求自己模式的步伐，如以东盟为核心的东亚一体化进程。⑥

---

① 转引自 Alan Hardacre, "The EU and the Diplomacy of Complex Interregionalism," *The Hague Journal of Diplomacy*, Vol. 4, Issue 2, 2009, p. 173。

② Alan Hardacre, "The EU and the Diplomacy of Complex Interregionalism," *The Hague Journal of Diplomacy*, Vol. 4, Issue 2, 2009, p. 177.

③ Adian Flint, *Trade, Poverty and the Envioronment: The EU, Cotonu and the African - Caribbean Pacific Bloc* (Basingstoke: Palgrave Macmillan, 2008), p. 82.

④ Alan Hardacre, "The EU and the Diplomacy of Complex Interregionalism," *The Hague Journal of Diplomacy*, Vol. 4, Issue 2, 2009, p. 187.

⑤ 非盟的机构包括：泛非议会、非盟委员会、正义法庭、部长理事会、常驻代表委员会、和平与安全理事会、非洲中央银行、非洲货币基金组织和非洲投资银行等。

⑥ 很多学者持这样的观点：欧亚峰会的一个最重要的后果是促进了东亚国家自身的团结和认同。

第二，从经济议题向政治对话扩展是欧盟区域间合作的重要战略。欧盟是世界上最重要的地区经济体，经济实力的增强促使欧盟寻求更大程度的政治权力和国际话语权，这也构成了欧盟对外施加结构性影响的基础。欧盟官方在各种文件和场合已经非常明了地表达了欧盟的这一战略。欧盟委员会前主席普罗迪明确表达了欧盟地区间主义战略的实施步骤，"为了扩大与其他地区和国家的关系，欧盟不仅建立了与大国的峰会机制，而且还与其他地区建立了对话机制。一开始议题主要集中于贸易领域，这些年来已经逐渐扩展到投资、经济合作、金融、能源、科技、环境保护，还涉及全球反恐、国际犯罪、走私以及人权"[①]。

第三，建构有利于自身的权力结构是决定欧盟推行的区域间合作的属性的核心要素。欧盟通过自身的整合以及对外交往的实践，确立了其在国际政治中的经济和规范优势，这种优势也成为欧盟在区域间合作中设置合作议题、影响其他地区行为、塑造区域间合作结构的根源。在很大程度上，在实质性合作和经济协定谈判基础上的经济政治联系决定了区域间合作的形式，而在合作规范、原则、政治价值观和条件基础上的规范认同决定了区域间合作的持续性。因此，从这层意义上讲，区域间合作必须依赖一个稳固的经济权力和规范权力结构。然而，区域间合作权力结构的产生并不是理想的产物，而应该是地区间在理性选择基础上互动的结果。欧盟推动的区域间合作中存在的一个重要的问题正是欧盟试图利用自身的经济权力和规范权力建构有利于自身的权力结构，或者被称为结构性权力的影响框架，[②] 在这一过程中，权力弱小的地区缺乏与欧盟讨价还价的实力，从而不得不接受欧盟的议题安排与合作内容，如非洲；而权力较为强大的地区则能够根据自身的合作预期实现本地区的利益最大化，如东亚地区。制度化的欧非合作与非正式化的欧亚合作正是欧盟的结构权力在不同地区施加不同影响的结果。

---

① 可参见欧盟官方网站：www. ec. europa. eu。
② Patrick Holden 认为发展援助是欧盟对外发挥其结构性权力的重要途径，总体而言，欧盟能够有效地影响其他地区和国家的法律体系和经济政策，但是在鼓励政治变革和民主化上的作用则相对不强。可参见 Patrick Holden, *In Search of Structural Power: EU Aid Policy as Global Political Instrument* (Farnham: Ashgate, 2009)。

二 区域化：竖起藩篱

兴起于 19 世纪下半叶的地区主义经历过四波浪潮，已经出现了一些根本性的变化。[1]以自由贸易区建设、地区治理机制化、地区意识明显提高为重要特征的新地区主义具有更高的开放性和扩张力。尽管地区主义逐渐打破了国家间的贸易壁垒，但是地区主义的发展也加剧了不同地区在合作规范、价值观、发展战略和对外关系上的差异性，这也在不同地区间竖起了一道无形的藩篱。欧盟与非洲的区域间关系发展在很大程度上就是打破和保护这道藩篱的博弈。

由于殖民遗产和地缘接近等原因，非洲长期处于"集体侍从主义"（collective clientalism）的地位，"早期欧非关系的一个重要目的是继续维持与前殖民地的关系，从而确保能够继续获取原材料和资源，以及保护在殖民地的前期投资"[2]。在《洛美协定》和"欧盟－非加太机制"的框架下，通过欧盟向非洲提供优惠关税和贸易协定，保护原材料和初级商品的价格，支持非洲的发展，"向其殖民历史赎罪"[3]，欧非基本维持了和谐的伙伴关系。然而，从 20 世纪 90 年代开始，欧盟一些国家在非洲的战略利益发生了变化，欧盟的注意力也放在了其他地区，非洲的战略地位相对下降，同时世界银行等国际多边机制的对非政策也在进行调整，最明显的表现就是在援助和发展项目上附加政治条件，这些变化促使欧盟调整其对非政策。《科托努协定》是欧盟对非政策调整的重要转折，欧盟改变了传统的对非优惠关税等贸易领域的政策，开始加快与非洲国家进行经济伙伴协定的谈判，以及与非洲在人权、民主和良治上的政治对话，在援助上附加政治条件，欧盟的政策调整自然引起了非洲国家的不满。

欧盟内部的整合，尤其是大国对非政策上的博弈很大程度上影响着欧盟的对非政策，而欧盟国家间的利益分歧直接导致人们的质疑：欧盟的对

---

① 关于地区主义发展的四次浪潮，可参见周玉渊《东盟决策模式及其相关因素分析》，暨南大学博士论文，2009，第 29～36 页。

② Oladeji O, Ojo, *Africa and Europe: The Changing Economic Relationship* (London: Zed books, 1996).

③ Kalypso Nicolaïdis, Paul Collier, "Europe, Africa, EPAs: Opportunity or Car Crash?" *Open Democracy*, January 7, 2008.

非合作是利他的还是利己的？在欧盟国家内部，不同国家对非洲的政策主张并不相同，其中，英国和法国就存在明显的利益和政治分歧。最明显的例子是津巴布韦问题，欧盟原本计划于 2003 年 4 月召开第二届欧非峰会，然而，由于法国和英国两国在邀请还是拒绝津巴布韦总统穆加贝上存在巨大的争议，会期最后不得不推迟，峰会直到 2007 年 10 月才举行，而最终邀请穆加贝出席（时任英国首相布朗并未出席）也超出了很多人的预料。欧盟成员国的利益平衡是决定欧盟对非政策有效性和合法性的根本性因素，不仅欧盟领导国家在对非政策上存在分歧，而且新老欧盟国家之间也存在分歧，其中新欧盟国家明显对欧盟的发展政策不感兴趣。[1] 有学者就指出，欧盟－非洲峰会实质上仅仅是欧盟象征性外交的一种反映，欧盟的对非政策更多的是宣示其作为一个国际行为体的存在，由于成员国间的利益分歧和政策差异，欧盟不可能形成一套真正有利于非洲发展的政策体系和发展战略，其更多只停留于表面。[2]一些学者对欧盟的发展政策也提出了批评，内部和外部的压力使欧盟很难保持其政策的有效性和连贯性，坚持连贯的政策对于欧盟来说似乎是一个不可能实现的梦。[3] 而欧盟对非发展政策的有效性将决定着欧非关系的长远发展以及欧非区域间合作机制的合法性，实际上，20 世纪 90 年代以来，欧盟与国际多边机制采取的经济自由化政策和"经济结构调整计划"给非洲的发展带来了严重的问题，"欧盟－非加太政策中所秉持的新自由主义理念并没有在减贫和可持续发展上发挥作用"。[4]简言之，欧盟国家间的利益诉求不同决定了欧盟很难在非洲发展上真正发挥重要的作用。这最终可归因于，"从更开阔的视野来审视欧盟的对外关系，可以清楚地发现，发展中国家的需求和关切往往

① Van Reisen, "The Enlarged European Union and the Developing World: What Future?" in Andrew Mold, ed. , *EU Development Policy in a Changing World: Challenges for the* 21st *Century* (Amsterdam: Amsterdam University Press, 2007), p. 60.

② Corm Rye Olsen, "The Africa – Europe (Cairo Summit) Process: An Expression of 'Symbolic Politics'," in Heiner Hanggi, Ralf Roloff, Jürgen Rüland, eds. , *International and International Relations* (London: Routledge, 2006), pp. 199 – 214.

③ Andrew Mold , "Conclusions: Between a Rock and a Hard Place? Whither EU Development Policy?" in Andrew Mold, ed, *EU Development Policy in a Changing World: Challenges for the* 21st *Century* (Amsterdam: Amsterdam University Press, 2007), p. 241.

④ Adrian Flint, *Trade, Poverty and the Environment: The EU, Cotonou and the African – Caribbean – Pacific Bloc* (Basingstoke: Palgrave Macmillan, 2008).

处于次要地位，而欧洲的利己色彩则表现得越来越明显"①。

非洲国家开始反思欧盟及国际多边机制在非洲发展进程中到底发挥了什么样的作用，同时，非洲的区域化进程则为非洲国家之间思想交流、原则与规范认同以及政策协调提供了一个公共空间，至少在目前看来，非洲国家已经敢于对欧盟的非洲政策进行批评和修正。在经济贸易领域，非洲国家对欧盟长期以来坚持的不平等政策进行了批评，如以共同农业政策为代表的相关政策严重损害了非洲国家的利益，批评称，"毫无疑问，欧盟的贸易政策是建立在不平衡条款基础之上的，实施的是双重标准、保护主义和对非洲国家的剥削"，"双方的关系不是以互利为目的的，而事实上完全由欧盟的利益所主导"②。在非洲国家发展政策上，非洲国家的政策认知与欧盟的政策供给之间的隔阂越来越明显，在第二届欧非峰会期间，非洲国家的领导人基本达成了共识：非洲国家不应该仅仅是原材料和进口市场，也不能坚持欧盟经济贸易协定谈判所秉持的自由主义立场，而应该从过分关注与西方国家的关系向泛非合作以及南南合作倾斜，尤其是发展与中国的关系。③在政治价值观和地区规范上，非洲国家更强调团结、秘密外交、相互尊重和宽容，非洲问题更应该从非洲本土寻求解决途径，而不是从超出非洲国家能力的西方模式中寻找答案。南非前总统姆贝基在批评欧盟的人权政策和民主标准时说，"我们所做的事情是从我们自身的根本利益出发的，是建立在我们自身的经历基础之上的，我们走的是自己的道路"④。而非洲国家在第二届欧非峰会上的团结和同一立场也取得了它们期待的成功，"此次峰会的成功之处在于没有将它变成第二个柏林会议（1884 年），这是有史以来非盟成员国在国际舞台上最团结的一次"⑤。

随着非洲国家实力的提高，区域一体化意愿的增强，以及欧盟自身对非政策的调整，再加上中国等新兴大国为非洲发展和对外关系所提供的替代选择，欧洲与非洲之间曾经长期维持的"集体侍从主义"关系正在向正常化的

① Stephen R Hurt, "Understanding EU Development Policy: History, Global Context and Self - Interest?" *Third World Quarterly*, Vol. 31, No. 1, 2010, pp. 165 - 166.

② U. Joy Ogwu, "EU Policy on Sub - Saharan Africa: An African Perspective," presented at the Gutstav Stresemann Institute, Bonn, September 20 - 21, 2005, pp. 6 - 8.

③ George Shire, "Lisbon Summit: Africa Stands United," *New African*, January, 2008, p. 11.

④ George Shire, "Lisbon Summit: Africa Stands United," *New African*, January, 2008.

⑤ George Shire, "Lisbon Summit: Africa Stands United," *New African*, January, 2008.

双边关系发展，欧盟与非洲的合作与对立已经开始成为两者关系发展的一条主线。毫无疑问，这将对欧盟所推行的以结构性权力为重要武器的地区间主义战略带来挑战，在未来，欧盟将不得不在作为区域间合作的施动者还是与非洲建立以平等互利为基础的真正战略伙伴关系之间做出选择。

第三节　论坛化的区域间合作：实用主义还是体系构建？

相比于冷战后多边主义和地区间合作的形式，中非合作论坛在形式、内容和成效上都体现了其特殊性。尤其是在全球治理的背景下，非洲并没有实现众多对非多边和地区间合作机制的预期，与此同时，中非合作论坛在非洲发展上的成功经验正在为国际社会和非洲提供一个值得研究和借鉴的替代选择。中非合作论坛采用的是论坛的形式，或者松散的合作机制，而不是正式化、有法律约束力的条约和国际机制。在这一形式背后，事实上存在强有力的支撑：务实密切的双边关系、互利共赢的合作预期、共同利益基础上的相互依赖、合作原则与规范的认同。

一　中非合作论坛的形式

中非合作论坛成立的目的是为中非合作与发展提供一个协商和倡议的平台，经过十年的发展，论坛的机制逐渐完善。2002 年 4 月的中非合作论坛后续机制正式生效，据此，论坛后续机制建立在三个级别上：部长级会议每三年举行一届；高官级后续会议及为部长级会议做准备的高官预备会分别在部长级会议前一年及前数日各举行一次；非洲驻华使节与中方后续行动委员会秘书处每年至少举行两次会议。[1] 2006 年，中非领导人在中非合作论坛北京峰会暨第三届部长级会议上一致同意建立中非外长级定期政治对话机制，而中非双方还利用其他平台进行对话，尤其是在联合国大会期间的对话协商已经成为国际舞台上一个独特的现象。

中非合作论坛是一个发展中国家与非洲建立的政府间的机制联系。从成员国的数量，国家间经济、政治、文化和社会上的差异，不同的对外政策体制和外部环境来看，中非合作论坛自身就是一个突破，而更重要的

---

[1]　中非合作论坛网站，http：//www.focac.org/chn/ltda/ltjj/t584467.htm。

是，论坛正在成为南南合作的一个典范。中非合作关系的持续深化标志着中非合作论坛不再仅仅是一种象征性外交的标志，而已经成为中非关系发展的有力推手。论坛虽然具有大多数发展中国家弱机制化的特点，但中国对非政策中的举国体制无疑是中国区别于其他国家的最大特点。中非合作论坛中方后续行动委员会的成员单位几乎囊括了中国政府的各部门，形式上中非合作论坛是一种外交机制，实质上它还涉及经济贸易、金融、政治安全、文化社会、发展援助、国际事务合作等全面的合作领域。在中央层面外，中国各省份也在积极地执行对非合作援助的举措。中国与非洲正在形成一个宏大的、全面而深入的合作体系，中国政府在这一体系中的政府意志、实力、魄力和主导作用发挥着最核心的作用。

中非合作论坛是中国完善非洲政策，非洲国家协调中国政策的良好平台。长期以来，中国的非洲政策被批评为用一种政策来处理与非洲所有国家的关系，忽略了非洲国家间的巨大差异。而非洲国家则缺乏应对大国，尤其是新兴大国的经验，非洲没有形成一套协调一致的对外政策。[1]在非洲国家与中国、印度等新兴大国的关系上，一些学者就建议，非洲国家应该对新兴国家的贸易、援助和投资活动进行监督，分析它们的战略目标和带来的机遇和威胁，同时，加强与非洲其他国家、非盟、非洲发展银行以及地区组织的关系，增强对外讨价还价的能力。[2]在这种背景下，中非合作论坛以及其三个级别的会晤机制为中非政策的相互认知和构建提供了协调的平台，对于中非之间加强了解和达成协商共识具有重要的作用。目前来看，最引人注目的是三年一届的部长级会议，其他两个级别的会议似乎很少被重视，实际上这两个会议恰恰发挥着重要的作用。高官级后续会议（以下简称高官会）是部长级会议前的筹备会，它扮演着为部长级会议设置议程、确定会晤内容、形成一致意见、避免出现分歧的角色。这种会晤机制存在于大多数国际合作机制之中，尤其是发展中国家的会晤机制中非常普遍，例如东盟峰会前的高官会。因此，从这个意义上理解，高官会在中非合作论坛的发展过程中发挥着关键性的作用，中非高官间的协商甚至

---

① Sanusha Naidu, "The Forum on China – Africa Cooperation (FOCAC): What Does the Future Hold?" *China Report*, Vol. 43, No. 3, 2007, pp. 283 – 296.

② Raphael Kaplinsky, Dirk Messner, "The Impact of Asian Drivers on the Developing World," *World Development*, Vol. 36, No. 2, 2008, pp. 197 – 209.

争吵在很大程度上应该能反映双方目前关注的重点，然而，从目前来看，高官会的作用和核心功能并没有被充分重视。第三个级别是非洲驻华使节与中方后续行动委员会秘书处每年至少举行两次会议（以下简称使节会），使节会发挥着对中非合作论坛提出的合作举措和承诺进行评估和交流意见的作用，从目前来看，非洲国家对中非合作论坛的进展比较满意。

中非合作论坛强调中国与非洲共同发展、互利共赢、去政治条件、援助与发展相结合，这不同于目前西方国家推动的对非援助理念和模式。在合作的形式上，西方国家更强调其援助国地位，因此在合作模式、受援国发展政策制定、援助资金的使用上，西方国家处于主导者的地位，西方国家往往采取向非洲国家政府或非政府组织直接提供资金支持的方式，这也是非洲国家腐败的一个重要原因。在合作的目的上，西方的对非援助政策最后往往变成不同利益集团博弈的产物，并没有真正发挥促进非洲发展的作用。①中国的对非政策尽管遭受西方国家的批评，而且的确存在许多问题，但是不能因此否定中国在国际对非合作进程中所发挥的作用。英国学者肯尼斯·金（Kenneth King）非常准确地总结了中国与西方在推进与非洲国家合作关系上的不同：中国作为一个发展中国家帮助其他发展中国家，中国并不愿意被视为捐赠国，相反更愿意使其援助行为被认为是穷朋友帮助另外的穷朋友；中非合作应相互受益而不是单边援助；中非合作致力于贸易和经济合作共赢，而不仅仅致力于减贫；中非合作将援助和基础设施建设与发展相结合。②

二　中非合作论坛与中非相互认同

中非合作关系具有深厚的认同基础，经过60多年的发展，中国与非洲国家相互认同的本质在逐步扩大和强化，从历史认同到机制认同是中非相互认同发展的一个重要特征，中非合作论坛在这一转变过程中发挥着关键性的作用。

---

① 关于援助的动机和目的可参见周弘主编《对外援助与国际关系》，中国社会科学出版社，2002；周玉渊《从东南亚到非洲：日本对外援助的政治经济学》，《当代亚太》2010年第3期。

② Kenneth King, "China's Aid to Africa: A View from China and Japan," http://www.jica.go.jp/jica-ri/topics/archives/jica/2007/docs/070129_03.pdf.

历史认同在中非关系发展中发挥着重要的作用,而且构成了当前中国对非政策的认知基础,有非洲学者比较全面地总结了中非历史认同的内涵:独立解放的历史联系(历史合法性);冷战时期作为第三世界国家的思想遗产(思想合法性);建立在不干涉和中立立场上的伙伴关系(政治合法性)。①中非关系的发展经历了三个阶段:政治导向时期(新中国成立至 20 世纪 80 年代初),经济导向时期(20 世纪 80 年代初至 21 世纪初),战略导向时期(21 世纪初至今)。②在前两个阶段,虽然中非合作的重点和形式不同,但是在三个合法性基础上的情感认同都发挥着重要的作用,或者被称为"情感投资"(大部分时间内,情感投资发挥着加深中非关系的作用,在小段时间内,则需要用情感去修复被破坏的关系),这也被很多人认为中国虽然在非洲的援助规模并不大,但是能收到良好效果的重要原因。③

机制认同是 21 世纪后中非相互认同发展的一个显著特征。中国改革开放后对非政策的调适,以及非洲形势和国际对非合作趋势的变化,为中非关系的发展带来了新的变化。中非合作论坛的成立为中非关系的可持续发展提供了一个重要机制,许多非洲国家也将论坛的建立看作"标志着中非友好合作关系新的黎明"。④通过这一平台,中国与非洲国家逐渐明确合作的理念、原则、规范和模式。2006 年《中国对非洲政策文件》将中非交往与合作的原则提炼为:真诚友好、平等互利、团结合作、共同发展。明确了中非加强全方位合作的战略,并提出了全面的合作框架。文件指出:"中非合作论坛已成为中非进行集体对话与多边合作的有效机制,构筑了中非间长期稳定、平等互利新型伙伴关系的重要框架和平台。"⑤同年的中非合作论坛北京峰会上,中非确定建立新型战略伙伴关系。然而,中非合作论坛以及中非关系的快速发展也引起了西方国家及一些非洲国家的担心,其中最核心的一个问题是中国与非洲国家间关系的不平衡性问题。"中国对非有比较明确的战略,而非洲并没有共同的战略";"非洲——作

---

① 转引自 Kwesi Aning, Delphine Lecoutre, "China's Ventures in Africa," *African Security Review*, Vol. 17, No. 1, 2007, p. 40。

② 该结论来自笔者与一名中国前驻喀麦隆等多个非洲国家大使的座谈。

③ 该结论来自笔者与一名中国前驻喀麦隆等多个非洲国家大使的座谈。

④ Osita C. Eze, "Africa's Perspectives on China – Africa Relations and Forum on China – Africa Co-operation (FOCAC)," *Global Review*, Vol. 2, No. 2, 2009, p. 55.

⑤ 《中国对非洲政策文件》2006 年 1 月。

为一个大陆还是单个国家——如何影响中国的对非政策，从而获取更大收益？""双边关系是否真的为互利共赢关系，不平衡性问题是否更加突出了？"① 非洲国家如何看待中非合作论坛呢？非洲国家是否认同这一新的多边合作平台？

非洲国家总体上对中非合作论坛持积极肯定的态度，它们将中非合作论坛视为非洲与中国合作的一个重要平台，且有国家称"非洲的未来在中国"。②在第三届中非合作论坛期间，不同非洲国家领导人通过不同场合表达了对中非合作论坛机制的认同。坦桑尼亚前总统基奎特等将中非合作论坛视为目前促进中非合作最好的或理想的方式，"双方可以交流意见、平等参与决策并制订共同发展计划"。毛里求斯前总理纳文钱德拉·拉姆古兰认为，"中非合作论坛作为一个机制，通过定期评估中非关系，在促进双方良性互动上发挥了重要作用，而且这种互动是建立在互信、相互依赖和尊重彼此主权和领土完整基础之上的"。乌干达总统认为中非合作论坛具有重要意义，为中非提供了巨大的合作空间，具体表现在：中国经济的巨大成功可以促使其他发展中国家将其作为榜样来学习；中国的经济成功为其他发展中国家的发展带来了新的机遇；统一的中国也能为巴尔干化的非洲大陆提供重要的经验；中国在非洲的基础设施建设上发挥了重要的作用；中国通过向非洲最不发达国家开放市场，显示了其"真正的团结"，崛起的中国为当今"不健康的单极世界"提供了一个选择；中非合作论坛也为南南合作的发展提供了可以参照的框架。③

非洲国家对中非合作论坛的认同归因于对中国经济发展、国际地位、对非政策以及务实合作的认同。中非之间已经从当初的"兄弟"感情发展为互相尊重、互利共赢、共同发展的"伙伴关系"，从这个意义来看，中非关系的良性发展不仅需要中国外交的"情感投资"，还需要不断完善的"机制投资"，完善中非合作论坛的平台，增强中非对中非论坛的认同，充

---

① 参见相关论述"Wrong Model, Right Continent,"*The Economist*, Oct. 26, 2006; Osita C. Eze, "Africa's Perspectives on China – Africa Relations and Forum on China – Africa Cooperation (FOCAC),"*Global Review*, Vol. 2, No. 2, 2009。

② 汤加总统在 2006 年中非合作论坛北京峰会期间的发言。

③ Evaluating China's FOCAC Commitments to Africa and Mapping the Way Ahead (A report by the Centre for Chinese Studies, prepared for the Rockefeller Foundation, January, 2010), pp. 13 – 14.

分发挥这一机制在促进中非关系发展上的作用。

三　中非合作论坛与中非相互依赖

冷战结束后，和平与发展成为世界的主题。改革开放后的中国迅速发展，不仅逐步开放自己的市场，还开始走向更宽广的国际市场。非洲国家在经历了结构调整计划带来的阵痛后，开始审视自身的发展模式和外部选择，非洲的复兴成为非洲众多国家的共识。中国与非洲同处于复兴的发展阶段，存在相互需求，而且从目前来看，双方能够提供有效的供给，这也已经成为彼此相互依赖的基础。

中非贸易、投资、援助规模较 20 世纪 90 年代获得了巨大的提高，对此，很多国家政府和学界将其视为中国在非洲取得了主导性的影响力。[①]在贸易领域，自 2000 年中非合作论坛成立以来，中非贸易额由 100 亿美元增长到 2007 年的 733 亿美元，到 2008 年，则突破了 1000 亿美元。[②] 受全球金融危机的影响，2009 年中非贸易额有所下降，然而，到 2010 年又增长到 1150 亿美元，中国已经成为非洲最大的贸易伙伴。[③]相应地，中国也成为南非等非洲重要经济大国的最大或主要出口市场。在投资领域，相对于欧美国家来说，中国的对非投资规模所占比重并不大，然而，纵向来看，中国的对非投资规模则在不断扩大。2004 年，中国对非投资额只有 1.35 亿美元左右，到 2009 年则达到了 90 亿美元。[④]中国企业在非洲的投资的确产生了一些问题，比如环境问题、当地就业问题。然而，中国政府和外交部门以及企业自身正根据环境的变化调整相应的政策，中国企业不仅在促进当地宏观经济发展上，而且在促进当地就业、环境改善等具体领域也开始发挥着积极的作用。根据赞比亚官方的统计数据，中国在当地的投资已经为其创造了 1.5 万个工作岗位。中国目前是乌干达最大的投资国，2010

① Evaluating China's FOCAC Commitments to Africa and Mapping the Way Ahead（A report by the Centre for Chinese Studies, prepared for the Rockefeller Foundation, January, 2010）.

② Berna Namata, "China – Africa Trade Hits ＄91 Billion in 2009," http：//allafrica. com/stories/201005130116. html.

③ Shirong Chen, "China Defends Africa Economy and Trade Role," http：//www. bbc. co. uk/news/world – asia – pacific – 12069624.

④ "Chinese Investment in Africa Cements Friendly Ties," http：//english. peopledaily. com. cn/90001/90780/91421/7288802. html.

年，中国在乌干达的 32 个投资项目就为当地提供了超过 5500 个工作岗位。[1]同时，由于中国在非的大多数企业更多的是劳动密集型企业，而且其项目多集中于道路、桥梁、医院等基础设施，因此中国在提供就业和改善民生上能够发挥更大的作用。实际上，针对目前在非投资存在的问题，中国正在积极地学习和研究，从而找到更好的解决途径。[2]在对非援助上，中国坚持合作而不是援助的理念，实际上，中国通过各个层面、各个途径加大对非洲的援助力度，2006 年，中国向非洲提供了 80 亿美元的贷款，2007 年，中国进出口银行又承诺提供 200 亿美元的让步性贷款，2009 年在埃及沙姆沙伊赫举行的中非合作论坛部长级会议上，中国又提出了新的对非八项举措，制定了《中非合作论坛 – 沙姆沙伊赫行动计划（2010 至 2012 年)》，中国对非的援助规模和层次不断提高。[3] 总体而言，以贸易、投资和援助为核心的对非合作体系已经形成，这三者之间相辅相成，确立了当前中国对非合作的阶段性特征。

四　从实用主义走向体系构建：中非关系发展的阶段性总结

如果说 21 世纪前后中国的对非政策更侧重于资源等经济利益考虑的话，中非合作论坛的成立以及实践则是中非关系发展的一个重要转折。在中非合作论坛形式背后，一个经济上相互依赖、政治上认同与合作、国际上能够相互支持的隐形体系正在构建之中。第一，双边关系构成了中非关系格局的有力支撑。这不同于欧盟的多边主义偏好，在非洲一体化进程尚不成熟，地区组织实力还比较有限的阶段，稳定的双边关系比过分依赖地区组织的策略更有效。第二，相互依赖程度的加深使中非关系的基础更加坚实，这也是未来中非关系发展的决定性因素。第三，共同规范、原则形成和共识的达成构成了体系的思想基础。尽管中非合作论坛的原则主要是对《联合国宪章》的内化，但是至少在目前，其认同力要比欧盟或西方的

---

[1] "Chinese Investment in Africa Cements Friendly Ties," http：//english. peopledaily. com. cn/ 90001/90780/91421/7288802. html.

[2] Christ Olden 通过研究也发现了中国在实践学习和政策调适上的能力，在 2010 年南非举办的学术研讨会上，他就谈到随着中国"学习"能力的提高，很多问题都能够得到合理的解决。

[3] 具体情况可参见中非合作论坛历届举措，http：//www. focac. org/chn/。

标准的认同力更大。第四，举国体制是中国与非洲关系最强有力的工具和保障，也促成了中非关系广泛参与体系的建立。举国体制反映了中国发展对非关系的强烈政治意愿，国务院各部委、各省份以及不同组织和行为体的参与增强了中国与非洲的复合相互依赖关系。

第四节　结语

通过以上分析，可以清晰地发现，欧盟与中国在对非的区域间合作上采取的是两种不同的合作形式：制度化和论坛化。这种合作制度工具的选择是对国际环境改变、各自利益变化、非洲自身发展等客观因素的回应，同时又体现了宣示权力、重心转移、战略调整等主观因素的作用。一个可以判定的事实是，欧盟与非洲的关系目前正处于下降通道，而中国与非洲的关系正处于上升的趋势中。欧盟更关注其对非结构性权力的国际意义，一体化模式和政治价值观的输出，多边而非双边、象征性外交，或者自身利益，而忽视了非洲日益变化的政治经济需求，这种失衡的权力结构很大程度上影响着非洲国家的选择。中国基于国家发展的需要，高度重视非洲的作用，中国与非洲的合作从早期的经济合作逐步向政治安全、人文交流等全方位的合作转型，中非合作论坛的多边形式以密切的双边关系为支撑，最大限度地寻求共识和认同，相比而言，其认同力比欧盟－非洲峰会等机制的认同力要更大。以非洲国家需求转向为前提，以援助、贸易和投资为核心的中非相互依赖，以举国体制为支撑的全方位、多层次合作格局，以及国际法内化而成的中非合作原则和规范，共同在构建一个隐形的合作体系。这一合作体系更好地适应了非洲发展的需要，这也根本回答了为什么目前中国在非洲更受欢迎。

当然，必须说明笔者一直坚持的观点：不同程度的制度化工具并无优劣之分，其更大程度上是基于利益变化和政策调整的需要。区域间合作以及国际合作的成效最终取决于行为体之间的利益平衡与合作的意愿和实质。欧盟与中国事实上正是在实质与形式之间做出不同选择的案例：欧盟重制度、轻实质，而中国在实质合作的基础上，也正在考虑发展和完善中非合作论坛的合作形式。可以肯定的是，适用于本地区的合作机制才是地区间合作能够顺利进行的重要保障。

第九章　中欧非三方合作与非洲自主性

  2006 年中非合作论坛北京峰会的成功举行引起了国际社会的广泛关注，中国的对非政策开始成为欧盟与中国对话的一个重要议题。欧盟提出的三方合作正是欧洲国家对中非关系快速发展现实的回应。中欧非三方合作的提出表明国际对非合作正在进入一个新的阶段。这表现在以下几个方面。第一，传统西方大国与作为新兴发展中大国的中国开始跨越政治制度、价值观、合作方式、规范和原则等分歧，尝试共同构建一种新型的国际对非合作格局。第二，西方国家一方面希望通过机制化的三方合作来理解、规范和约束中国在非洲的快速扩张；另一方面也开始反思传统的"以西方为中心"的对非合作，希望借助中国的角色推动欧洲对非合作的转型。第三，在三方合作上，中国的态度从开始的怀疑甚至拒绝正在转向接受和参与，这反映了中国在非洲国际合作上开放性的不断增强。第四，三方合作更加凸显了非洲在国际对非合作中的地位。如何发挥非洲中心地位的作用，利用有利的国际对非洲的自主性和能力建设提出了考验。然而，三方合作的概念提出已有 10 年时间，三方合作到底取得了多大的进展？各方在三方合作中的立场和政策发生了什么样的变化？一个更值得注意的问题是，三方合作其实赋予了非洲在合作中的中心地位，然而，目前三方合作研究的重点更多放在了欧盟和中国，在很大程度上忽视了非洲，即讨论的是 "China and EU in Africa"，而不是 "China, EU and Africa"。这也带来一个问题，由于非洲的中心地位和自主性没有被充分激发，三方合作是否会面临"合法性"困境？为此，本章将尝试回顾三方合作的历史发展和概念演进过程，评估当前三方合作取得的进展和面临的问题，以非洲的角度来理解当前的中欧非三方合作。

第一节 三方合作：概念与历史

一 三方合作概念的提出

欧洲一直是影响非洲发展与政治安全进程的重要力量。然而从非洲独立后的半个多世纪的历史来看，欧洲在非洲发展与和平上的作用一直被质疑。[①] 尽管如此，非洲一直被视为欧洲的"后院"，代表西方的欧洲也理所当然地被视为国际对非合作政策和话语的塑造者。由于2006年中非合作论坛北京峰会成功举行以及《中国对非洲政策》白皮书发布，中非合作引领着一种不同于西方传统方式的合作实践，为非洲国家带来了希望和新的选择。这无疑对欧洲主导的非洲发展或者开发模式带来了冲击。正是在这种背景下，欧洲开始做出回应。"中国在非洲的成功迫使欧洲开始反思其对非关系，欧非关系开始从传统的援助者 - 受援者关系向新型伙伴关系转变，即更重视发展合作，更重视共同应对全球和地区性挑战。"[②]

2006年，欧盟委员会在其中国政策白皮书中第一次提到了欧中非三方合作。"从2000年第一届中非合作论坛举行开始，中国就在非洲和其他发展中国家不断扩大自己的战略利益，中国正在成为发展中国家的'代言人'。在国际发展领域，加强与中国的合作，鼓励其与欧盟进行富有建设性的合作，来共同应对国际、地区和跨国挑战，是欧盟的一个重要政策考虑。"[③] 2007年11月28日，在北京举行的第九届中国 - 欧盟峰会上，欧盟与中国表示会利用各自现有的对非合作机制加强对非合作，探讨中国、欧盟与非洲之间的有效合作。2007年12月，被推迟了多次的非欧峰会在里斯本召开，这届峰会出台了《非欧共同战略文件》和第一份行动计划。欧盟扩大对非洲的援助，更加重视提升非洲的自主权。该战略文件明确指出加强与其他国际伙伴的合作。2008年10月17日，欧盟委员会发布了《欧

[①] Walter Rodney, *How Europe Underdeveloped Africa* (London: Bogle - L' Ouverture Publications, 1973).

[②] Bernt Berger, Uwe Wissenbach, "EU - China - Africa Trilateral Development Cooperation: Common Challenges and New Directions," German Development Institute, Discussion Paper 21, 2007, p. 4.

[③] EU Commission, Country Strategy Paper - China 2002 - 2006, Commission Working Document.

盟、非洲和中国：三方对话与合作》政策咨询文件。在这一文件中，欧盟提出了一个倡议性的三方合作框架。（1）指导原则：务实合作原则；共识和共同参与原则；援助有效性原则。（2）具体目标：非洲和平与安全；非洲基础设施的完善；环境和自然资源的可持续性管理；农业和粮食安全。（3）政策对话与发展伙伴关系：上述具体目标的实现需要四个层面的政策对话和伙伴关系，包括非洲层面、地区层面、国家（大使级）层面和欧盟－中国双边层面对话。为此，这一文件还提出了相应的执行流程，包括加强在国际组织和多边场合关于非洲议题和倡议的协调，加强互访和官方交流，构建三方对话网络平台，组织欧盟－非盟－中国年度三方高管会议（轮流举行），邀请非盟"三驾马车"（前任、现任和下任主席国）参加欧盟－中国非洲事务年度对话，加强研究和知识供给，达成一系列机构、制度和组织间的合作协定，将三方沟通对话情况在峰会和部长级别会议期间向各方反映。①

二 欧盟三方合作理念提出的动机

欧盟提出三方合作政策倡议的重要背景是当时国际对非合作正在经历重大变化。这具体归因于多个方面。其一，这是由欧盟作为一个全球重要行为体的身份决定的。欧盟是全球发展议题的重要引领者，同时在和平安全议题上的地位也在不断提升。非洲发展问题是欧盟发展政策的核心关切，塑造非洲发展的议程、影响国际对非发展合作的规范和原则、推动国际对非合作的协调从而确保欧盟在其中的中心地位，是欧盟的一个重要目标。卡尔伯内就认为，欧盟重新展现对非洲的兴趣以及推动三方合作主要是由欧盟希望成为一个有影响力的全球行为体的目标决定的，非洲是欧盟提升其影响力的重要地区。② 作为在非洲最大的贸易伙伴和新兴援助者，中国自然成为欧盟关注和重视的对象。其二，这是应对中国等新兴国家不

---

① EU Commission, "The EU, Africa and China: Towards Trilateral Dialogue and Cooperation," Communication from the Commission to the European Parliament, The Council, The European Economic and Social Committee and the Committee of the Regions, COM (2008) 654 final, Brussels, 17, 10, 2008.

② Maurizio Carbone, "The European Union and China's Rise in Africa: Competing Visions, External Coherence and Trilateral Cooperation," *Journal of Contemporary African Studies*, Vol. 29, Issue 2, 2011,

断扩大的对非合作对欧洲的挑战和压力的需要。① 2006 年中非合作论坛北京峰会的成功举行使欧盟深感震撼，正是在此之后密集出现了大量关于三方合作的倡议和政策讨论。这归因于中国对非合作所秉持的不附加政治条件、不干涉内政、务实灵活而且效果明显的新合作模式，这凸显了欧盟传统合作的方式和效率存在的问题，挑战了长期由欧美传统大国主导的非洲发展话语和模式。为此，欧盟希望通过与中国的合作维护其在非洲发展合作上的领导者和规范制定者的地位，监督和规范中国的行为。"欧盟的中国战略就是通过缩小与中国的国际发展合作模式之间的差距，重点将良治、民主化、人权以及中国纳入援助国集团，按照《巴黎宣言》确定的原则和方式进行援助和投资。"② "我们希望中国加入合作，但其必须按照我们的规则。"③ 其三，这是借力中国，实现国际对非合作良性协调发展的需要。中国在发展、贸易和投资、基础设施建设、资源开发、农业、医疗和卫生等社会领域成为非洲重要的合作伙伴。在西方传统的促进非洲发展和安全治理效果不彰的大背景下，中国的经验、实践和比较优势无疑成为欧盟等反思和提升发展效率的重要方式。

三 欧盟三方合作的停滞及其原因

自欧盟提出三方合作的机制框架以来，中欧非三方合作并没有取得事实上的突破。相反，在过去的九年时间里，以欧盟、中国、非盟为核心的三方合作对话平台基本上是停滞的。在当前欧盟政策文件以及中国对非合

---

① 关于欧盟提出三方合作的动因国内外有很多解释，可参见 Anna Katharina Stahl, *EU - China - Africa Trilateral Relations in A Multipolar World* (London: Palgrave Macmillan, 2017); Bernt Berger, Uwe Wissenbach, "EU - China - Africa Trilateral Development Cooperation: Common Challgenges and New Directions," German Development Institute, Discussion Paper, No. 21, 2007; Vasiliki Papatheologou, "EU, China, Africa towards A Trilateral Cooperation: Prospects and Challenges for Africa's Development," *Journal of African Studies and Development*, Vol. 6, No. 5, 2014, pp. 78 - 86; Jonathan Holslag, "China's Evolving Behaviour in Africa and the Options of Cooperation with Europe," *Journal of Current Chinese Affairs*, Vol. 40, No. 4, 2011; Chris Alden, Elizabeth Sidiropoulos, "Africa - China - EU Cooperation in Africa, Prospects and Pitfalls," Uppsala: Nodric Africa Institute Policy Notes, 2009。

② Veronika Tywuschik, "EU, China and Africa: A Trilateral Partnership in Theory, A Bilateral One in Practice?" European Centre for Development Policy Management, p. 4.

③ Jose Luis de Sales Marques, "China, EU and Africa: A Trilateral Partnership in the Making?" 2011.

作议程中，欧盟、中国、非盟的三方合作并不是一个主要议题，在战略设计、政策倡议和项目规划上更没有具体的进展。欧盟、中国与非盟的三方合作确实存在巨大的合作空间、现实需求和操作可能，然而，为什么这一合作却陷入停滞？究其原因如下。一是缺乏信任基础。三方间的相互信任是非常脆弱的，欧盟担心中国的非洲政策、原则和方式将削弱欧盟传统政策、规范和原则的影响力，而中国既担心由欧盟主导的三方合作尤其是机制化合作会极大地影响中国的灵活性，同时也担心中国与欧盟加强合作会导致非洲国家认为中国与欧盟将进一步削弱非洲的话语权乃至主权，从而降低中国的吸引力和竞争优势。非盟则认为自身是三方合作中较弱势的一方，中国与欧盟的合作将不可避免地损害乃至牺牲非洲的利益。二是缺乏原则共识。信任基础的缺乏导致三方合作的原则共识也是缺失的，即什么样的三方合作能够为各方所接受？目前来看，欧盟三方合作机制框架的出台缺乏政府和政策层面的沟通互动。欧盟在提出三方合作的概念和政策倡议之前并没有与中国和非盟进行有效沟通，相反，这是一个欧盟一厢情愿、单方主导的过程，其超出了当前合作的现实可能性，并没有充分考虑到中国和非盟对机制化合作的可能接受程度。因此，在提出后的相当长时间内，中国和非洲国家对于这一倡议持非常谨慎的态度，并存有一定的疑虑。三是内部协调的困难程度降低了对其有效执行力的预期。欧盟提出的三方合作是以欧盟和非盟为主要行为体的，在三方合作上，欧盟内部以及非盟内部成员国间的理解和协调难度远远大于欧盟、非盟和中国三个行为体之间的理解和协调难度。这意味着，欧盟能够提出三方合作的政策倡议，但是在落实到具体实践时，则可能面临非常大的内部协调压力。例如，欧洲很多国家尤其是北欧国家更愿意通过单边而非欧盟开展与非洲的发展合作，欧盟内部的对非发展合作协调本身也面临一些非常现实的问题。四是非洲自主性的缺失。目前的三方合作更多是欧盟针对中国提出的合作倡议，其寻求的是欧盟与中国在非洲合作的可能性和路线图，即"EU, China in Africa"，而不是"EU, China and Africa"。这在很大程度上忽视了非盟对三方合作理念和政策的参与，非盟更像是一个旁观者而非三方合作的中心角色。到目前为止，非盟并没有对欧盟提出的三方合作框架做出过回应。因此，可以说，非洲中心性和自主性的缺失，或者非盟对此缺乏兴趣事实上构成了当前三方合作最现实的问题。

　　尽管欧盟提出的欧盟－中国－非盟三方合作倡议框架并没有取得实质性进展，但这并不意味着三方合作是失败的。相反，作为一个合作理念，各方对三方合作的理解是一个社会化的过程，三方合作的内涵和形式也正在发生着变化。首先，中国和非盟对三方合作的认识发生了重大变化。早期在欧盟主动提出三方合作后，中国因为怀疑和担心在一段时间内并没有做出回应，但是这种疑虑更多来自欧盟的制度和规范动机，而在具体合作领域，中国和欧盟则存在巨大的合作空间，中国需要欧盟的经验、技术和资金以提升其与非盟合作的能力和水平，尤其是中国与英国、法国等国正在开展的三方合作更加使中国在三方合作上持开放态度。大致从 2012 年开始，中国对三方合作的态度从谨慎转向开放积极。① 而在非洲提出非盟《2063 年议程》后，尤其是在非洲对全球伙伴关系平台有更清晰界定后，在确定合作原则基础上，非洲国家也更愿意尝试不同的国际合作形式。其次，当前的三方合作已经超出了欧盟、中国、非盟的合作范围，事实上成为理念推动的灵活的合作。虽然欧盟、中国、非盟三方的机制性合作并没有取得进展，但是欧洲国家与中国在非开展三方合作的倡议和政策则取得了积极进展。不仅在具体领域的合作，而且在政策和政府规划层面的合作（包括三方合作的平台和机制建设），中国与英国、法国等国在非的三方合作形式正在成为国际对非合作的重要形式。

第二节　从理念到实践：中欧非三方合作的进展

　　从欧盟提出三方合作的概念到中国积极参与三方合作的实践，三方合作的内涵发生了深刻的变化。欧盟提出的三方合作是一个制度化的框架，即建立欧盟－中国－非盟的机制化平台，这是欧盟制度化取向的反映，即先建立平台、制度和规范，再谈具体合作。虽然这一倡议并没有获得实践的支持，但是，这建构了三方合作的社会化过程，即各方的理解和互动塑造着三方合作的形成过程。如果说早期的三方合作是一种结果导向的设计

① 原外交部非洲司司长卢沙野表示中国在三方合作上的态度是开放的，中国愿意同国际社会各方共同在非洲开展合作，促进非洲的发展。三方合作必须建立在非洲同意、互利共赢的基础之上，必须有利于非洲的发展和提高国际对非合作效率。《外交部非洲司司长：中国对西方与中国在非洲开展三方合作持开放态度》，人民网，http://world.people.com.cn/GB/16852429.html。

的话，当前的三方合作由于中国的参与则表现为过程导向的设计，具有明显的功能性合作和复合三方合作的特征。功能性合作指三方合作从具体合作领域起步，而非以构建制度和规范框架为起点，例如中国与英国在非洲以农业合作为抓手，中国和法国在非洲则以电力和商业合作为抓手，中国与葡萄牙则在葡语国家开展合作，从具体的领域逐步向更综合的合作议程拓展是当前中欧非三方合作的一个重要特征。复合三方合作是指当前的三方合作不是欧盟期待的欧盟－中国－非盟单一框架，相反，是由中国、欧洲国家和非洲国家组成的多个多元的三方合作构成的。这种三方合作的形式能够更大限度地发挥各自的比较优势，尊重彼此的关切和灵活性。相比于欧盟三方合作框架倡议的停滞，三方合作在国家层面的实践则取得了重大的进展。中英非、中法非等三方合作目前正引领着三方合作新的趋势，这表明中国与欧洲国家在非洲发展与安全上的理念和政策分歧正在逐渐缩小，合作的空间则在不断扩大。

一　中欧非三方合作的进展

得益于中国在非洲影响力的提升，中国在三方合作以及国际对非合作态度和政策上的变化，在英国、法国等欧洲国家与中国的双边关系取得发展的同时，三方合作成为双边关系发展的一个重要政策议题。国家层面的三方合作主要表现在三个方面：一是对话和沟通机制建设；二是合作机制建设；三是合作领域选择和项目实施。

一是对话和机制合作平台正在形成。三方合作成为中国与欧洲国家加强合作的一个重要议题。近年来，三方合作已成为中欧、中英、中法等峰会机制无法绕开的议题。2015年6月，李克强总理访问法国时，两国发布了《关于第三方市场合作的联合声明》；9月，中法高级别经济财金对话上达成共识，于2016年在非洲开启中法非三方合作，并召开三方合作会议。2016年4月12日，中法非三方合作研讨会在北京举行。国家发改委副主任宁吉喆在致辞中提到，中法将加快推动设立中法第三方市场合作基金，为三方合作提供资金支持。① 2009年2月，在第一届中英商业峰会上，时任英国首相布

---

① 《中法非三方合作研讨会在北京召开》，国家发改委网站，http://www.sdpc.gov.cn/tpxw/201604/t20160413_798191.html。

朗和时任中国国务院总理温家宝同意启动中英农业合作计划。2013 年，第三届中英商业峰会上，中英双方承诺探讨在非洲基础设施投资和建设上的合作。在部级层面，2011 年，英国国际开发署与中国商务部签订了发展合作和实现新千年发展目标的谅解备忘录。2014 年，英国国际开发署与中国国家开发银行也签订了谅解备忘录，以支持非洲经济增长和减贫。2015 年10 月 22 日，在习近平主席对英国进行国事访问期间，中非发展基金有限公司与英国国际发展部签署《关于促进非洲投资和出口合作备忘录》，正式启动"非洲投资与增长的合作伙伴"（PIGA）项目。在非洲事务操作层面，中国与欧盟、英国和法国等在司级层面建立了非洲事务磋商机制。截至 2013 年，中国与欧盟共举行了 8 轮非洲事务磋商；截至 2015 年，中国与英国举行了 8 轮非洲事务磋商；截至 2016 年，中国与法国则举行了 11轮非洲事务磋商（2016 年举行第 11 轮非洲事务磋商）。

二是三方合作的原则和方式逐渐明确。在欧盟提出三方合作倡议后，三方合作的原则和方式一直是一个重要议题。欧盟的以机制和规范为导向、以欧盟为中心的三方合作机制倡议并没有顾及各方的意愿、能力和顾虑，其失败在所难免。这也表明，如何让各方都能接受，而且让各方愿意参与三方合作机制的发展和实践操作至关重要。在此之后，中国与英国、法国以及其他国际组织例如联合国计划开发署等开展的三方合作实践为总结和提炼中国参与的三方合作的原则和方式提供了重要经验。目前，中国与英国基本已经确定在基础设施、农业和贸易便利化三个优先领域开展三方合作。在一定程度上，《中国政府与法国政府关于第三方市场合作的联合声明》的发布标志着中国参与的对非三方合作的原则和方式已逐渐明确。根据这一文件，第三方市场合作应遵循以下原则：（1）企业主导，政府推动；（2）平等协商，互利共赢；（3）互补、互利、开放、包容。文件确定双方将在基础设施和能源、民用航空、交通、农业、卫生、气候变化、工业园区建设、金融和保险等领域开展合作。①其中，"三国共同选择，第三国同意，第三国参与，第三国受益"确定了三方合作的核心原则，这在非洲表现为"非洲同意、非洲参与、非洲受益"。由此而言，当前的三

①《中国政府和法国政府关于第三方市场合作的联合声明》，新华网，http://news. xinhuanet. com/world/2015 – 07/01/c_ 1115787201. htm。

方合作并不是建立在传统的以西方为主导，以民主、良治和价值观为条件，以机制化为工具的基础之上，而是建立在各方共识、互利共赢、务实合作、适度让利的基础之上。这在很大程度上是对欧盟提出的三方合作倡议机制框架的修正和超越。

三是合作议题和项目实施取得了积极进展，这构成了三方合作重要的早期实践。当前的三方合作更强调务实和功能性合作，突出企业等非政府行为体的角色，弱化政府的主导作用。政府在其中扮演推动者的角色，因此，这使三方合作的项目取得了积极进展。[①] 2010 年 1 月，非 - 英 - 中农业和渔业会议在北京举行，确定了三方合作的原则、优先领域和机制。2013 年，第二届会议启动了中英非合作加强农业技术转移项目，并率先在马拉维和乌干达开始实践，中英双方在农产品产量和粮食安全上的合作为中英非在减贫领域的合作提供有益经验。[②] 在一些具体项目上，中国水利水电建设股份有限公司在乌干达承建的发电站使用了阿尔斯通公司的涡轮机，中国石化与道达尔公司共同在非洲进行了油气开发，中材集团和法国拉法基集团在尼日利亚共建水泥厂，中国国家电网同法国电力公司在莫桑比克合资新建电站，中国港湾公司同法国博罗雷集团在几内亚合作扩建码头。2015 年 12 月 4 日，中广核欧洲能源公司与法国电力新能源公司及法国伊诺桑公司签署三方合作备忘录，携手进军非洲清洁能源领域。后来中法双方又初步商定在刚果（金）、莫桑比克、塞内加尔等国家实施水电、铁路等一批合作项目。2014 年 11 月 27 日，欧盟国际合作与发展委员内文·米米察访问中国时表示，"欧盟希望加强与中国在非洲地区的合作，建立中国、欧洲、非洲三方合作发展对话，实施有效的、透明的、普适性的项目和发展"。米米察介绍，目前欧方和中方在非洲已经开展了多层次的合作。在政治层面，欧洲和中国、非洲开展了对话；在经贸合作层面，欧洲和非洲签署了地区双边经贸伙伴关系协定，欧盟是非洲商品最开放的出口市场。"全面对非洲产品开放市场，协助非洲提高贸易生产能力，需要

① 徐惠喜：《中法非三方合作换挡提速》，《经济日报》，http://www.ce.cn/xwzx/gnsz/gdxw/201605/03/t20160503_11116858.shtml，2016 年 5 月 3 日。
② Gu Jing, Peter Holmes, Jim Rollo, Sabrina Snell, Max Mendez - Parra, Maddalena Procopio, *China - UK - Africa Cooperation on Trade and Investment*：*Prospects and Challenges for Partnership for Africa's Development*, IDS Evidence Report, No. 218, 2017, p. 10.

更多的私企在非洲投入具体的项目，需要协助私有企业和非洲地区生产能力的发展。我们非常愿意在贸易、投资便利化，以及经济增长方面，和中国成为合作伙伴。"①

2013 年，中国邀请美国参与刚果（金）因加大坝的共同建设。在美国看来，这意味着中国正在改变与非洲的国际发展合作关系，"这个前所未有的建议可能对国际发展援助的未来产生广泛影响"。② 2015 年 6 月 30 日，李克强访问比利时时，提出在非洲及其他地区开展三方国际产能和装备制造业合作，推进当地工业化进程；访问法国时，中法双方签署了《关于第三方市场合作的联合声明》，9 月中法第三次高级别经济财金对话达成一重要共识，即 2016 年在非洲开启中法非三方合作，并召开三方合作会议。在三方合作上，法国专门任命了一位负责中国与非洲关系的大使。中法委员会秘书长林碧溪介绍，自 2009 年中国成为非洲第一大贸易伙伴以来，中法委员会就开始关注法中两国在非洲事务上的合作，并努力为双方寻求合作机会。她表示："今后，法国、中国与非洲的合作伙伴可以更加注重彼此的互补性。非洲的重点是明确自身的需求，法国的工作重点是确保各种标准、道德规范以及质量能得到遵守，而中国则可以提供资金。"决定成立由中国投资有限责任公司和法国国际储蓄银行共同管理的合作基金以主要负责为中国和法国在非洲的项目提供资金。

2016 年 4 月 12 日，中法非三方合作研讨会在北京举行。国家发改委副主任宁吉喆在致辞中指出，2015 年中法两国政府发表了关于第三方市场合作的联合声明。国家发改委作为中方牵头部门，积极与有关部门进行协调。他表示，中法会加快推动设立第三方市场合作基金，为三方合作提供资金支持。③吴建民在谈到三方合作时指出，"三方合作是中国政府长期酝酿之后提出的倡议，是考虑中国的情况、发展中国家的情况以及发达国家的情况、全球的经济这个大的愿望提出来的，这样的思想

---

① 《欧盟：愿与中国在非洲加强合作》，东方财富网，http：//finance. eastmoney. com/news/1351，20141128451266531. html。

② 〔英〕杰夫·代尔：《中国邀请美国在非洲发展事务上合作》，《金融时报》，http：//www. ftchinese. com/story/001057603，2014 年 8 月 6 日。

③ http：//www. ccpit. org/Contents/Channel_ 3434/2016/0413/630167/content_ 630167. htm。

非常具有生命力，而且符合时代潮流"。迄今为止，中法非三方合作已经有了不少成功的实践，中法金融机构也在积极商讨建立中法共同基金，为开展三方合作提供融资支持，助力更多的合作项目落地。很明显，中法非三方合作已换挡提速，正在驶入快车道。①

联合国国际贸易中心为初步对接的项目制定技术支持和开发投资方案，中非发展基金有限公司提供资金支持，中国贸易促进会提供可行性咨询服务和经贸摩擦应对、投资纠纷防范等法律服务。我国首次提出与发达国家在第三方市场进行产能合作的理念，意在把发达国家的先进技术同中国性价比高的充裕产能相结合，更好地满足广大发展中国家基础设施建设需求，帮助其加快工业化进程。我国先后向法国、欧盟、英国、韩国、日本、美国等伸出了橄榄枝。2016 年伊始，中英 PIGA 项目率先启动，英国又一次成为最先响应中国号召的发达国家。中欧非三方合作进展见表 9 - 1。

表 9 - 1　中欧非三方合作进展

时间	名称	地点	会议情况	主要与会者
2010 年 1 月 12~14 日	中国、英国、非洲国家农业合作会议	北京	会议就中英非三方合作的原则、方式和重点达成了共识，并通过了会议纪要ª	中国农业部、英国国际发展部
2012 年 11 月 12 日	中英非农业合作第二次会议	北京	签署了中英乌和中英马《关于农业技术转移合作谅解备忘录》两份文件。这次会议旨在正式启动《中英合作加快向低收入国家转让农业技术项目》，以帮助非洲国家提高农业生产能力，应对全球粮食安全面临的挑战ᵇ	中国农业部副部长牛盾、英国驻华大使吴思田、乌干达农牧渔业部国务部长、马拉维农业部总司长

---

① 徐惠喜:《中法非三方合作换挡提速》,《经济日报》, http://paper.ce.cn/jjrb/html/2016 - 05/03/content_ 299834. htm, 2016 年 5 月 3 日。

时间	名称	地点	会议情况	主要与会者
2016 年 2 月 15 日	中法第三方市场合作——聚焦非洲	巴黎	政策和学术研讨	法国中资企业协会、法国企业运动组织国际事务部法中委员会
2015 年 10 月	习近平访英	伦敦	中国国家主席习近平对英国进行国事访问期间，中英签署《关于促进非洲投资和出口合作备忘录》，正式启动"非洲投资与增长的合作伙伴"项目（简称 PIGA 项目），并确定埃塞俄比亚、肯尼亚、莫桑比克和赞比亚四国为中英两国与非洲进行三方合作的首批试点国家。上述非洲四国是中英各自在提名候选国后商讨决定的，2017 年有望进一步扩大国别范围	中英元首
2016 年 2 月 25~26 日	非洲四国投资研讨会	河北唐山	中国与英国 PIGA 项目率先启动，在非洲四国试点国际产能合作。首批四国是中英各自在提名候选国后商讨决定的，2017 年有望进一步扩大国别范围。联合国国际贸易中心为初步对接的项目制定技术支持和开发投资方案，中非发展基金有限公司提供资金支持，中国贸易促进会提供可行性咨询服务和经贸摩擦应对、投资纠纷防范等法律服务	中国贸易促进会、联合国国际贸易中心、中非发展基金有限公司
2016 年 4 月 13 日	中法非三方合作研讨会	北京	政策和学术研讨	中国贸易促进会、法中委员会、中国国际商会合作发展部
2015 年 9 月 18 日	第三次中法高级别经济财金对话	北京	根据有关第三方合作的联合声明，中法双方通过开展合作为最不发达国家减缓和适应活动提供支持——特别是在非洲获取清洁能源和实施早期灾害预警机制方面。双方同意 2016 年在非洲开启中法非三方合作。在尊重接受方意愿的前提下，双方愿意推动多边开发银行参与第三方市场合作项目ᶜ	中国国务院副总理马凯、法国财政部部长萨班

时间	名称	地点	会议情况	主要与会者
2015 年 9 月 21 日	第七次中英经济财金对话	北京	继续实施中英全球卫生支持项目，共同支持全球新的可持续发展目标。双方支持非洲疾控中心建设，并共同努力加强非洲后埃博拉时期卫生体系建设。双方加强合作，提升全球卫生应急能力，增进全球卫生治理对话，并通过加强监测、共享数据等方式增强全球抗击传染病的能力[d]	中国国务院副总理马凯、时任英国财政大臣奥斯本
2016 年 5 月 31 日	中国对非洲可持续发展投资论坛	北京	促进非洲投资与增长的合作伙伴（PIGA）框架下的活动[e]	联合国国际贸易中心、中国贸易促进会、中非发展基金有限公司、DFID
2016 年 11 月 11 日	第八次中英经济财金对话	伦敦	双方重申致力于推动非洲发展的承诺和通过多边手段支持非洲发展的 G20 倡议的重要性，如 G20 支持非洲和最不发达国家工业化倡议和亚的斯税收倡议。在习近平主席 2015 年对英国进行国事访问期间宣布构建的中英面向 21 世纪全球全面战略伙伴关系框架下，双方对正在非洲开展的制造业投资和创造就业合作表示欢迎。双方注意到，外国直接投资对非洲经济多元化和创造就业特别是在制造业领域的重要性，以及中英两国企业和投资者对实现这一目标的潜在贡献。双方同意在现有合作基础上，共同帮助识别并解决投资瓶颈，比如运用包括多边开发银行共同融资、中非产能合作基金在内的创新型融资工具，并考虑把合作扩大至其他非洲国家。继续实施中英全球卫生支持项目，共同支持全球新的可持续发展目标。双方支持世界卫生组织非洲地区办公室和其他国际伙伴建设非洲疾控中心，为国际卫生体系架构增加价值。双方共同努力加强非洲后埃博拉时期卫生体系建设。双方加强在塞拉利昂的卫生合作，以支持其总统办公室发布的国家恢复计划中提及的国家发展重点领域。双方加强合作提升全球卫生应急能力，增进全球卫生治理对话，并通过加强监测、数据共享等方式增强全球抗击传染病的能力[f]	中国国务院副总理马凯、英国财政大臣哈蒙德、联合国国际贸易中心、中国贸易促进会、中非发展基金有限公司、DFID

续表

时间	名称	地点	会议情况	主要与会者
2016 年 11 月 14 日	第四次中法高级别经济财金对话	巴黎	双方认为两国在第三方市场不断发展的伙伴关系体现了高度互信的双边关系。双方同意成立指导委员会，并欢迎中国国家发改委和法国财政部在 2016 年 11 月 14 日签署的相关协议。双方支持在亚洲、非洲各挑选一个项目来启动具体工作，在尊重地域平衡的同时，按照"先成熟后推动"的原则推动更多合作项目取得实质性进展。双方欢迎中投海外直接投资有限公司（中投公司子公司）和法国信托储蓄集团国际资本公司（法国信托储蓄集团子公司）于 2016 年 11 月 14 日签署的关于中法第三方市场合作基金框架协议，该协议旨在投资那些为中法投资者在第三方市场创造发展机遇的项目[g]	中国国务院副总理马凯、时任法国经济和财政部部长米歇尔
2016 年 12 月 14 日	中国与非洲四国企业对接研讨会	广东广州	促进非洲投资与增长的合作伙伴（PIGA）框架下的活动。该项目评估阶段于 2017 年 1 月完成，接下来转入为期 4 年的主体实施阶段。会议期间，中国贸易促进会与国际贸易中心、英国国际发展部围绕下一步合作进行了深入探讨，并就 2017 年合作项目达成一致意见[h]	中国贸易促进会、联合国国际贸易中心、中非发展基金有限公司、广东省贸易促进会

注：a.《中国、英国、非洲国家农业合作会议在北京召开》，中国农业部网站，http://www.gov.cn/gzdt/2010-01/15/content_1511685.htm；b.《中英非农业合作第二次会议在北京召开》，农业部新闻办公室网站，http://www.moa.cn/zwllm/zwdt/201211/t20121112_3059148.htm；c.《第三次中法高级别经济财金对话联合情况说明》，财政部网站，http://www.gov.cn/xinwen/2015-09/19/content_2935188.htm；d.《第七次中英经济财金对话政策成果》，财政部网站，http://wjb.mof.gov.cn/pindaoliebiao/gongzuodongtai/201509/t20150921_1469104.html；e. http://www.intracen.org/news/China-and-UK-partner-with-ITC-to-promote-investment-led-exports-and-growth-in-Africa/；f.《第八次中英经济财金对话政策成果》，财政部网站，http://www.mof.gov.cn/zhengwuxinxi/caizhengxinwen/201611/t20161111_2456130.htm；g. http://news.xinhuanet.com/2016-11/16/c_129365211_3.htm；h. http://www.ccpit.org/Contents/Channel_3744/2016/1215/733283/content_733283.htm。

资料来源：笔者根据相关资料整理而成。

二　三方合作的评价

三方合作跨越了传统大国与新兴大国、发达国家与发展中国家、西方价值观与东方义利观、传统方式与新兴方式之间的隔阂，是国际对非合作新的探索。就欧洲而言，中国的对非合作挑战改变了其对非合作中的"欧洲中心主义"，促使其反思"援助越多、效果越差"的困境，推动其更好地借鉴和利用中国在非的优势和经验，从而维持其在非洲的地位和合法性。而就中国而言，三方合作的推动则意味着中国对非合作原则、方式和效果逐渐获得了传统国家的承认，中国的比较优势正成为中国在非话语权的重要来源，通过借助西方国家长期积累的政治、经济、社会和文化资源，三方合作能够为中国巩固自身优势、提升合作质量、拓展合作空间提供新的动力。目前来看，中欧非对三方合作持乐观态度，但对三方合作的问题和前景同样存在质疑。

首先，在政府层面，中欧双方目前在三方合作上逐渐达成共识。中法非三方合作框架的建立正是因为得到国家领导人的重视和推动。中国驻法大使翟隽在第一届"中法第三方市场合作——聚焦非洲"研讨会上就明确指出，"去年（2015 年。——编者注）李克强总理访法期间，两国政府发表《关于第三方市场合作的联合声明》，并决定设立三方合作共同基金。这不仅是中法关系中的一大创举，也是对国际合作模式的一种创新，核心是将中国的中端制造能力同法国的高端技术、先进理念结合起来，为第三国提供高水平、高性价比、更具竞争力的产品和服务，实现'三赢'，当前中法关系比以往任何时候都更加紧密，两国领导人亲自关注和推动面向第三方市场的合作，体现了双方政治互信的高水平"[1]。法国则任命其驻赤道几内亚的大使 Francois Barateau 担任法国负责法中非伙伴关系的大使，他就三方合作表示，"法国与中国在非洲的发展上拥有共同利益，通过有效精准的合作可以扬长避短，借助双方规划的项目，为非洲的经济和社会发展带来巨大帮助"[2]。

其次，在企业层面，企业是中法非三方合作的主体，企业的态度和参与至关重要。由于法国企业与政府间的关系与中国企业与政府间的关系并

---

① 《驻法国大使翟隽在中法第三方市场合作——"聚焦非洲"研讨会上的讲话》，中非合作论坛网站，http://www.focac.org/chn/zxxx/t1341182.htm。

② Jean-Pierr Cabestan, France-China Cooperation in Africa: The Emergence and the Limits of a New Intiative (paper presented at the Yale China-Africa Conference on Africa-China Relations: Balance, Growth and a Sustainable Future, Lagos Business School, Lagos, Nigeria, March 6-7, 2016), p.7.

不一样，同时三方发展基金等重要项目设计和金融保障工具仍有待落地，因此法国企业界对三方合作的支持和配合意愿仍有待观察。但是，在一些大型基础设施、有影响力的政府项目上，法国企业已经开始加大参与力度。①相比之下，中国企业则把三方合作视为加强与法国和非洲合作、推动其国际化的重要途径。②

最后，在学术和智库研究层面，中欧非三方合作当前并没有引起足够的关注，相关的研究仍集中于对中非合作关系和法非合作关系两个双边关系的梳理和比较上，以理解中法非三方合作的原因、可能性以及存在的结构性问题。③也有个别研究会从建构主义和功能主义等动态发展的视角来理解三方合作，以为中欧非三方合作的推进提供智力支持。然而，总体上当前的研究仍主要集中于中欧是否需要开展和加强在非洲以及第三方市场的合作。④

中法非、中英非的三方合作选择跳出制度和传统的束缚，从功能性领域合作入手，因此在当前取得了重大进展。然而，本质上，中欧非三方合作很大程度上是两种不同的对非模式、制度和文化间的合作和社会化过程，因此这一过程难免存在一系列问题。

一是政府和企业间的关系比较模糊。三方合作确定的一个重要形式是企业主导、政府推动。但在实际中其可能存在非常现实的问题：三方合作的主体到底是谁？谁来决策？谁来保障执行？第一，如果三方合作是自上而下的、由政府推动的，那么企业的意愿和主动性将如何调动？三方合作的效率和效果将如何保障？第二，如果更大程度利用自下而上的方式，即企业根据市场的需求进行合作，那么，三方合作的框架将如何界定，或者说政府将如何参与和影响企业的市场行为？法国国家科学研究中心研究员

① 《戴璞：中法第三方合作模式走向何方？》，环球网，http://finance.huanqiu.com/rw/2016-06/9029285.html。
② 例如，在2016年4月12日于北京举行的中法非三方合作研讨会上，众多中国企业代表参加。
③ Sven Grimm, "Engaging with China in Africa – Trilateral Cooperation as an Option?" Policy Brief No. 9, EDC 2020, 2011; Bernt Berger, Uwe Wissenbach, "EU – China – Africa Trilateral Development Cooperation: Common Challenges and New Directions," German Development Institute, Discussion Paper, No. 21, 2007.
④ 相关研究述评可参见江时学《中欧在非洲事务中的合作》，《国际观察》2016年第3期。

蒂埃里·佩罗就表示担忧，"法国政府对企业的影响力十分有限，因为法国的企业主要是私营的。这一切与中国有着很大的不同"①。

二是三方合作功能相对不是很明确。三方合作是一种商业合作模式（中法非合作模式），还是援助合作模式（中英非合作模式），抑或是多种功能混合的模式？这种功能界定不清楚的问题导致中国与欧洲在职能机构上的不对称性，如法国有专门负责三方合作事务的大使，英国主要由国际开发署负责三方合作事务，而中国有关三方合作事务的责任则分散到不同的部门，如国家发改委、商务部、中国贸易促进会等。这不利于中国整合三方合作的资源，建立中国的规则和话语优势，从而在三方合作上发挥核心作用。

三是非洲在三方合作中的角色和作用并不清晰。虽然三方合作提出了"非洲同意、非洲参与、非洲受益"的原则，但从目前的进展来看，三方合作主要是由中国与欧洲国家推动的，非洲在其中的作用并不明朗。下一章将专门探讨非洲国家对三方合作的态度、立场和政策。

中国与联合国开发计划署的谅解备忘录中还包括中国与联合国开发计划署在南南合作框架内共同选择一个发展中国家尝试开展三方合作，强调三方合作应与东道国的发展战略优先领域保持一致、不干涉其内政、遵守其法律法规。中国通过与联合国开发计划署加强合作，在南南合作的框架下向其他发展中国家分享发展经验，促进实现新千年发展目标。②

第三节　三方合作中的非洲自主性

非洲是三方合作的中心，然而，不得不承认，当前的三方合作在被作为一个政策或者合作机制进行讨论和推进时，焦点事实上更多集中在外部大国间的合作上，即"在非洲"而非"与非洲"的矛盾。从非洲的角度来看，三方合作对非洲来说也是一个全新的课题和挑战。长期以来，欧洲和中国的对非合作基本是以并行的甚至是相互替代的两种模式存在的。尽管非洲相对弱小且对外部严重依赖，但由于这两种模式间的竞争，非洲能够

---

① http://mil.news.sina.com.cn/dgby/2016-03-09/doc-ifxqafha0531820.shtml.
② 《中国政府与联合国开发计划署签署〈关于加强合作的谅解备忘录〉》，中华人民共和国商务部网站，http://www.mofcom.gov.cn/article/ae/ai/201009/20100907154645.shtml.

更大程度地在这两种模式间进行选择，以维持较高的灵活性。然而，当前以竞争为主基调的两种模式间的合作给国际对非合作格局带来了不一样的变化，一方面国际对非合作的协调和整合在加强，另一方面这意味着非洲必须对这一变化做出回应，尤其是之前非洲拥有的灵活空间减少了，非洲必须通过真正提升其自主能力来应对。"非洲必须在国家、次地区和地区层面真正成为国际对非合作的一部分，而不只是一个看客。非洲国家必须清晰认识和主导国际伙伴的对非投资。在政策层面必须确立明确的战略和计划。非洲需要加强与全球大国的关系，然而非洲的发展必须由非洲自己主导。"①

一 非洲对中欧非三方合作的认知

非洲的对外关系构建一直存在三个矛盾：一是西方殖民遗产以及近代非洲实践在非洲所导致的认识上的二元对立；二是极力维护非洲自主性与自身实力弱小而不得不严重依赖外部的矛盾；三是多元国际对非合作格局赋予的非洲灵活性与国际对非协调有可能减少非洲灵活性空间的矛盾。

在第一个矛盾上，西方的殖民遗产让非洲既爱又恨，一方面，非洲痛恨西方殖民，尤其是主观性的边界和民族国家构建给非洲的发展带来了深远的影响，因此当今非洲仍对欧洲存在强烈的不信任感，这从非洲国家对外好感度的对比中可见一斑。另一方面，殖民构建起来的关系纽带也被非洲视为重要的遗产，尤其是在非洲独立后，欧洲通过非洲"历史负担"的偿还，包括援助、贸易、投资以及国家和制度建设，树立了新的"仁慈的"形象，并再次把非洲与其紧紧捆绑到一起，与欧洲的天然联系也是非洲民众的一个"重要意识形态"。比如在笔者参加的一次中欧非三方合作研讨会上，一位非洲学者就以非欧长达几个世纪的联系为理由，认为中欧非三方合作，尤其是中国的加入，将对欧非之间长期以来形成的制度、规则、合作习惯和文化带来挑战。②因此，这个矛盾决定了非洲国家对三方合

---

① David Monyae, "The Percetions of the European Union and China in Africa," http：//www. friendsofeurope. org/security – europe/perceptions – european – union – china – africa/，November 7, 2016.

② 2016 年 11 月 18 日，笔者参加了由阿登纳基金会在布鲁塞尔举办的"中欧非三方合作：前景展望"研讨会，会上一些非洲代表表达了这样的想法。

作的态度是二元对立的。

第二个矛盾在中欧非三方合作中的表现是，非洲国家认为中欧的合作将进一步削弱非洲在三方合作中的话语权，但非洲无力对此做出回应，这导致非洲维护自主性将更加困难。自独立以来，非洲的发展话语基本是由西方范式垄断的，如非洲的"现代化"尝试、"经济结构调整计划"、"重债穷国计划"等。中国的到来，尤其是其提出的不附加条件、不输出模式、不干涉内政等方式，打破了传统的西方对非洲发展话语的垄断，增加了非洲国家的选择空间、灵活性以及谈判的筹码，因此，非洲国家更愿意从中国与欧洲等西方国家的差异和平衡中实现利益的最大化，或者说更愿意与中国打交道。当前的中欧在非洲事务上的合作，在非洲国家看来，不仅实力对比悬殊，还取决于中欧合作是否会再次形成新的话语垄断，中欧间的利益协调和规范构建是否将以牺牲非洲为代价。非洲国家的一个忧虑是，在三方合作框架下，中国会不会改变其不附加条件、不干涉内政、重视基础设施建设而不关注空洞的能力建设等传统做法，这也正是非洲国家对中欧非三方合作忧虑的根源。2009 年维基解密公布的一份文件显示，非洲非常担心三方合作可能会导致"中国方式"的改变。中国外交部公共外交咨询委员会委员、中国政府非洲事务前特别代表刘贵今表示，中国对非合作开展很早，尤其是在中非合作论坛之后，中非合作取得了很多成果，影响深远。西方国家也想参与进来，在非洲问题上推动与中国的三方合作，其中，法国政府最为积极。不过，多数非洲国家都不愿意第三方介入，根本原因在于，其认为，中非双边合作优势明显，一直十分便捷顺畅；担忧西方国家的介入会带来很多附加条件，干涉其内政。因此，想要实现三方合作面临很大困难。①

第三个矛盾反映的是国际对非合作协调的主导性问题。非洲的发展和安全治理是国际社会的一个重要关切，不同行为体的存在一方面构建了多元的国际对非合作格局，另一方面则带来了一个现实的问题，国际对非合作协调到底应该由谁来主导？从非洲自主性和非洲需求导向的角度来看，非洲应该处于协调的中心地位，即国际对非合作协调应该与非洲的需求及

---

① 《坦中友好协会：非洲欢迎对华合作　无需第三方》，环球网，http：//world. huanqiu.com/exclusive/2016 - 08/9282633. html。

总体战略和政策现实相一致。然而，在现实中，由于实力和能力的限制，加上国际大国不同的利益诉求和考虑，非洲很难发挥"小马拉大车"的作用。因此，这导致了国际对非合作更大程度上主要是由外部力量推动的。相比之下，由于缺乏设置议程和框架的能力，非洲国家更愿意灵活地利用各行为体的资源。然而，当前，中欧在非洲事务上合作的加强事实上反映了一个趋势，即国际对非合作协调正在进入一个新的阶段，这一变化将促使非洲被迫做出改变。

二 非洲在中欧非三方合作中的地位

当前非洲在中欧非三方合作中处于一个比较尴尬的地位：非洲不是三方合作的首创者和推动者；非洲不是三方合作模式、制度和规则的塑造者；非洲也不是三方合作的积极参与者。

第一，三方合作首先由欧盟提出，后来因为中国立场的变化，而得以稳步推进。但在这一过程中，非洲并没有发出自己的声音，也没有提出自己的主张，而是被动地接受三方合作的倡议。例如截止到当前，非洲国家、国际组织、智库和国际社会依然未对三方合作做出明确的回应，有限的回应也只是对欢迎和怀疑这两种不同态度的模糊表达，即一方面，作为国际对非合作的一种形式，三方合作能够带来机会；另一方面，非洲对三方合作的动机、在其中的话语权、受益和潜在伤害等存有疑虑。也就是说，很大程度上，非洲仍将自己置于三方合作之外，将自己视为一个客体而非主体。

第二，非洲战略和政策的模糊性限制了非洲在塑造三方合作的模式、制度和规则上发挥主要作用。无论早期欧盟提出的中欧非三方合作机制框架倡议，还是当前中法、中英所确定的合作原则和合作机制，抑或是中国提出的"非洲同意、非洲参与、非洲受益"的原则，在三方合作构建过程中都没有与非洲国家进行沟通和互动。虽然，三方合作以及国际对非合作都一再强调非洲的自主权和非洲的重要性，但这很大程度上仍只停留在表面。任何一种集体合作机制和规范的形成，如果缺乏各参与者之间的有效互动和沟通，那么，这一合作的合法性和前景会被怀疑。因此，从这一角度来看，非洲在三方合作制度和规范上的缺席无疑会影响到三方合作的进展和效率。

第三，与中欧在三方合作实践上的积极性相比，非洲的积极性并不高。自 2008 年三方合作正式被提出以来，已经召开了至少 30 次三方合作及相关的政府间会议和政策研讨会。然而，这些会议主要在欧洲或者中国召开，计划在非洲国家（塞内加尔）召开的会议只有 1 次，而且其是由法国提议和推动的。这一会议原计划在 2016 年中下旬召开，然而，由于法国大选及其他未知原因，到目前为止，该会议仍没有举办。同时三方合作的优先领域和合作项目也基本是由中欧双方确定的，在这一过程中，非洲的积极性和主导合作项目的意愿并不明显，如中法非达喀尔会议、中法共同发展基金、中英非贸易和投资便利化项目。

三　非洲的政策回应

中欧非三方合作从提出到现在，经历了欧盟提出、欧洲国家提出和中国提出的阶段性变化，但唯一没有发生变化的是非洲在三方合作上的认知和政策。在非洲国家看来，其在与欧洲和中国的双边关系中保持灵活的平衡，能够最大限度地获得收益。相反，如果中国与欧洲加强在非洲的合作，那么这无疑压缩了非洲的灵活空间。作为实力弱小的一方，非洲根本无法在三方合作的格局中讨价还价。因此，截止到目前，非洲国家几乎没有对三方合作的政策进行回应。在不同的政策和学术研讨场合，非洲国家的官员和学者对三方合作的疑虑甚至反感几乎是高度一致的。

中欧非三方合作是国际对非合作的一种表现形式，因此，应该从非洲对其整体全球伙伴关系的理念、政策和框架之中，认识和理解非洲对三方合作的政策回应。

首先，在非盟《2063 年议程》出台之前，由非洲自主制定的非洲发展战略是缺失的，这意味着非洲丧失了主导全球伙伴关系的基础。2001 年的"新非洲发展伙伴关系计划"名义上是由非洲国家制定的，但本质上它是西方主导的结果，即它是非洲国家按照西方的价值观、标准、条件和规范做出的发展规划，而且其严重依赖西方的援助，一个核心的方式是"良治换援助"，这也使其被指责为西方在非构建的"新庇护主义"。

其次，一个尴尬的现实是，在非盟成立后，NEPAD 仍一直作为一个独立处理非洲与国际伙伴关系的机制。"G8 与非洲伙伴关系"的机制框架包括 G8 非洲峰会、NEPAD 5 与 G8 代表对话机制以及 2003 年成立的非洲伙伴关系论坛（African Partnership Platform）。G8 与非洲伙伴关系机制具有明显的西方大国主导非洲发展的特征，虽然这一机制强调非洲的自主权以及伙伴关系而非援助关系的非洲发展新话语，但事实上，非洲在这一过程中的话语权仍非常弱。为适应非洲国际伙伴关系发展变化的现实，尤其是中非合作论坛所推动的新兴国家与非洲关系的发展，2009 年，非洲伙伴关系论坛进行了改革，即"罗马改革"。这确立了非洲伙伴关系论坛新的目标：一是发挥论坛在推动双边伙伴关系发展以及提升向双方领导人提供政策影响力上的作用；二是扩大对话平台的范围，即从 G8 与非洲伙伴关系向包括 G8、G20、非盟以及联合国等伙伴关系发展；三是加强各会议主办方的沟通和协商，从而保持政策的连续性和议题的集中。然而，这些目标不足以改变非洲伙伴关系论坛在非洲发展中相关性的降低。G8 非洲峰会作为一个集体对非合作平台和机制已经不存在，NEPAD 5 与 G8 代表对话机制也停止了运作，"非洲伙伴关系论坛也不再是影响非洲发展进程的关键性和有效性的'平台'"。①

　　总结起来，非洲伙伴关系平台的不可持续主要基于四个层面的原因。一是"G8 与非洲伙伴关系"机制是由西方国家主导、以西方的合作规范和规则为前提、以制度设计为起点和导向的对话机制。其更重视制度上的设计，但忽视了非洲的现实和需求，从而导致制度与现实需求相脱节。二是"G8 与非洲伙伴关系"机制的一个结构性缺陷是，作为发达国家与发展中国家的合作平台，发达国家的倡议、政策和投入往往基于自身的视角，更像一种自上而下的非洲开发模式，即"输血而非造血"的模式。这种模式建立在西方国家的承诺和援助的基础之上，如果西方国家不能履行承诺或者减少援助，那么这一模式将面临问题。"G8 与非洲伙伴关系"机制丧失重要性的一个重要原因就是发达国家很难在非洲发展问题尤其是对非承诺的履行上达成一致。三是非洲的话语权很弱。从"G8 与非洲伙伴关系"机制的三个平台来看，非洲在其中的议题设置、话语和规范塑造方面的实力都很弱。非洲的参与度其实非常低。四是非洲伙伴关系平台对新兴国家作用的忽视。G8 以及 OECD 等把自己视为国际对非合作议程、规范

---

① Patrick Hayford, Adolf Kloke – Lesch, *Africa Partnership Forum Evaluation Report*, September, 2013, p. IX.

和规则的塑造者，这导致其在很大程度上将中国等新兴国家视为现有规则的挑战者和破坏者，从而没有更好地利用中国等国为非洲所带来的重要机遇，相反由中国引领的南南合作则进一步凸显了传统对非合作的不足，降低了其相关性。

总体上，在 21 世纪的第一个十年，非洲自主发展战略相当程度上仍是缺失的，这导致非洲在与国际伙伴关系构建上的战略对接、政策设计、话语塑造和议程引领的能力严重不足。首先，2015 年 5 月，非盟《2063 年议程》的出台标志着第一份真正意义上的非洲发展战略形成，这从而为非盟更好地利用、引领乃至主导非洲的全球伙伴关系提供了基础和可能。其次，在非洲伙伴关系平台的基础上，建立"全球伙伴关系平台"是提升非洲在国际对非合作伙伴关系中自主性的重要尝试。与非洲伙伴关系平最大的不同之处在于，全球伙伴关系平台在更大程度上是由非洲国家主导的。如果说非洲伙伴关系是服务于协调 G8 与非洲国家关系或者西方的利益的话，那么，全球伙伴关系平台则是服务于非盟《2063 年议程》和非洲复兴的总体目标的，以通过更有效利用国际对非合作来促进非洲的发展。2015年 9 月，非盟《2063 年议程》第一个十年（2014～2023 年）计划在第七大目标中提出，要将非洲建设成为一个有实力的、有影响力的全球伙伴和行为体，并为此成立非洲全球伙伴关系平台，其在 2017 年投入运营。借助这一平台，2023 年，非洲的出口占全球出口的比重将达到 23%。全球伙伴关系的一个重要目标就是降低对国际伙伴的依赖、更有效地利用国际资源、增强非洲在这一伙伴关系中的主导权。为此，非盟提出了 2021 年前实现 100% 的非盟运作经费、75% 的项目经费以及 25% 的维和经费由非盟自主融资的目标。

非洲全球伙伴关系平台是非洲尝试重新定位其在非洲全球伙伴关系中的地位，并致力于引领和塑造这一伙伴关系的重要尝试。2014 年 6 月在马拉博召开的非盟峰会通过了建立非洲全球伙伴关系平台的决议，其取代了之前的非洲伙伴关系平台。AGPP 将推动非洲国际伙伴更有效地协调，促进非洲更好地实现自身的利益并更好地融入全球体系之中。AGPP 在非洲方面包括 NEPAD 机构中的 20 个非盟成员国（由非盟大会选举产生）、NE-PAD 计划与协调局和非盟委员会，在国际伙伴方面包括 23 个非洲主要的贸易、投资和援助伙伴。2015 年 10 月 22 日，第一届非洲全球伙伴关系平台全体会议在达喀尔召开。该会议明确提出"这一平台是由非洲领导和自主建设的伙伴关系机制，这一平台是非洲的主要贸易、投资和发展伙伴与非洲开展对话的主要平台。"①《NEPAD 战略规划（2014～2017）》则指出，"在被边缘化几个世纪后，随着非盟的建立以及 NEPAD 的启动，非洲的话语权正逐渐提升，在 2011 年发展有效性高级别论坛、2012 年气候变化谈判（COP 17 及里约 + 20）以及 2015 年后发展议程上，非洲已经能够以共同的立场和声音来构建和影响与国际伙伴的关系。在中非合作论坛、东京非洲发展国际会议等国际对非平台上，非盟的地位正在不断提高，作用正在不断增强。作为非盟的技术主体，NEPAD 将确保非洲的声音和主张能够在全球平台如 G8、非洲伙伴关系平台以及 G20 发展工作组中得到体现"②。

第四节　结语

从欧盟提出机制化合作倡议到中国与欧洲国家务实合作的推进，三方合作超越了最开始的制度设计，这为迈出合作的第一步提供了条件，从而打破了相当长一段时间内由欧美国家主导的对非合作与中国引领的南南合作之间的并行局面，汇流、协调和再构建的趋势开始出现。

当前的三方合作并不是欧盟所倡导的自上而下、制度和规范导向的合作，而是以市场为导向、自下而上、以项目规划和实施为抓手、以企业等为主体的合作。这意味着三方合作具有功能性、市场化、基础性的特点。功能性即强调从功能性的合作入手，通过具体的合作议题、项目和实践开启合作的尝试，如中法共同发展基金、中英非洲贸易和投资计划等。这些具体的项目为三方合作继续向前推进提供了抓手，这有利于培养合作习惯、为合作提供早期实践和经验，能够为更深入的合作提供前提。市场化即更强调非政府行为体在三方合作中的角色，在中法非三方合作中，企业被视为推动三方合作的主体，政府只扮演推动者的角色。在中英非合作中，农业和发展领域的合作事实上更需要非政府组织的参与，而贸易和投

---

① NEPAD, "Joint Statement – First Plenary Meeting of the African Global Partnership Platform," http：//www. nepad. org/resource/joint – statement – first – plenary – meeting – africa – global – partnership – platform, October 22, 2015.

② NEPAD Strategy Plan 2014 – 2017, p. 10.

资领域则需要政府、企业、商会、非政府组织等伙伴关系的不断优化。基础性意味着当前的三方合作不具备在各领域开展合作的条件，相反更多只是在某一点进行合作，比如农业、贸易、电力、基础设施建设等具体某一点上的合作，即点对点的合作。这种分散的合作形式是三方合作的系统化和机制化建设的基础。

当前的三方合作一方面突破了传统的中欧对非合作的原则性分歧，构建了对非合作的新形式和新探索，另一方面，中欧非三方合作仍面临现实性的问题和挑战，无法从根本上克服影响合作效率和效果的三个矛盾。第一个矛盾是如何协调政府与非政府行为体的关系。政府与三方合作参与者如何才能保持政策和实践的一致性？对于中国来说，这一问题并不明显，但对于欧美国家来说，这一问题则显得非常重要，比如领导人的更替、企业与政府在三方合作上的不同考虑等，这事实上也构成了影响未来三方合作广度和深度的重要因素。第二个矛盾是三方合作的主导权、贡献度和收益率上的矛盾。非洲主导设置了三方合作名义上的框架原则，但在实践中，中国与欧洲国家则需要在项目设置、投入比例、分工方式等问题上进行多层次互动博弈，这也就是如何设置游戏规则的问题。之前的一些提案是由欧美设计、提供技术和经验的，而中国则出钱出力承建，这种方案把中国当成了"冤大头""体力劳动者"，中国并没有成为参与项目的核心，因此失败在所难免。借助游戏规则，建立投入与受益的公平、公正、合理关系是决定欧美国家与中国合作的一个重要因素。这不可能一蹴而就，这说明，在当前缺乏最佳实践的前提下，任何一个三方合作项目的推进都可能会经历一个复杂的博弈过程。第三个矛盾是中欧双方正在形成的共识与非洲的有限参与之间的矛盾。

从当前三方合作的进展来看，非洲对三方合作仍存在很深的疑虑。在三方合作的理念、机制和规范设计，项目规划和实施上，非洲的参与度很低，这反过来又导致了三方合作中非洲自主性的缺失。可以说，三方合作名义上由"非洲主导"，但在实践中，三方合作主要由中欧双方主导。这事实上又建构了一个新"自主性困境"：有限的参与降低了非洲的自主性，而自主性的不足反过来又降低了非洲在三方合作中的积极性。

第十章　中非合作论坛：面向未来

自 2000 年中非合作论坛成立以来，中非合作论坛推动了中非合作关系的快速发展，为南南合作树立了典范，为全球治理提供了中国方案。① 当前中非合作关系开始进入全新阶段，中非合作论坛正面临转型升级的压力。在国际层面，联合国 2030 年可持续发展目标和议程的制定为未来的非洲发展指明了方向。然而，全球经济形势依然不明朗，发达国家的增长动力不断减弱，新兴经济体不断增加和转型压力开始增大。这对于严重依赖外部的非洲国家来说不是利好。在地区层面，非盟《2063 年议程》的制定和第一个十年计划的出台为未来的国际对非合作提供了政策框架，非洲国家希望通过自主议程、自主融资和自主治理来真正实现非洲的复兴。在国内层面，中国经济增长和转型升级面临空前压力，但压力中也孕育着新动力。"一带一路"倡议的提出反映了当前中国全球经济战略的发展方向：加快向发展中国家产能转移、推动产业对接、巩固中国在基础设施和互联互通建设上的优势、提高中国在全球产业价值中的地位。面临如此复杂的国际和国内形势，中非合作论坛如何适应这一新的形势，如何为中非关系发展提供新的动力，如何维护和提升其在中国对外关系中的特殊引领作用，是中非合作论坛面临的重大现实问题。为此，本章首先简要评述中非合作论坛的特殊价值，其次，总结中非合作论坛 15 年的经验以及存在的问

---

① 中非合作论坛研究是中非关系研究中的一个重要内容。代表性的著述如李安山、刘海方《论中非合作论坛的运作机制及其与非洲一体化的关系》，《教学与研究》2012 年第 6 期；李安山《论中非合作论坛的起源——兼谈对中国非洲战略的思考》，《外交评论》2012 年第 3 期；张忠祥《中非合作论坛研究》，世界知识出版社，2012；Garth Shelton, *The Forum on China – Africa Cooperation*：*A Strategic Opportunity*（Pretoria：Institute for Security Studies, 2008）；Ian Taylor, *The Forum on China – Africa Cooperation*（*FOCAC*）（London：Routledge, 2010）。

题，最后，对 2015 年后的中非合作论坛进行展望，重点探讨中非合作论坛在哪些方面可以继续发挥引领作用。

第一节　中非合作论坛的特殊价值

中非合作论坛为新时期的中非关系提供了方向和平台。论坛为非洲的发展提供了新的动力和选择，是 2000 年以来非洲经济快速发展的重要外部力量。论坛推动南南合作从象征性合作转向实质性合作，带动了发展中国家地位的上升。论坛引领着发展中国家国际机制的构建，为发展中国家更好地参与全球治理和国际合作提供了制度经验。论坛的另外一个特殊贡献在于其促使西方国家开始反思和改进传统的对非合作，从而推动一个更加公平、合理、完整的国际对非合作框架的形成。

一　中非合作论坛为非洲发展带来新动力

20 世纪 80 年代西方国际社会主导的经济结构调整计划的失败使非洲经历了失去的十年，2000 年非洲仍被西方媒体描述为"没有希望的大陆"。然而，正是从 2000 年中非合作论坛成立开始，中非关系的快速发展成为非洲发展的重要动力。2014 年，中非贸易额达到 2200 亿美元，比 2000 年增加了 22 倍，中国对非投资存量超过 300 亿美元，比 2000 年增加了 60 倍。[1]自 2009 年起，中国已连续 5 年成为非洲第一大贸易伙伴国，同时也是非洲重要的国际发展合作伙伴和新兴投资来源地。非洲则成为中国重要的进口来源地、第二大海外承包工程市场和新兴的投资目的地。[2] 2013 年，对华出口额占非洲总出口额的 27%，这使中国超过了欧洲（23%）和美国（21%）成为非洲最大的出口市场。[3]中国对非投资的多元化、包容性和社

---

① 《杨洁篪国务委员接受南非独立传媒专访》，中华人民共和国外交部网站，http：//www. fmprc. gov. cn/web/zyxw/t1304816. shtml。

② 《续写中非非同一般的传统友谊》，新华网，http：//news. xinhuanet. com/mrdx/2014 – 05/01/c_ 133303098. htm。

③ Miria Pigato, Wenxia, Tang, "China and Africa: Expanding Economic Ties in An Evolving Global Context," World Bank, http：//www. worldbank. org/content/dam/Worldbank/Event/Africa/Investing% 20in% 20Africa% 20Forum/2015/investing – in – africa – forum – china – and – africa – expanding – economic – ties – in – an – evolving – global – context. pdf, March, 2015, p. 6.

会功能也开始增强,中国投资几乎遍及所有非洲国家,中国私营企业进入非洲的步伐也开始加快,已经成为很多非洲国家扩大就业和提高收入的重要来源。[①] 与中非经贸关系增长对应的是,非洲经济在过去十五年获得了巨大增长。非洲是世界经济增长第二快的地区,世界上经济增长最快的国家主要是非洲国家,非洲正成为"充满希望的大陆"。对此,西方国家也坦言中国是非洲经济发展的重要推动力。美国兰德公司援引世界银行的报告指出,非洲经济的改善一半归因于基础设施的发展,而中国在非基础设施建设项目的比重占到八分之一,这一潜力在未来会更大,毫无疑问,中国是非洲发展的重要推动力。[②]

二 中非合作论坛为南南合作提供标杆

经过十五年的实践,中非合作论坛已经确立了以中非命运共同体为目标,以"真诚友好、平等相待、相互支持、共同发展"为原则,[③] 以"真、实、亲、诚"和正确义利观为道义规范的认同基础。[④] 这为南南合作提供了重要标杆。第一,中非合作论坛向外界表达了中国与非洲国家构建命运共同体的强烈意愿。同属于发展中国家,共同的历史遭遇和共同的发展任务使中国与非洲国家之间存在天然的共同体意识。第二,中非合作论坛明确传递了中国与发展中国家合作的原则和道义规范。共同发展是中国与非洲国家进行合作的核心目标,相互尊重和平等相待是基本前提。虽然这看起来只是国际合作的基本规范,但是在现实中发展中国家往往由于自身力量弱小而并不能真正实现平等。因此,中国的承诺的切实履行确实能得到发展中国家的认同。同时,正确义利观为解决中国与发展中国家合作中出现的问题提供了重要的指导原则。[⑤] 第三,中非合作论坛坚持求同存异、

① Miria Pigato, Wenxia, Tang, "China and Africa: Expanding Economic Ties in an Evolving Global Context," World Bank, March, 2015, p. 4.

② Larry Hanauer, Lyle J. Morris, "Chinese Engagement in Africa: Drivers, Reactions, and Implications for U.S. Policy," Rand Corporation, http://www.rand.org/content/dam/rand/pubs/research_reports/RR500/RR521/RAND_RR521.pdf, 2014.

③ 《胡锦涛主席在中非合作论坛北京峰会开幕式上的讲话》,中非合作论坛网站,http://www.focac.org/chn/ltda/bjfhbzjhy/zyjh32009/t584768.htm。

④ 《习近平在坦桑尼亚尼雷尔国际会议中心的演讲》,新华网,http://news.xinhuanet.com/politics/2013-03/25/c_124501703.htm。

⑤ 王毅部长将正确的义利观解释为,中国在同非洲国家交往时应以道义为先,(转下页注)

和而不同。由于非洲国家众多、国家政治经济结构多元、宗教民族等社会因素复杂、发展进程各不相同，因此，某一个国家治理体系或发展道路很难被强加到非洲国家。中国提出不附加政治条件、尊重各国发展道路正是考虑到了非洲的这一现实。由此而言，中非合作论坛中凝聚的原则共识以及在此指导下的中非合作实践为南南合作和发展中国家间的合作提供了重要的参照。

三　中非合作论坛构建了跨区域合作的机制范例

中非合作论坛所构建的跨区域合作机制对于中国构建与其他地区发展中国家间的合作平台具有重要的开拓意义。第一，机制建设的非强制性。作为发展中国家的国际合作制度，中非合作论坛具有自愿性、灵活性和弱机制化的特征。这种安排极大地提升了论坛的多元性、开放性和包容性。任何一种机制只有在有行为体积极参与的情况下才能对行为体造成影响。中非合作论坛正是通过这一形式培育合作意识、推广发展理念、构建共有规范和共识，通过务实合作加强中非彼此的相互依赖。第二，合作互动的多层次性。中非合作论坛推动了中非各个层面对话合作平台的建立，包括政府层面的中国与非洲国家双边委员会、战略对话、外交部政治磋商、经贸联（混）合委员会、中国与非盟战略对话机制、中非地方政府合作论坛、中非合作论坛－法律论坛、中非民间论坛、中非智库论坛等不同领域的对话合作平台。这些平台为中非关系的全面发展提供了重要的沟通机制。第三，建设性而非破坏性。中非合作论坛以发展为导向，强调国家间的合作，尊重和支持彼此的自主权和发展战略，如中国对非洲国家发展战略和地区一体化战略的支持。① 因此很大程度上中非合作能够取得建设性的成果。反观欧美国家的对非合作，往往由于各种政策"标准"，以及国

（接上页注⑤）坚持与非洲兄弟平等相待，真诚友好，重诺守信，更要为维护非洲的正当权利和合理诉求仗义执言。利是指互利，中国不会像有的国家一样只是实现一己私利，而是愿与非洲兄弟共同发展，共同繁荣。在需要的时候，我们更要重义让利，甚至舍利取义。王毅：《正确义利观是中国外交的一面旗帜》，人民网，http：//world. people. com. cn/n/2014/0111/c1002－24090140. html。

① 郑先武将中非合作论坛的机制特征归纳为政府主导、发展导向、协商解决、注重开放性和主权原则，这些特征共同构成了独特的区域间合作的"中国模式"。郑先武：《构建区域间合作"中国模式——中非合作论坛进程评析"》，《社会科学》2010 年第 6 期。

家间或者国内的利益博弈，对非洲的经济和发展造成破坏。最典型的是欧盟与非洲国家开展的经贸协定谈判（EPA），虽然欧盟一直坚称其是非洲一体化的支持者，但是在 EPA 谈判中，欧盟一方面与各地区组织谈判，另一方面还单独与非洲国家谈判，这在很多非洲国家看来，其没有推动非洲的一体化，而是一体化的破坏者。①

四　中非合作论坛促使国际社会反思和加强对非合作

中非合作对其他国家与非洲的合作带来了积极影响。第一，为新兴国家开展与非洲国家的合作提供了一套可供参考的合作模式。印度、韩国、土耳其等国已经与非洲国家建立了合作平台，巴西、马来西亚、沙特等国加快了进入非洲的步伐，马来西亚甚至成为仅次于法美的非洲第三大投资国。② 这些国家的对非合作很大程度上实践了中国在对非合作中所坚持的原则，即不干涉内政、不附加政治条件、坚持发展合作优先。③ 第二，为主流国际对非合作提供了一套可以优势互补的替代方案。中国在非洲的基础设施建设、灵活性的援助与合作与西方国家的对非合作形成了良性的互动，中国与西方国家正在非洲形成"自然分工的合作格局"④。第三，促进传统大国反思其对非合作。有学者直言不讳地指出，"中国在非洲的成就促使非洲人民和西方大国开始醒悟"。⑤ 布罗蒂加姆更是将中国的经验总结为：中国的对非援助正在促使传统援助者转变其观念和行动。西方大国和企业正在改变"非洲是黑暗大陆"的认识，中非之间平等互利合作使西方援助者不得不开始真正重视自主权和伙伴关系，西方国家也为此正在反思和改进过分强调在援助中附加政治和经济条件的做法。⑥

---

① 周玉渊：《地区间主义的两种形式：基于欧盟与中国对非地区间合作经验的分析》，《世界经济与政治》2011 年第 7 期。

② 《BBC：马来西亚对非直接投资赶超中国》，新华网，http：//news. xinhuanet. com/cankao/2013 - 03/27/c_ 132266205. htm，2013 年 3 月 27 日。

③ See Office of the Special Adviser on Africa, *Africa's Cooperation with New and Emerging Development Partners: Options for Africa's Development*, United Nations, New York, 2010, pp. 37 - 38.

④ Daniel Fiott, "The EU and China in Africa: The Case of Kenya," *Madariaga Paper*, Vol. 3, No. 5, 2010, p. 12.

⑤ Paulo Fagundes Visentini, "Africa and the Emerging Powers: The South and the Unholy Cooperation," *Austral: Brazilian Journal of Strategy & International Relations*, Vol. 3, No. 5, 2014, pp. 45 - 49.

⑥ Deborah Brautigam, "China in Africa: What Can Western Donors Learn?" working paper of Norwegian Investment Fund for Developing Countries, August 2011, pp. 13 - 16.

第二节　中非合作论坛成功的经验

中非合作论坛成功的经验集中表现在三个层面，一是中非合作论坛凝聚了中非双方的原则和共识，二是理解非洲国家的发展阶段并紧跟非洲要发展的核心目标，三是通过务实行动支持非洲国家的自主权和国家战略。

一　中非合作论坛凝聚了中非关系的核心原则和共识

中国与其他发展中国家合作机制的建构的核心原则是双向互动性、自愿性和动态性。双向互动性意味着相互尊重、平等互利，中国与发展中国家都能在这一合作平台中获得认同，都能为机制的发展提供动力来源，都能借助这一平台实现各自的利益。因此，这不同于西方对非合作平台中隐藏的单向性、强制性和干涉主义。自愿性意味着这一合作机制是开放的，它为成员国自主选择和自愿决定参与这一合作平台提供了前提，确保其能够实现最大限度的共识和公平。动态性则指中非合作机制的构建是一个动态的变化过程，机制参与者根据现实的需要不断地学习、调整和推动机制向更加合理有效的方向发展。中非合作论坛并不是一个机制化的决策程序，而是一个渐进主义的过程。在这一过程中，发展中国家的需求、中国的供给能力、合作中出现的新问题和挑战构成了推动合作机制持续变化的动力。也就是说，中非合作机制建设更应该被理解为一个培养合作习惯、塑造合作模式的过程。

二　中非合作论坛推动的发展型合作不同于西方国家在非洲塑造的和平、良治与发展的国家建设顺序

发展优先是中国基于自身实践总结出的国家建设的核心理念，也是中国对发展中国家建设的基本主张。正如习近平主席在联合国发展峰会上所讲到的那样，"唯有发展，才能消除冲突的根源。唯有发展，才能保障人民的基本权利。唯有发展，才能满足人民对美好生活的热切向往"[1]。然

---

[1] 《习近平在联合国发展峰会上的讲话》，人民网，http：//world. people. com. cn/n/2015/0928/c1002 - 27641305. html。

而，西方国家的政治设计使非洲的国家建设过于强调政治制度建设优先。在非洲国家争取独立的过程中，西方殖民者就试图通过政治制度安排来换取非洲国家的独立。冷战时期美苏争霸和反共的需要又使西方国家支持有助于自身战略利益的非洲强权乃至独裁国家，战略和军事优先导致了非洲国家发展进程的扭曲。冷战结束后，亟待发展的非洲国家虽然提出了"非洲发展新伙伴计划"，但这个计划本质上就是通过政治制度建设优先（即民主和良治）来换取西方国家的援助和支持。[1] 政治制度建设固然重要，但是更重要的是，政治制度建设必须与国家经济和社会的发展保持一致。西方国家用经过几百年建立起来的民主来指导非洲的国家建设，这显然忽略了非洲国家所处发展阶段的现实，不尊重经济水平以及民族、宗教和社会结构现实的民主将削弱国家建设进程中政府的能力，在一些非洲国家，多党民主建设伴随的是更为严重的民族冲突、国家和社会的分裂。[2] 相比之下，中非之间的发展导向型合作更大程度上为非洲国家提供了一套符合其实际的发展模式。中非合作从经济建设和发展合作着手，通过经济的发展和财富的积累提高非洲国家的自主权和国家治理能力。这种合作并不意味着中国只关注经济发展合作，而是将合作视为一个循序渐进的过程。近些年来，中国也开始加强与非洲在治国理政经验、和平安全建设上的合作。这种理念不同于西方先入为主式的行为方式，而是在确保国家稳定的前提下，通过经济的发展来带动社会的和谐以及政治制度的改善。

三　中非合作论坛尊重和支持非洲国家的核心战略

与国际金融机构和西方国家长期在非洲推行"经济结构调整"的经济模式和多党选举的民主政治模式不一样，中国与非洲国家的合作并不是给

---

[1] Ian Taylor, "NEPAD: Towards Africa's Development or Another False Start?" *African Affair*, Vol. 107, No. 426, 2008, pp. 126-128.

[2] 可参见张宏明《黑非洲国家政治民主化进程的理论思考——论民主政治与商品经济的关系》，《西亚非洲》1995年第1期；杨光斌《发展中国家搞"党争民主"祸害无穷》，人民论坛杂志，http://theory.people.com.cn/n/2014/1124/c40531-26080989.html，2014年11月24日；贺文萍《西式民主维和在非洲"玩不转"》，《时事报告》（大学生版），2012~2013学年度第2期；David Kwasi Banash, "The Role of Western Democratic System of Governance in Exacerbating Ethnic Conflicts in Africa: The Case of Ghana's Democratic Dispensation, 1992-2012," Peace and Conflict Management Working Paper, No. 2, 2015, pp. 1-11。

非洲提供一套经济发展和国家治理的方案，而是尊重非洲国家的需要和自身选择。因此，无论资源出口型国家还是资源匮乏型国家，无论沿海国家还是内陆国家，无论战略地位重要国家还是实力相对弱小国家，中国都能找到与之合作的领域。中非合作的一个重要特征是中国对非洲核心战略的支持。在地区和洲际层面，地区一体化是非洲国家谋求联合自强的核心战略，为此，中国积极支持非洲的地区合作。2012 年，非盟成为中非合作论坛成员，2014 年 5 月，李克强总理访非时提出了新时期的对非合作框架，尤其是加强与非洲国家工业化和基础设施建设上的合作，即"三网一化"。为落实这一合作，2015 年 1 月，外交部副部长张明与非盟委员会主席祖马签订了几乎覆盖非洲全境的交运开发备忘录，其涉及高铁、高速公路、航空和工业化基建等所有相关设施。① 这一备忘录标志着中国对非合作战略与非盟自身的发展战略非盟《2063 年议程》建立了机制化的对接与合作框架。第六届中非合作论坛的核心目的正是推动形成在国际上支持非洲国家主张、在地区层面支持非盟及次区域组织的核心战略、在国家层面支持非洲国家发展战略和议程的系统性合作框架。正如王毅部长在 2015 年外交部蓝厅论坛上的讲话，"非洲正根据《2063 年议程》描绘的'非洲梦'，联合自强、发展振兴。'中国梦'和'非洲梦'完全可以契合对接。中国在发展经验和生产要素方面的相对优势，与非洲在自然人力资源和市场方面的比较优势结合起来，将形成巨大合力，产生'1 + 1 大于 2'的强大效应。中非双方完全有条件、有能力、有信心在共同发展的伟大进程中携手同行，共创繁荣、富强、文明、进步的美好未来"②。

第三节　中非合作论坛机制下中非合作可持续发展的压力和动力

中非关系所处的政治、经济和社会文化环境与十几年前大不相同，新的问题、压力和挑战开始出现。当前中非关系正处在从量的积累到质的提升、从拓展合作到巩固合作、从建立机制到改革机制的历史性阶段。外部

① 《中国将助非洲"世纪大开发"签署 48 年备忘录》，中国网，http：//news. china. com/finance/11155042/20150128/19256969. html。
② 《外交部长王毅在第十五届"蓝厅论坛"上的演讲》，新华网，http：//news. xinhuanet. com/2015 - 11/26/c_ 128473034_ 2. htm。

的环境变化和内部的机制发展共同构成了中非合作论坛改革和升级的重要
动力。

一 粗放式发展合作的后果：中非关系的环境压力

环境保护已经成为发展中国家实现包容性和可持续发展的核心标准之
一，也是中国在发展与非洲国家等发展中国家关系时必须正视的重要问题
之一。中非关系的快速发展带来了在非中国企业和公民数量的不断增加。
然而，在一段时间内，中国企业在非洲的经营采用一种粗放、无序、不注
意环境问题的增长方式。随着包容性和可持续发展理念的深入人心，环保
非政府组织的积极干预，非洲国家对环境问题的日益重视，环境问题已经
成为中非关系无法回避的重大问题。第一，非洲国家在环保问题上的法律
和强制力不断提升，各行业的国际环保倡议和标准正在形成。这一变化给
目前环保意识仍不强烈、环保举措仍不健全和规范的中国企业带来巨大的
压力。这方面的例子很多，例如 2012 年因为严重触犯了当地环保法，乍得
政府暂停了中国石油公司在乍得的所有经营活动，随后又撤销了中国石油
公司在乍得的开采权。① 在西方国家的主导下，采掘业、林业、基础设施
建设等行业分别形成了各种国际倡议和标准，如"采掘业国际透明倡议"
（EITI）、"森林执法、治理和贸易倡议"（FLEGT）。由于自身能力有限，
非洲国家对这些国际倡议和规范比如 EITI 的态度非常积极。在满足 EITI
所有条件的 31 个国家中有 16 个是非洲国家。② 相比之下，中国对这些倡
议和规范基本持排斥态度，这种认识差别是非洲国家对中国企业在环保问
题上的负面认识的重要来源。第二，环保非政府组织更加积极地关注和干
预中国公司在非洲的活动。在环境比较敏感的项目上如矿产、水坝、伐
木、道路等，中国公司占有相当大比重。中国在非项目已经成为非政府组
织关注的重点。其中"国际河流"（International Rivers）非政府组织是一
个典型的代表，这一组织紧盯中国在非承建的水电项目，其关于中国水电
项目的负面评价给项目建设和中国形象带来了严重的影响。如在一篇报告

① 《乍得暂停中石油开采活动　称其违反环境法规》，新华网，http：//news. xinhuanet. com/
world/2013 -08/15/c_ 125173518. htm；《乍得再度因环保违规叫停中石油当地作业》，凤
凰网，http：//finance. ifeng. com/a/20140523/12397359_ 0. shtml。

② EITI 网站，https：//eiti. org/countries。

中，这一组织就直言中国在非建设的大坝并没有给非洲带来电力，相反带来的是贫穷。① 这些非政府组织通过舆论引导、抗议、施压等形式给中国在非活动带来群体性压力。

二　不平衡发展的后果：中非关系的社会压力

政府和社会的割裂是发展中国家普遍存在的一个问题，在非洲表现得尤其明显。这导致非洲国家持有不同的发展观。非洲国家还处于发展中阶段，但是非洲的社会组织尤其是非政府组织可能已经进入了"后发展"阶段，即用发达国家的社会行动来对抗当前的发展政策。中非合作的一个现实问题是，双方主要集中于政府间的合作，忽视了对非洲社会的投入；更希望依仗政府的权力推动合作，却忽视借助非洲市场的潜力；重视标志性工程，却没能给予地方和微观层面的民生项目以支持。这导致的一个现实是，中国与非洲国家政府间的关系发展良好，但是社会层面的认识分化比较明显。一方面中国与非洲国家的深度合作使中国对非洲国家的政治经济发展的影响力上升，另一方面，中国影响力的上升并没有使非洲民众对中国认可度的上升，非洲民众持负面认识的比例反而在上升。② 一方面民众的直接认识和体验没那么明显，另一方面，一些对中国的负面评价则因为社会和群众基础的薄弱而被无限放大。笔者曾经对非洲媒体对中国的报道和评论进行过简单分析，其结果让人担忧。③

三　中非关系的国际压力

相比于21世纪初中非合作论坛刚成立时中国在非面临的宽松的国际环境，当前中非关系发展所面临的国际压力越来越大。第一，国际竞争越来

---

① International Rivers, "Big Dams: Bring Poverty, Not Power to Africa," https://www.internationalrivers.org/resources/big-dams-bringing-poverty-not-power-to-africa-2006.
② 问卷调研工具包括皮尤、非洲晴雨表。关于非洲国家对中国认识的问卷得出的结论基本一致：非洲国家对中国在非的影响主要持积极态度，但是在发展援助、商品质量、促进就业等关系普通民众的具体问题上，认同度并不高。如非洲晴雨表在坦桑尼亚的调查显示，对中国的经济政治影响持正面态度的比例达到70%，相比之下，只有大约51%的接受采访者认为中国的发展援助发挥了正面作用，类似的，津巴布韦和马拉维的比例则分别只有45%、43%，但值得注意的是，后两者的负面认识也分别达到了30%和38%。可参见http://afrobarometer.org/search/node/china。
③ 可参见周玉渊《非洲媒体对中非关系的报道：影响与反思》,《国际新闻界》2012年第11期。

越激烈。美国、日本和欧盟成员国等传统国家更加重视非洲,这加剧了其与中国的竞争。同时印度、巴西等新兴国家将非洲作为商业拓展和地位提升的重要市场,这给中国也带来很大的压力。第二,国际规范和标准带来的压力越来越大。国际对非合作尤其是西方国家在长期的对非合作中形成了一系列国际合作规范,这些规范很大程度上已经成为非洲国际组织和非洲国家治理、发展和对外战略制定的重要依据,如非洲国家对"采掘业国际透明倡议"的强烈支持。第三,非洲国家本土意识和发展战略的形成进一步缩小了中国对非的政策空间。① 一方面,非洲国家的战略空间越来越明确。从联合国 2015 年后可持续发展目标,非盟《2063 年议程》以及非洲国家自身的发展战略等的交集中基本可以明确非洲国家的中长期战略,这客观上已经给中国设定了未来合作的重点领域,这也意味着中国较之前相对自主和灵活的政策空间在缩小。另一方面,非洲国家对国际伙伴利用能力的提升增加了非洲国家的灵活性,却给中非关系的发展带来了不确定性。

第四节　中非合作论坛展望

2015 年 12 月 4 ~ 5 日,中非合作论坛峰会首次在非洲大陆举办。这与非盟《2063 年议程》及第一个十年计划、联合国非洲融资大会、联合国 2030 年议程等一道构成了影响非洲未来发展的重要议程之一。在此次峰会上,习近平主席提议将中非战略伙伴关系提升为全面战略合作伙伴关系,并提出了支撑全面战略合作伙伴关系的五大支柱:政治上平等互信、经济上合作共赢、文明上交流互鉴、安全上守望相助、国际事务中团结合作。为此,中国提出了未来三年与非洲国家重点实施的"十大合作计划"。② 这十大计划体现了中国对非战略全局性、战略性和针对性的特征,无疑为未来的中非关系发展提供了战略框架和行动指南。如何落实这次峰会的承诺、如何持续提升中非合作论坛在中国与其他发展中国家关系上的引领作

---

① 张春:《中非合作的政策空间变化与应对战略》,《西亚非洲》2015 年第 3 期。
② 习近平:《开启中非合作共赢、共同发展的新时代——在中非合作论坛约翰内斯堡峰会开幕式上的致辞》,新华网,http://news.xinhuanet.com/fortune/2015 - 12/04/c_ 1117363197. htm, 2015 年 12 月 4 日。

用、如何提炼中非合作论坛的经验从而更好地为中国对外战略服务，是中非合作论坛接下来需要思考和总结的现实问题。中非合作论坛应以当前的战略框架为指导，着力从以下几个方面开展工作。

一 推动中非产业和战略对接，为"一带一路"倡议建设提供最佳实践

从 2013 年习近平主席提出"一带一路"倡议到 2015 年《推动共建丝绸之路经济带和 21 世纪海上丝绸之路的愿景与行动》（以下简称《愿景与行动》）发布，"一带一路"倡议已经成为当前中国对外尤其是与发展中国家发展关系的重要设想。虽然《愿景与行动》已经发布，但"一带一路"倡议的实质性推进非常缓慢。一个非常重要的原因是"一带一路"沿线国家的猜疑。除了对中国的军事和安全目的猜疑之外，它们对于"一带一路"倡议的成效和收益也存在很大的顾虑。"一带一路"被视为中国商品出口、输出落后产能、谋求自身经济利益的工具。[①] 导致这一疑虑的重要原因在于中国经济和发展行为的社会化程度太低，即中国缺乏可以推广的成功实践，这些国家对中国的经济目的、行为方式及具体效果缺乏足够认识。从这一角度来看，中非合作其实可以为这些国家提供实践。当前中国与非洲国家的产业战略对接正面临重要机遇。非盟《2063 年议程》第一个十年计划在洲际层面确立了 20 个目标和 35 个优先领域，在国家和地区层面确立了 12 个近期目标和 10 个旗舰项目。2014 年李克强总理访非时提出了"461"对非合作框架。2015 年 1 月，中国与非盟签订了未来 48 年的交运合作备忘录，非盟欢迎中国在非盟《2063 年议程》中发挥积极作用，明确表示支持中国与非洲国家的产业和战略对接。在非盟看来，这种战略性对接对于非洲国家的团结和一体化进程具有历史性的意义。[②] 中非合作论坛约翰内斯堡峰会上，习近平主席

---

① Jiayi Zhou, Karl Hallding, Guoyi Han, "The Trouble with China's 'One Belt One Road' Strategy," *The Diplomat*, http：//thediplomat. com/2015/06/the － trouble － with － the － chinese － marshall － plan － strategy/, June 26, 2015; David Dollar, "China's Rise as a Regional and Global Power," *Horizons*, No. 4, 2015, pp. 162 － 172, http：//www. brookings. edu/ ~ /media/research/files/papers/2015/07/15 － china － rise － as － regional － and － global － power － dollar/china － rise － as － regional － and － global － power. pdf.

② Douglas Degroot, "AU － China Infrastructure Deal Makes African Unity Possible," EIR, http：//www. larouchepub. com/eiw/public/2015/eirv42n09 － 20150227/21 － 23 _ 4209. pdf, February 27, 2015.

提出中非工业化合作计划、中非农业现代化合作计划和中非基础设施合作计划，加强中国与非洲国家的产业对接和产能合作，推动中国对非战略与非洲发展战略全面对接。产业转移、产能对接、互联互通是"一带一路"倡议的核心内容，这说明"一带一路"倡议事实上首先在非洲开始了大规模的试验。与其他地区相比，从政治互信、安全认同、经济结构、社会基础等各种因素看，非洲确实具备更有利的先行实施条件。由此，中非合作对于中国的"一带一路"项目建设将具有重要的示范价值。一方面，中非产业、产能和基础设施合作的早期实践有助于其他地区国家更好地理解和认识中国的作用和目的。另一方面，中非合作中的问题将能够使中国不断认识、总结和改进"一带一路"项目建设中可能出现的问题。

二　推动中非合作论坛机制发展，为中非关系发展提供新动力

国际压力、非洲脆弱市场培育、社会问题、环境问题成了中非关系全面深入发展的重要阻力，这事实上也成为中非合作论坛机制发展和改革的核心动力。第一，正视和及时应对环境问题是中非关系可持续发展的核心要素。环境政治一方面折射了中国发展模式在非洲所面临的问题，中国理应反思。"十三五"规划建议提出了"创新、协调、绿色、开放、共享"的发展理念，这既是对中国经济发展模式的重塑，其实也为中国的对非合作提供了方向。另一方面环境问题极易成为各行为体包括西方国家、非政府组织、非洲国家党派和社区民众攻击中国的工具和导火索。目前中国政府层面已经出台了《对外投资合作环境保护指南》，更多的中国企业开始加入《联合国全球指南》，但是，由于其自愿性和非约束力特征，加上大多数非洲国家的环保能力较弱，在现实中，很多中国企业的环保意识和环保行动仍处于较低层次。为了改善中国所背负的环保不良形象，推动中国企业真正实现"绿色走出去"，避免非洲国家重走中国的老路，中国应该将环保领域作为未来与非洲国家合作的重点领域。中非合作论坛应该成为中非双方环保对话的主要平台，主动与非洲国家和非盟共商共建与非洲地区自身发展现状相适应的环保标准。第二，构建中国企业和公民融入非洲社会机制。社会融入是中国企业和公民在海外活动普遍面临的问题。其主要表现如下。在市场层面，中国企业被孤立于非洲国家市场之外，没能有效融入或者参与培育非洲市场，最突出的一个表现是企业项目的包容性发展和产业链建设还比较落后。在社会责任层面，中国企业的道德意识和社会责任感还亟

待提高。在社会融入方面，由于语言、文化、风俗习惯、心理等方面的原因，与当地隔离仍是中国人在非采取的基本生存方式。这非常不利于与当地建立和谐的社会关系。中非合作论坛作为一个政府间合作框架，应该充分发挥其导向作用。比如，大力增强中国在非项目的包容性，充分挖掘和重视项目的社会价值，以项目为依托推动小市场和产业链建设，从点到面，而不是只种树却不见森林。在企业社会责任培育方面，中非合作论坛应该为这种需求搭建平台，比如建立在非企业社会责任基金，奖励和鼓励有社会责任的企业，利用驻外使领馆、中国商会和华人社团等加强与非洲当地的社会文化交流。第三，随着国际社会对非洲新兴市场更加重视，中国将面临更大的竞争压力，也将面临更为严峻的规范和舆论压力环境。其中，中国在非的经济影响力与政治安全影响力之间的不对称性将是争论的焦点，对于如何将经济发展收益与非洲国家的政治发展和安全建设结合起来，中国的角色备受关注。第六届中非合作论坛提及的中非全面合作框架事实上正是对这一现实的回应，但其还必须尽早实现从政策设计到落地实践的转化。

三　加大中非地方合作，引领建立多元化的中国对非合作框架

当今中非关系快速全面发展的现实凸显了中非合作论坛机制安排的不平衡性。其中中央政府与地方政府对非合作上的不平衡性是一个突出问题。中非合作论坛开创了中央政府与地方政府共同参与对非合作的机制框架，在这一框架下，地方政府被纳入了中国对非合作的总体框架。然而，与中央政府积极的对非政策相比，在现实中，地方政府更多是执行中央政府的政治安排，如派遣医疗队、建立文化中心、建立友好省份和城市等，真正利用非洲的机遇、加强与非洲联系的主动性并不高。① 在当前中国经济面临转型升级的巨大压力、地方产业和企业面临严峻生存问题的背景下，地方政府的对非合作其实蕴含着巨大的潜力。例如，中国相对比较落后的贵州省的经济总量就相当于埃塞俄比亚以及几个刚果（金）的经济总量。因此在非洲经济形势改善和大力推行工业化的大背景下，中国地方政府应该更加积极地利用这一机遇，充分挖掘地方政府对外合作的巨大潜

---

① 笔者在访问埃塞俄比亚期间，据使馆工作人员介绍，埃塞俄比亚地方省份与中国地方加强合作的愿望非常强烈，然而中国地方政府的意愿并不高。

能。这不仅对于中非合作具有重要意义，而且对于中国地方参与"一带一路"倡议建设及与其他地区进行国际合作具有重要的引领作用。

四　探索中非和平安全合作新常态，为中国的海外利益保护和全球安全治理提供经验

从 2012 年中国提出"中非和平安全合作伙伴倡议"到约翰内斯堡峰会的"中非和平安全合作计划"，中非和平安全已经成为中非合作的一个重要领域。中非安全合作在中国成长为全球大国的过程中发挥着重要的引领和示范作用。第一，中非和平安全合作能够为中国海外利益保护提供重要经验。随着中国全球经济影响力的提升，海外利益保护问题日益突出，然而，当前的海外利益保护主要是被动性、应急性的保护。从索马里护航到向马里、苏丹和南苏丹派遣维和作战部队，再到支持非盟的和平安全能力建设，中国正更加主动地通过安全合作来维护国家利益。中非安全合作的经验对于中国整体海外利益保护具有重要试验意义。第二，中非和平安全合作能够为发展中国的不干涉内政政策提供经验启示。不干涉内政政策固化的一个结果是：虽然中国已经成为一个全球经济大国，但在政治和安全上的影响力则很弱。如何将经济影响力转化为政治安全影响力，如何通过政治和安全合作来保障和提升经济合作是当今中国面临的重要问题。中非和平安全合作一定程度上是对不干涉内政政策的发展。这主要表现在几个"赋权"上：一是国际社会赋权，如中国参与的联合国维和行动、护航行动；二是地区组织赋权，如中国对非盟和伊加特的支持；三是国家赋权，即以非洲国家同意为前提，如中国与吉布提在海军基地上的合作。这种灵活性对于理解和发展不干涉内政政策是重要启示。第三，中非和平安全合作能够为非洲安全治理提供案例经验。长期以来，非洲的安全治理是由西方国家的"自由和平"（liberal peace）范式主导的。[①] 然而，这种带

---

① 自由和平范式是指将西方国家的自由主义、法治、民主、自由市场经济以及人权理念融入和平建设的路径选择。和平安全的实现伴随的是民主、良治和自由主义的实现。可参见 Oliver Richmond, "The Problem of Peace: Understanding the 'Liberal Peace'," *Conflict, Security and Development*, Vol. 6, No. 3, 2006, pp. 291 – 314; Ian Taylor, "What Fit for the Liberal Peace in Africa?" *Global Society*, Vol. 21, Issue 4, 2007, pp. 553 – 566; Patrick Tom, The Liberal Peace and Post – Conflict Peacebuilding in Africa: Sierra Leone（a thesis submitted for the Degree of PhD at the University of St. Andrews, 2011）。

有强烈政治目的和结果导向的治理范式并没有反映非洲国家的现实，在操作中也往往忽视了非洲安全问题的根源。① 因此，在利比亚、苏丹、南苏丹、刚果（金）等国家，西方国家的和平范式很难称得上成功。中国的和平与安全建设理念其实与非洲国家的和平哲学存在很大的共通性，比如尊重和支持非洲国家以及地区组织的自主权和主导权，主张从根源（发展、资源争夺、收益分配等）上重视军事行动而非过于重视军事行动，重视和平建设过程而不是以强烈的政治目的和结果导向为指导。② 长期以来，在西方主导的安全结构下，非洲国家很难将自身的设想上升为非洲安全的主流话语。为此，未来中国基于共有理念与非洲国家开展的安全合作将是对当前非洲安全治理的重要补充。

五 以公共卫生体系为契机，加强与非洲国家的系统性合作

过去中国主要通过援助医疗队、援建医院和疟疾防治中心、提供药品援助等形式开展对非医疗援助，这种援助并没有将非洲国家的卫生体系作为一个主要援助对象，相反，中国虽然在硬件基础设施上投入很多，但往往项目比较分散，因此在提升非洲国家整体医疗卫生水平上的作用相对有限。非洲发展新伙伴计划的卫生顾问埃里克·布奇（Eric Buch）就指出，"我们强烈建议，国际发展伙伴不应该只增加卫生援助，不应该只集中于短期分散的项目，而应该从系统性、长远性的角度进行规划"③。埃博拉疫情爆发后，非洲国家公共卫生体系的脆弱性暴露，这也导致国际社会对非

---

① 从非洲和平哲学的角度来看，非洲战争和冲突根源于对权力和财富（稀缺资源）的争夺，以及被外部利益破坏了的社会和民族结构。国际社会的干预和维和行动虽然能暂时阻止冲突扩大，但不能从根源上解决非洲冲突问题。因此，非洲国家本质上希望能从根源解决冲突，如非洲大湖地区国际会议机制尝试从资源管理的角度来解决地区内的冲突。但由于非洲国家自身的实力很弱，其很难主导甚至影响由国际社会主要是西方国家主导的非洲安全治理。可参见 Africa Union, "Report of the Chairperson of the Commission on the Partnership between the African Union and the United Nations on Peace and Security: Towards Greater Strategic and Political Coherence," AU doc. PSC/PR/2. (CCCVII), January 9, 2012, p. 19, http: //www. peaceau. org/uploads/report – au – un – jan2012 – eng. pdf。

② 例如，在对刚果（金）东部反政府武装组织的打击上，美国虽然与刚果（金）政府取得了共识，但是动辄以人权为由向刚果（金）政府施压，要求其更换政府军领导者。

③ Benita Nsabua, "Africa's Health – A Burden," NEPAD, http: //www. nepad. org/humancapitaldevelopment/news/1585/africa% E2% 80% 99s – health – % E2% 80% 93 – burden, September 9, 2010.

洲卫生体系的重视。埃博拉危机后中非卫生合作的一个重要变化正是系统性的合作开始加强，中国在不同场合表示将帮助非洲国家建设公共卫生体系。2015 年 10 月 6 日召开的第二届中非部长级卫生合作发展会议通过了《开普敦宣言》和实施框架，根据这两个文件，中国将改善后埃博拉时期非洲国家的卫生系统；加强国家和区域传染病监测和流行病体系建设；协助非洲国家开始人力资源培训工作；通过新建、维修以及配置设备等方式增强非洲基础设施建设，强化实验室能力和诊断系统，改善卫生信息系统，在提高卫生服务可及性方面开展合作，提高有质量的药物、疫苗、诊断试剂盒等卫生相关产品的可及性。① 中非合作论坛约翰内斯堡峰会上，中国提出的"中非公共卫生合作计划"则标志着中非系统性卫生合作开始进入实质性运作阶段。这一转变对于非洲卫生医疗领域本身、中非在其他领域的合作具有重要意义。中非卫生领域的合作在中国对非合作中具有特殊的地位，这一特殊性的主要表现如下。第一，从项目援助升级到政策援助，项目援助固然重要，但非洲国家的政策制定和能力建设才是保证这些项目和领域取得积极效果的根本。帮助改善非洲国家的卫生体系本质上就是要提高其政府的能力建设。这事实上对于中国在其他领域的合作同样重要。第二，从分散管理到战略管理的变化。公共卫生体系建设能够将中国在非援建的医院、疟疾中心、医疗队等在一个系统的体系下进行整合，从而具有整体的效果。同样，在其他领域，如何将不同分散的项目进行整合，从而使其真正转化为对某一行业的影响力是中国需要考虑的重要现实问题。因此，可以说，中非公共卫生合作计划是中国对非合作模式转型的重要先例，卫生领域的体系性合作对于研判新时期中非合作的模式和成效具有重要启示意义。②

综上，中非合作论坛紧跟国际、国内和中非关系发展的现实，正在通过巩固生长点、拓展增长点、开辟新亮点来保持论坛在中非关系和中国外

---

① 《第二届中非部长级卫生合作发展会议通过开普敦宣言和实施框架》，卫计委网站，ht-tp：//www.nhfpc.gov.cn/zhuzhan/gjjl/201510/c26d9b276f714e3c9386c80250fe3b0c.shtml。

② 笔者曾参加中国全球卫生网络的成立仪式和研讨会，这次会上笔者的一个重要认识是，中国作为一个全球大国正积极参与各领域的全球治理，在全球卫生领域中中国角色的快速变化已经大大超出了与会专家之前的认识。中非合作论坛所包含的中国经验的传播，尤其是中国作为发展中国家公共卫生体系的"构建者"的倡议，对中国传统合作协议来说是一个重要创新。虽然具体操作上还面临很多问题，但这确实反映了中国理念的变化。

交中的相关性和引领作用。从中非合作论坛约翰内斯堡峰会来看，2015 年后的中非关系正迎来全面合作的时代。作为中非关系的核心机制，中非合作论坛必须根据形势变化和现实需要积极推动自我机制的改革和发展。当前一个突出的现实是，每届中非合作论坛是一个三年期的合作安排，这种安排在早期有助于提出、跟进和评估中国对非的承诺和举措，然而这也使中国对非合作过于专注短期收益，缺乏中长期的设计。这显然不能适应当今中国、非洲和国际发展的现实，尤其是中非合作论坛的三年行动计划与非盟的五个十年行动计划的对接问题。因此，中非合作论坛接下来的一个重要任务是从长远和战略的高度规划中非合作的中长期战略。这不仅是当前中非关系全面发展的现实需要，而且是保持中非合作论坛引领中非关系可持续发展的重要动力。

第十一章　非洲自主设置议程时代的
中非关系

自 21 世纪第二个十年以来，非洲开始经历重大的变化。经历了半个多世纪的独立解放、反殖反霸和国家发展的艰难探索，经历了 20 世纪 80 年代经济结构调整计划导致的"失去的十年"、20 世纪 90 年代伴随民主化转型的动荡不安、21 世纪第一个十年的艰难恢复，2010 年《经济学人》关于非洲是"充满希望的大陆"的描述成为世界尤其是西方社会重新认识非洲的一个重要起点。这一认识变化源于 21 世纪非洲的快速发展以及其在各方面取得的长足进步。非洲的快速恢复和发展源于非洲国家乱后求治的国家共识、源于非洲国家对于全球对非合作格局的重新认识、源于非洲国家对自主发展战略和能力的不懈追求、源于非洲掌握自己命运的共同追求和集体努力。这一变化的一个最重要表现就是非洲已经开始逐步进入自主设置议程的时代。

尽管非洲的发展与安全依然面临严峻的问题，非洲国家间发展的差异依然很大，但是非洲作为一个整体以及非洲国家在国际对非合作格局中的地位已经发生了非常深刻的变化。第一，非洲国家在自主制定洲际、地区、国家以及地方发展战略和远景规划上的能力大大提升。这以非盟《2063 年议程》以及各次地区和国家的发展战略为代表。第二，援助关系向平等伙伴关系的转变，非洲国家不仅在援助关系中具有更高的话语权，而且更重要的是非洲国家不断提升的"去援助化"意识。第三，非洲国家在国际对非合作格局中的主导意愿、协调和平衡能力明显提升。肯尼亚等非洲国家通过与美国、日本、中国、印度以及中东国家的多元外交极大地推动了本国利益的最大化。第四，非洲国家国内政治的逐渐成熟，包括民主政治的不断完善、公民社会的发展、地方自治能力的提升、公民参与发展意识和意愿的变化，例如环保、就业、劳工、社会治理等领域发生的变化，使非洲自主发展的内生动力获得了较大提升。这成为塑造非洲自主发展的重要动力来源。

非洲自主设置议程的到来促进了国际对非合作格局的发展以及国际社会对非合作理念、框架和政策的变化。如何认识、适应这一变化并做出积极应对，也已经成为未来中非关系发展所面临的重大问题。作为中国对非政策、理念和实践的重要平台，中非合作论坛在总结反思中国的对非合作实践、构建中国对非合作理念和规范、为中国对非合作提供政策方案和战略设计上发挥了重要的作用，是连接中国非洲战略的顶层设计以及中国对非合作实践的重要桥梁。在这一意义上，中非合作论坛既是中国非洲战略和政策的设计师，也是中非合作关系发展的政策分析师，还是中非合作实践的执行者和推动者。因此，中非合作论坛的战略重要性和制度安排决定了中非合作论坛必须对非洲自主性发展所带来的重大变化做出积极有效的回应。

第一节　非洲自主性发展对中国的新要求

非洲自主性发展一方面为中非合作关系的发展注入了新的动力和活力。非洲经济的恢复和发展对中国意味着合作领域的扩大和规模的升级，非洲国家的转型、进行的相关探索与中国深化治国理政经验也存在交流的空间，非洲公民社会尤其是青年精英的壮大加速了中国与非洲国家间的社会和人文交流，为中非关系未来的可持续发展奠定了坚实的基础。然而，另一方面非洲发展战略环境、政策空间以及多元化的社会生态也对新时期中国的非洲战略、政策和实践提出了新的更高的要求。

一　非洲国家"再平衡"战略压缩了中国战略影响力提升的空间

21世纪初至今，中非关系的快速发展极大地改变了以往非洲国家严重依赖西方而不得不接受西方国家推动的民主化和市场自由化的现实。中国成为非洲国家改变和平衡西方国家主导非洲发展议程的重要选择，这一选择也成为21世纪以来非洲自身以及中非关系快速发展的重要战略基础。与此同时，中国在非经济、政治乃至社会文化的不断拓展一方面带动了更多新兴国家开始重视非洲,另一方面也加剧了传统国家对非政策的调整和重构。其中日本、印度等更是明显地将中国视为其在非洲追赶以及竞争的主要对象。欧美国家虽然很多情况下心有余而力不足,但依然不断探索新的方式来应对中国在非影响力扩大的挑战,中欧非、中法非、中英非、中美非等三方合作的倡议既反映了西方国家对中国的重视,同时也意味着国际对非合作格局正在升级,且正进入一个更加多元化和复杂化的阶段。

新的国际对非合作格局为非洲国家采取"再平衡"战略提供了操作空间。如果说早期非洲国家是利用中国来平衡西方国家的影响力的话,那么,当前的"再平衡"则是传统西方大国、日印等新兴国家利用新的国际对非合作框架以及国际社会的规则规范来平衡中国的影响力。这导致的一个重要后果是,中国在非战略影响力提升的空间被压缩了,中国提高在非战略影响力的难度将大大增加。不得不承认的一个现实是,虽然中非关系的快速发展极大提升了中国在非洲的存在感,中国在非经济影响力也在不断提升,但是经济影响力并没有积极转化为政治影响力,而战略影响力则十分有限。也就是说,中国的经济影响力很大程度上仍只是"购买性权力"的初级阶段,其结构性和持久性的影响力则很弱。当前中国非洲战略的一个核心议题正是如何将中国的经济影响力转化为政治和战略影响力。然而,新的国际对非合作格局的变化以及非洲国家相对不断增强的战略操作空间给中国的这一议程带来了很大压力。一个代表性的例子是,中国具有明显优势的基础设施建设能力在转化为战略影响力的过程中面临严峻的挑战,如蒙内铁路(东非铁路网的起始段)因为日本对蒙巴萨港经营权的觊觎而使中国的战略影响力相对削减,或者说中国将不得不付出更大的战略成本。

二 非洲发展战略和政策自主能力的提升对中非发展战略对接提出了更高要求

当前国际对非发展议程的变化、非洲自身发展议程的变化以及中国对非发展合作议程的变化共同塑造着非洲发展议程的核心领域、战略和政策制定以及执行过程。这意味着当前国际对非合作的一个重要任务是不同发展理念、制度安排和政策实践之间的沟通和协调。就中国而言,中国对非政策的制定和执行将不得不充分考虑这一政策环境的变化。当前中国提出的中非全面战略伙伴关系，涉及发展战略对接、中非产能合作、人文交流、减贫合作等重要领域的战略对接，正是中国基于当前非洲发展现实变化提出的新思路。然而，这一理念在实践中也面临着不容忽视的挑战和压力。

第一，如何在中国的供给侧与非洲的需求侧之间建立平衡关系。当前的中非关系很大程度上仍是作为供给一方的中国与作为需求一方的非洲之间的关系，在这种关系结构中，中国的供给并不是完全由非洲需求决定的，中国自身的战略、利益、市场和社会需求在其中的决定性作用也在不断提升。而非洲的需求很大程度上则主要根源于国内政治、经济和社会的变化，在一些情形下，这些需求并不是绝对理性的，如经济决策中的政治化现象，即经济决策是为了实现特定的政治目的，尤其是选举期间的大规模仓促的基础设施建设需求。这种不对称的供给和需求结构事实上提升了中国与非洲国家和政府之间沟通和协调的水平，实现共赢，即让中非双方共同受益在现实中并非易事。

第二，如何建立中国在非的制度和政策优势。中国在非的制度和政策优势一方面取决于中国自身发展方式和制度理念的吸引力和适应性，这与中国自身的改革发展密切相关；另一方面则取决于中国发展战略与非洲发展战略之间的对接契合度。其核心是中国在战略对接中的全流程和体系性参与，即在不同的行业领域，中国应更加重视政策和制度领域的配合协调，应从传统的项目承包方向经营者、产业链维护者以及规则塑造者转型。如中非产能合作当前主要集中于产业园和经济特区的建设。从以往的经验来看，产业园和经济特区的建设不应只是一个象征性的工程，更不应仅仅停留于园区建设本身，而是要加强与非洲国家的沟通协调，通过产业政策协调、产能转移、产业链拓展、伙伴关系构建以及项目跟踪评估等实现全流程的合作。这也是真正发挥中国制度和政策优势的重要前提。

第三，必须高度重视当前中非发展战略对接的质量和可持续性。非洲工业化、农业发展、减贫、公共卫生正成为非洲国家发展的核心议题或战略，在非洲自主政策框架下，中国与非洲当前的合作，比如在中非产能合作、非洲共同卫生体系建设等方面的合作，往往是中国的政策理念、模式和实践向非洲传播的过程。相对于之前的项目合作，这反映了中非合作的转型升级。这也正是中国政府提出的中非关系已经进入提速增质阶段的现实基础。这种政策性和制度方面的介入一方面能够提升中国的影响力，另一方面如果政策制定或执行不当则可能会带来致命性的灾难，尤其是非洲国家的一些传统优势行业。中国必须吸取20世纪非洲独立时期非洲国家产业发展中的惨痛教训，避免出现新的大规模的白象工程。因此，中非发展战略的对接必须建立在谨慎科学的前期调研分析、有效的政策互动协调、充分的机制保障以及后期的监督评估上。

三　非洲社会发展对中国在非洲的实践提出了更高的规范要求

与非洲政治经济的发展相似，非洲社会也正在经历重大的变化。受西方殖民遗产以及独立后西方社会文化在非洲的持续传播和渗透，非洲国家虽然在政治和经济发展的道路上"步履蹒跚"，但是大规模接受了西方的社会观念、理念，教育、生活方式等。非洲一直是西方宗教、教育、非政府组织关注的重要区域，从20世纪开始，非洲多党民主转型更是加速了西方社会性力量规模在非洲的拓展。与此同时，伴随这一过程的是非洲本土公民社会的发展，本土知识诉求，青年、社区和人的发展意识的不断提升。非洲社会的这一变化极大地塑造了当前非洲国家复杂甚至对立的社会认识。明显的表现是，非洲精英和民众可能一方面反思和批评西方国家在全世界推动民主和经济自由化所带来的灾难，另一方面则会接受和向往西方的社会。相反，非洲精英和民众一方面欢迎和盛赞中国给非洲带来的经济机遇，另一方面因为对中国社会和文化的不了解而对中国的一些行为持负面认识。这也正是当前中国在非所面临的现实社会环境。如何更深入地理解非洲的社会，如何塑造和深化中国在非洲的形象，如何推动和影响非洲社会和民众理念的变化，事实上也成为当前中国对非合作的重要议题，这也是中非人文交流的意义所在。

当前非洲社会自身的转型一方面表现为社会的多元化对中国的挑战，另一方面也为中国与非洲社会的互动提供了更大的机遇。第一，虽然长期以来西方媒体对中国非洲形象的妖魔化描述极大地影响了非洲民众对中国的认识，但仍主要集中于环境保护、劳资标准、人权、投机经营等传统议题。随着中非合作交流的持续深入，一方面西方媒体以及西方化的非洲媒体的报道也开始使非洲民众出现疲劳症，另一方面，非洲国家和民众获得了更多间接和直接对中国的认识，这一局面得到了一定程度的改善。第二，非洲社会的本土化转向极大地推动了非洲对中国和其他国家认识的变化。如对中国，在以前，对于中非合作出现的一些问题，非洲知识精英和民众很可能受西方媒体的影响，将矛头直接指向中国；在当前，越来越多的非洲人开始从本国寻找原因。非洲对西方国家的反思和批评也正更加深入，尤其是非洲国家对西方垄断非洲历史和知识生产的批评。当前非洲社会发展转型的一个重要现象是非洲国家、知识精英和民众开始积极探索从非洲自身的传统、习惯和经验中寻找发展途径和解决冲突的答案。其中最为核心的是重建非洲知识体系的倡议。2015 年爆发于南非高校的大规模抗议活动中的一个重要的诉求是非洲教育的去殖民化。南非国内知识精英呼吁非洲教育去殖民化，重建非洲的历史以及知识生产体系。第三，中非人文交流计划的提出，中非人文交流机制和平台的建立为中非之间的人文交流和社会互动带来了重要动力。如何提升中非人文交流的效率和水平也成为下一步工作的重点。然而，从目前来看，当前的人文交流机制存在许多问题。其更多的是自上而下的机制，即由中国官方主导，并不是一种自发性的交流，是精英交流而非大规模的社会性活动；以中国"请进来"为主，"走出去"的比重很小，尤其是中国的研究机构、教育机构和社会组织在非洲存在的比重很小；社会组织在非洲的缺失事实上是中非人文交流的一个重要短板，短期内也很难得到解决。第四，认识当前非洲社会转型、非洲本土知识生产、历史文化重塑、妇女和青年赋权、人力资源发展等关系非洲未来发展的核心议题，并就此进行有针对性的合作；通过官方引导、相关机构牵头，最终促进社会自发参与，真正提高中非人文交流和社会交往的程度和水平，这是当前中国面临的重要议题。

第二节　中非合作论坛的新方向

中非合作论坛是推动和引领中非关系发展的主要抓手，也是凝练和提升中国对非战略、政策和实践的重要平台。在过去的近两个二十年，中非合作论坛的发展有其结构性的有利因素（包括中国的"走出去"战略的实践、西方模式在非洲的赤字或失灵、中国发展对非关系的政治意愿和国家投入），中非之间的历史联系以及现实中并无结构性矛盾等因素。在这种背景下，作为一个推进合作的组织，中非合作论坛与中非关系的快速发展之间形成了良性的互动关系。也就是说，中非关系的快速发展促进了中非合作论坛的机制化，反过来，中非合作论坛的机制化又为中非关系的发展带来了动力来源、机制保障和质量提升。然而，当前随着非洲自主设置议程时代的到来以及新的国际对非合作格局的形成，中非合作论坛必须通过积极的经验总结、品牌提升、功能拓展以及机制创新来进一步巩固中非合作论坛的比较优势，继续为中非关系以及中国与发展中国家关系的构建提供动力和借鉴。

一　品牌提升

中非合作论坛是中国发展进程中的一个重要产物，是中国融入国际体系和参与全球治理的现实反映。中非合作论坛是中国与发展中国家构建多方合作机制的重要尝试，是目前南南合作的杰出典范，是中国推动的地区间主义合作的优秀实践，是当前中国与发展中国家合作关系的重要品牌。如果说早期中非合作论坛的机制发展是中国提出国际倡议、供给公共产品、构建互利共赢国际关系格局的试验的话，那么当前中非合作论坛已经建立了一套相对成熟、不同于传统国家主导的国际对非合作体系，也形成了一个中国与发展中国家关系机制化和网络化的样板。然而，中非合作论坛的发展进程也伴随着一系列新的问题的产生，这些问题也成为中非合作论坛品牌影响力进一步提升的主要障碍。从某种意义上讲，中非合作论坛的可持续发展要求中非合作论坛必须提升其问题回应、修复和解决的能力。

其一，中非合作论坛机制面临国内协调以及国家间协调问题。其二，中非合作论坛面临社会化问题。中非合作论坛仍主要取决于中国的政策、模式和实践供给，非洲国家的社会化程度较低，非洲国家把论坛作为中国对非合作的平台而非促进中非共同发展的平台。其三，中非合作论坛的核心优势和竞争力仍有待挖掘和提炼。当前中非合作论坛已经到了提速增质的关键性阶段，之前中国通过提出和兑现慷慨承诺获得了非洲国家的热烈响应，现在面临的问题是如何在巩固已有成果的基础上，打造核心优势和竞争力；如何提升中非合作关系的质量和水平。针对这一问题，一方面要在一些核心领域（包括产能合作、减贫、教育、卫生、人文交流以及推动非洲地区一体化）打造品牌和影响力，另一方面则要增强中非合作论坛在行为规范和合作方式上的创新和引领作用。其四，中非合作论坛应进行开放性、包容性和可持续性建设。中非合作论坛作为一个政府间合作关系平台，在推动中国企业尤其是国有企业走向非洲方面发挥着重要作用，与此同时，这也带动了私营企业、社会组织、智库以及个人更大规模地走向非洲。同时，在多元化的国际对非合作格局中，中非合作论坛是否需要以及如何建立与其他国家的良性国际伙伴关系；如何适应这一趋势，既保障好这一良性的、多元的中非互动关系，同时又为这一多元关系提供更多的帮助、更好的指导和更合理的规范，是当前中非合作论坛需要考虑的问题。

二　拓展功能

不同于西方推动的对非合作平台的理念和规范导向，中非合作论坛更重视中非合作的实质，这也塑造了中非合作论坛的功能主义特征。具体表现如下。（1）中非合作论坛是一个沟通平台。中非合作论坛并不是一个高度机制化的国际组织，其本质上是一个会晤机制。因为以务实合作为明确导向，加上机制本身的开放性、自愿性、非约束力和平等性的特点，其能够得到非洲国家的认可。共商、共赢、共享的前提是大家能先坐下来，中非合作论坛最大的功能正在于此。相对于美国、欧洲对非峰会中因为民主人权等引起的各种争论，中非合作论坛采取的是一个更有效的方式。（2）中非合作论坛是一个倡议平台。相比于中国与非洲国家双边关系的实质进展，中非合作论坛在凝练对非合作理念和政策倡议上发挥着重要的作用，即其发挥着将中国对非政策理念化、条理化和战略化的功能。从2006年开始，中非合作论坛成为中国提出对非承诺、对非合作理念和倡议的重要平台。2015年的约翰内斯堡峰会上的全面战略伙伴关系、五大支柱和中非十大合作计划完整勾画了中非关系的基本战略框架。这一框架事实上也成为中国理念、中国方案和中国实践的重要传播途径。（3）中非合作论坛是一个试验和示范平台。中非合作论坛是一个将双边合作的成功经验和实践进行多边示范和推广的平台。这一平台有助于使中国在非的经验和实践（包括基础设施建设、产能合作、农业合作、文化教育合作的经验和实践）以及中国标准等为更多非洲国家认识和接受。

总体而言，当前的中非合作论坛主要扮演着合作推动者的角色，更聚焦于具体务实的项目和实践合作。在非洲自主设置议程的新时代，随着中非战略对接的全面推进，拓展中非合作论坛的功能也成为一个新的时代需求。首先，中非合作论坛的战略性功能有待挖掘和提升。中非已经建立了全面战略合作伙伴关系，中非合作论坛作为一个合作机制和平台必须根据这一变化，提升自身的战略规划、参与、评估和执行能力，即需要用战略的思维、方式和路径统筹协调中非合作的大局。其次，中非合作论坛应进一步发挥其在中国对外战略大局中的中非合作关系之间桥梁纽带的作用。当前中国的"一带一路"倡议、金砖国家合作、南南合作新举措为中非关系的发展注入了新的活力，然而，与此同时，中非合作关系的实践反过来也可以为中国"一带一路"倡议的推进尤其是中国与发展中国家"朋友圈"的构建提供早期经验。中非合作论坛提出的中非关系五大支柱、十大合作计划其实可以被理解为中国推动的非洲版的"一带一路"倡议，其将"一带一路"倡议更加具体化。中非产能合作、中非发展战略对接、中非人文交流的进展对于"一带一路"倡议的推进具有非常直接的参考意义。为此，中非合作论坛应该在其中发挥积极的作用。最后，构建完整的合作体系是当前对中非合作论坛的现实要求。完整的合作体系将包括合作推动、合作规范管理、问题和争端解决、合作中的安全保障、合作战略评估等。当前中非合作论坛的重点其实是推动合作，它在其他领域的协调、管理和回应能力相对较弱。突出中非合作论坛在这些功能性领域的中心地位、提高中非合作论坛的级别水平和能力将非常重要。

三　机制创新

作为中国推动和主导的国际合作机制，中非合作论坛具有明显的特点。第一，弱机制、重协调。在中非合作论坛的带动下，不同类型的合作平台和论坛机制得以建立，例如中非经贸投资论坛、农业合作论坛、科技论坛、中非卫生部长级会议、媒体合作论坛、智库论坛、民间论坛、地方对非合作等诸多机制平台。这些平台和机制反过来又通过具体的实践和政策建议为中非合作论坛的可持续发展提供动力。在这一点上，目前中非合作论坛机制其实已经形成了一个相对完善的内部生态。尽管随着中非关系以及中国在非影响力的不断提升，要求中非合作论坛提升其机制化水平的呼声一直很高，但是，总体上，中非合作论坛仍处于一个弱机制化的状态。这一现实为中非合作论坛中方后续行动委员会的协调能力带来了重大挑战。因为在国家间层面的协调有与中非合作论坛配套的高官会、使节会、落实峰会成果的协调人会议等。在国内层面有部级协调机制、包括涉及近30个部委机构间的中方协调机制。这导致的一个后果是协调成本较高，相应的创新性政策供给和项目倡议则可能相对分散而缺乏战略统筹。第二，轻规范、重理念。西方对非合作平台和机制往往包含一套西方的政治、经济、社会和文化的话语体系，西方的对非合作在这一意义上就是西方的规范体系渗透和塑造非洲发展话语的重要过程。所以说，西方在非洲事务上一直存在制度、道德、文明和规范的优越感，这导致的问题是非洲发展的"西方主义"、缺乏真正从非洲自身的现实去支持非洲的发展、西方塑造的是"名义上的非洲自主发展"。中非合作论坛作为由中国主导的对非合作平台，从一开始就具有天然优势，即历史和身份的认同。这种认同塑造了中国与非洲合作的理念，即重视非洲当前所处的现实，强调"真、实、亲、诚"的人性化的国际关系，为此中国提出了中非命运共同体的目标并用正确义利观来指导中国与非洲的关系。第三，轻形式、重实际。中非合作论坛重视具体的投入承诺以及后续的承诺评估，这使其相对西方承诺多、履行少的现状具有更明显的优势。然而，中国近些年来"说得少、做得多"的实践表明，积极合理的宣传和形式的创新也同样重要。中非合作论坛机制作为一个品牌应该在这一方面加强与各部门的协调，以形成一套相互支撑、相互补强的合作模式。

第三节　"非洲梦"与"中国梦"的新融合

21世纪的中非关系本质上是非洲自主、非洲自立、非洲自强的"非洲梦"和中华民族伟大复兴的"中国梦"之间的融合过程。"非洲梦"的目标是在半个世纪后将非洲发展为一个包容、可持续发展的非洲，一个团结、复兴和友爱的大陆，一个注重良治、民主、人权、正义和法治的大陆，一个和平安全的大陆，一个共享文化认同、遗产、价值观和道德观念的大陆，一个以人的发展为中心的大陆，一个在全球舞台上团结而具有重要影响力的伙伴。"中国梦"的核心目标集中体现在"两个一百年"的目标上，即到2021年中国共产党成立100周年和2049年中华人民共和国成立100周年时，逐步并最终顺利实现中华民族的伟大复兴，具体表现是国家富强、民族振兴、人民幸福。

"中国梦"与"非洲梦"虽然"相隔万里"，但蕴含着巨大的共通之处。两者都是以自主、自立、自强为核心目标，实现这些目标最终都取决于挖掘、提炼和应用本土的智慧、理念、文化、道路、制度和方案。两者都是在经历了重大历史灾难的基础上进行的艰难的国家建设探索。共同的历史遭遇是两者相互认识和认同的基础，这也决定了两者在规划美好前景上拥有共同的期待和渴望。两者的发展中国家身份塑造了两者在国际体系中的边缘者和追赶者的身份，因此在融入和改变不合理的国际政治经济秩序和规范上具有相似的立场。两者在全球治理、国家发展、气候变化、和平安全等全球性议题上具有相似的关切和主张，这是中非关系持续发展的共同基础，也是未来"中国梦"与"非洲梦"高度融合的重要前提。

新时期，中华民族的复兴进程与非洲复兴进程的推进将加快"中国梦"与"非洲梦"的新融合。建设中非命运共同体为中非关系的发展奠定了终极的目标。中非全面战略合作伙伴关系地位的确立为"中国梦"与"非洲梦"的深度融合提供了战略保障。五大支柱，即政治上平等互信、经济上合作共赢、文明上交流互鉴、安全上守望相助、国际事务中团结合作，则为"中国梦"与"非洲梦"的深度融合提供了战略性的目标。而十大合作计划，即包括工业化、农业现代化、基础设施建设、金融、绿色发展、贸易和投资便利化、减贫惠民、公共卫生、人文、和平和安全，则为中非双方未来合作关系的持续推进确定了框架。

展望未来，中非全面战略合作伙伴关系蓝图已绘就，"中国梦"与"非洲梦"新融合的大幕已开启。在非洲自主设置发展议程以及中国全面建成小康社会的新时代，中非合作关系所具有的国际影响和世界意义必将可期。

参考文献

（一）英文文献

Abiodun Bashua, "Challenges and Prospects of AU – UN Hybrid Operations: The UNAMID Experience," *Journal of International Peacekeeping*, Vol. 18, No. 1 – 2, 2014.

Ayodele Aderinwale, "The Conference on Security, Stability, Development and Cooperation in Africa: Framework and the Role of the Regional Institutions," *Peace, Human Security and Conflict Prevention in Africa*, Proceedings of the UNESCO – ISS Expert Meeting, held in Pretoria, South Africa, July 24 – 24, 2001.

Ankie Hoogvelt, *Globalization and the Postcolonial World: The New Political Economy of Development* (Baltimore, MD: Johns Hopkins University Press, 2001).

Adebayo Adedeji, "Marginalization and Marginality: Context, Issues and Viewpoints," in Adebayo Adedeji ed. , *Africa within the World: Beyond Dispossession and Dependence* (London: Zed Books, 1993).

Adian Flint, *Trade, Poverty and the Envioronment: The EU, Cotonu and the African – Caribbean Pacific Bloc* (Basingstoke: Palgrave Macmillan, 2008).

African Union, Policy Framework of the African Standby Force and the Military Staff Committee (document adopted by the third meeting of African Chiefs of Defense Staff, Addis Ababa, May 15 – 16, 2013).

African Union Commissioin, *Agenda 2063: The Africa We Want—The First Ten Year Implementation Plan 2013 – 2023*, September, 2015.

Alex J. Bellamy, Paul Williams, Stuart Griffin, *Understanding Peacekeeping*

（Cambridge： Polity, 2010）.

Alex J. Bellamy, Paul D. Williams, "Who's Keeping the Peace? Regional-ization and Contemporary Peace Operations," *International Security*, Vol. 29, No. 4, 2005.

Alex Vines, "A Decade of African Peace and Security Architectwre," *International Affairs*, Vol. 89, Issue 1, 201.

Alexander Noyes, Janette Yarwood, "Progress toward the African Union Continental Early Warning System," *International Peacekeeping*, Vol. 20, No. 3, 2013.

Almaz Zewde, *Sorting Africa's Development Puzzle： The Participatory Social Learning Theory as An Alternative Approach* （Lanham, Maryland： University Press of America, 2010）.

Andy Storey, "Post – Development Theory： Romanticism and Pontius Pilate Politics," *Development*, Vol. 43, No. 4, 2000.

Ama Biney, "The Legacy of Kwame Nkrumah in Retrospect," *The Journal of Pan African Studies*, Vol. 2, No. 3, 2008.

Amisom Public Information, *AMISOM, SNA Pledge Unity in War against Al – Shabaab*, August 25, 2016.

AMISOM News, *Securing Somalia's Electoral Process Is Top Priority for AMISOM, Says AU Special Representative for Somalia*, August 26, 2016.

AMISOM News, *Restoring Stability in Somalia Needs a Multi – Pronged Approach, Says AU Special Representative*, September 28, 2016.

Aremu Johnson Olaosebikan, "Kwame Nkrumah and the Proposed African Common Government," *African Journal of Politcal Science and International Relations*, Vol. 5, No. 4, 2011.

AU, *African Consensus and Positionon Development Effectives, Fourth High Level Forum on Aid Effectiveness*, Busan, Republic of Korea, September, 2011.

A. B. Featherston, *Towards A Theory of United Nations Peacekeeping* （London： Palgrave Macmillan, 1994）.

Benedikt Franke, Romain Esmenjaud, "Who Owns African Ownership? The Africanisation of Security and Its Limits," *South African Journal of International*

Affairs, Vol. 15, No. 2, 2008.

Bereng Mtimculu, "The African Union and Peace Support Operations," *Conflict Trends*, Issue 4, 2005.

Branwen Gruffydd Jones, "Africa and the Poverty of International Relations," *Third World Quarterly*, Vol. 26, No. 6, 2005.

Bruce J. Berman, "Clientelism and Neocolonialism: Center – Periphery Relations and Political Development in African States," *Studies in Comparative International Development*, Vol. 9, Issue 2, 1974.

Benedikt Franke, Stefan Ganzle, "How 'African' Is the African Peace and Security Architecture? Conceptual and Practical Constraints of Regional Security Cooperation in Africa," *African Security*, Vol. 5, No. 2, 2012.

Cedric de Coning, Linnea Gelot, John Karlsrud, eds., *The Future of African Peace Operations: From the Janjaweed to Boko Haram* (London: Zed Books, April 5, 2016).

Corinna Jentzsch, "Opportunities and Challenge to Financing African Union Peace Operations," *African Conflict and Peacebuilding Review*, Vol. 4, No. 2, 2014.

Crawford Young, *Ideology and Development in Africa* (Connecticut: Yale University Press, 1982).

Christ Alden, *China in Africa* (London: Zed, 2007).

Christ Alden, Danial Large, *China Returns to Africa: A Rising Power and Continent Embrace* (London: Hurst, 2007).

Christ Landsberg, Fractured Continentally, Undermined Abroad: African Agency in World Affairs (paper presented to the Seminar African Agency: Implications for IR Theory, City University, London, September 14, 2011).

Christopher Clapham, *Africa and the International System: The Politics of State Survival* (Cambridge: Cambridge University Press, 1996).

Claude Ake, *Revolutionary Pressures in Africa* (London: Zed Press, 1978).

Conrad Rein, "The European Union and the African Union: A Strategic Partnership?" *Suropean Foreign Affairs Review*, Issue 4, 2015.

Cyril I. Obi, "Reconstructing Africa's Development in the New Millennium through NEPAD: Can African Leaders Deliver the Goods?" *African Journal of International Affairs*, Vol. 4, No. 1 – 2, 2001.

Daniel Druckman, Paul C. Stern, "Evaluating Peacekeeping Missions," *Mershon International Studies Review*, Vol. 41, No. 1, 1997.

David Booth, Aid Effectiveness: Bringing Country Ownership (and Politics) Back in (Working Paper 336 of ODI, London, August, 2011).

David Camroux, "Interregionalism or Merely a Fourth – Level Game? An Examination of the EU – ASEAN Relationship," *East Asia*, No. 27, 2010.

David K. Leonard, Scott Strauss, *Africa's Stalled Development: International Causes and Cures* (Boulder, Colo. : Lynne Rienner, 2003).

Department of Peacekeeping Operations and Department of Field Support, *A New Partnership Agenda: Charting a New Horizon for UN Peacekeeping*, July, 2009.

Donald Chimanikire, "Africaand Globalization: The Case of Economic Partnership Agreements (EPAs) between EU and Africa," in Lily Mafela, Herman Musahara, eds. , *Setting of New Social Science Research Agenda for Africa in the 21st Century* (African Books Collective, 2011).

Eboe Hutchful, *Ghana's Adjustment Experience: The Paradox of Reform* (Oxford: James Currey, 2002).

Eddy Maloka, "NEPAD and Its Critics," in Jimi O. Adesina, Yao Graham, Adebayo O. Olukoshi eds. , *Africa & Development Challenges in the New Millennium: The NEPAD Debate* (London: Zed Books, 2006).

Ellas K. Bongmba, "Reflections on Thabo Mbeki's African Renaissance," *Journal of Southern African Studies*, Vol. 30, No. 2, 2004.

Eric Edi, "Africa and the New World Order: Voices and Ways of Liberation in Armah's Osiris Rising," *The Journal of Pan African Studies*, Vol. 1, No. 9, 2007.

Francis Nguendi Ikome, From the Lagos Plan of Action to the New Partnership for Africa's Development (NEPAD): The Political Economy of African Regional Initiatives (PhD thesis of University of the Witwatersrand, 2004).

Francis Tawiah, "Ghana Will Soon Belong to China! Ghana Gets $ 10. 4

Billion Loan from China Exim Bank for a Train Instead of Roads and Classrooms," *Modern Ghana*, October 4, 2010.

George B. N. Ayittey, *Africa Betrayed* (New York: St. Martins Press, 1992).

Gibert M. Khadiagala, "Two Moments in African Thought: Ideas in Africa's International Relations," *South African Journal of International Affairs*, Vol. 17, No. 3, 2010.

Giles Mohan, "China in Africa: A Review Essay," *Review of African Political and Economy*, Vol. 35, No. 115.

Giles Mohan, Ben Lampert, "Negotiating China: Reinserting African Agency into China – Africa Relations," *African Affairs*, Vol. 112, No. 446, 2012.

Gorm Rye Olsen, "The EU and Military Conflict Management in Africa: For the Good of Africa or Europe?" *International Peacekeeping*, Vol. 16, No. 2, 2009.

Government of Ghana, *Leveraging Partnership for Shared Growth and Development: Government of Ghana – Development Partners Compact 2012 – 2022*, June 21, 2012.

Havard Hegre, Lisa Hultman, Havard Mokleiv Nygard, Evaluating the Conflict – Reducing Effect of UN Peacekeeping Operations (paper presented at the European Political Science Association, Berlin, June 20 – 22, 2012).

Heidi Glaesel Frontani, Anna MaCracken, "China's Development Initiatives in Ghana, 1961 – 2011," *Journal of Sustainable Development in Africa*, Vol. 14, No. 8, 2012.

Heiner Hanggi, "ASEM and the Construction of the New Triad," *Journal of the Asia Pacific Economy*, Vol. 4, No. 1, 1999.

Horace Campbell, "China in Africa: Challenging US Global Hegemony," *Third World Quarterly*, Vol. 29, No. 1, 2008.

Howard Stein, "The World Bank and the IMF in Africa: Strategy and Routine in the Generation of a Failed Agenda," Center for Afro – American and African Studies, University of Michigan, 2004.

Ian Taylor, *NEPAD: Towards Africa's Development or Another False Start?*

（London: Lynne Rienner Publishers, 2005）.

Ian Taylor, *China's New Role in Africa* （Boulder CO: Lynne Rienner, 2009）.

Ian Taylor, *The International Relations of Sub – Saharan Africa* （New York: Continuum, 2010）.

Ian Taylor, *Book Review on Future Africa: Prospects for Democracy and Development Under NEPAD*, Vol. 110, Issue 438, 2010.

IDA, "Ghana – Country Assistance Strategy," World Bank, 1995.

IDA, "Ghana – Country Assistance Strategy," World Bank, 1997.

IDA, "Ghana – Country Assistance Strategy," World Bank, 2000.

IDA, "Ghana – Country Assistance Strategy," World Bank, 2004.

IDA, "Ghana – Country Assistance Strategy," World Bank, 2007.

IMF, *Ghana Poverty Reduction Strategy 2003 – 2005* （Washington D. C. : IMF, February, 2003）.

IMF, *Ghana: Ex – Post Assessment of Longer – Term Program Engagement*, IMF Country Report, No. 7/211, 2007.

IMF, *Ghana: Letter of Intent, Memorandum of Economic and Financial Policies, and Technical Memorandum of Understanding*, June 26, 2009.

Irit Back, "IGAD and South Sudan: Success and Failure in Mediation," *Telaviv Notes*, Vol. 8, No. 23, 2014.

Isaac Idun – Arkhurst, *Ghana's Relations with China*, the South African Institute of International Affairs, 2008.

Ishan Kapur, Michael T. Hadjimichael, Paul Hilbers, Jerald Schiff, Philippe Szymczak, *Ghana: Adjustment and Growth 1983 – 91* （Washington D. C. : IMF, 1991）.

ISS Media Toolkit, "Understanding the African Standby Force, Rapid Deployment and Amani Africa Ⅱ," Institute for Security Studies, November 4, 2015.

Ivor Agyeman – Duan, *Between Faith and History: A Biography of J. A. Kufuor* （Banbury: Angoo Media Ghana, 2010）.

Jakkie Cilliers, Barry Hughes and Jonathan Moyer, *African Futures 2050:*

The Next Forty Years, Institute of Security Studies, South Africa, 2011.

James E. Lassiter, "African Culture and Personality: Bad Social Science, Effective Social Activism, or a Call to Reinvent Ethnology," *African Studies Quarterly*, Vol. 3, No. 2, 1999.

James Dobbins, "A Comparative Evaluation of United Nations Peacekeeping," *Rand Corporation*, CT – 284, June, 2007.

James Gow, Christopher Dandeker, "Peace – Support Operations: The Problem of Legitimation," *World Today*, Vol. 51, 1995.

Jan Nederveen Pieterse, *Development Theory* (London: Sage, 2010).

Jean – Francois Bayart, "Africa in the World: A History of Extraversion," *African Affairs*, Vol. 99, No. 365, 2000.

Jeffery Sachs, *The End of Poverty: Economic Possibilities for Our Time* (London: Allen Lane, 2005).

Jane Harrigan, Stephen Younger, "Aid, Debt and Growth," in Ernest Aryeetey, Jane Harrigan, M. Nissnake, eds., *Economic Reforms in Ghana: The Miracle and the Mirage* (Oxford: James Currey, 2000).

Joao Gomes Porto, Kapinga Yvette Ngandu, *The African Union's Panel of the Wise* (A Concise History, the African Centre for the Constructive Resolution of Disputes, 2016).

John Thornton, *Africa and Africans in the Making of the Atlantic World*, 1400 – 1800 (Cambridge: Cambridge University Press, 1998).

Johann Mouton, "The State of Social Science in Sub – Saharan Africa," in 2010 *World Social Science Report*, Center for Research on Science and Technology, Stellenbosch University, 2010.

John F. E. Ohiorhenuan, "The Future of Poverty and Development in Africa," *Foresight*, Vol. 13, No. 3, 2011.

Jorge I. Dominguez, "Mice That Do Not Roar: Some Aspects of International Politics in the World Peripheries," *International Organization*, Vol. 25, No. 2, 1971.

Jürgen Rüland, "Interregionalism: An Unfinished Agenda," in Heiner Hanggi, Ralf Roloff, Jürgen Rüland, eds., *International and International Relations*

（London：Routledge，2006）

Karen Smith，J. van der Westhuizen，Developing IR Theory in the South Obstacles to Challenging Northern Dominance（paper presented at the British International Studies Association Conference，St Andrews，December 19 – 21，2005）.

Karen Smith，Has Africa Got Anything to Say? African Contributions to the Theoretical Development of International Relations：A Preliminary Investigation（paper presented at the BISA African and IS Workshop，Milton Keynes，2008）.

Katarina Engberg，"Ten Years of EU Military Operations," *European Union Institute for Security Studies*，No. 43，2013.

Kalypso Nicolaïdis，Paul Collier，"Europe，Africa，EPAs：Opportunity or Car Crash?" *Open Democracy*，January 7，2008.

K. Mathews，"Emerging Powers in Africa：An Overview," *India Journal of African Affairs*，Vol. 51，No. 3 – 4，2011 – 2012.

Kennedy C. Chinyowa，"Playing against Violence：A Case Study of Popular Theatre in Zimbabwe," *Journal of Peace – building and Development*，Vol. 4，No. 3，2009.

Kenneth Adelman，*African Realities*（New York：Crane，Russak，1980）.

Kevin C. Dunn，Timothy M. Shaw，*Africa's Challenge to International Relations Theory*（New York：Palgrave，2001）.

Kwake Nkrumah，*Africa Must Unite*（London：Heinemann，1963）.

Kweku Ampiah，Sanusha Naidu，eds. ，*Crouching Tiger，Hidden Dragon? African and China*（Scottsville：University of Kwazulu – Natal Press，2008）.

Kweku Ampiah，"The Discourse of Local Ownership in Development：Rhapsodies about 'Self – Help' in Japan's Economic Assistance to Africa," *Japanese Studies*，Vol. 32，No. 2，2012.

Lakhdar Brahimi，*Report of the Panel on United Nations Peace Operations*，United Nations，A/55/305 – S/2000/809，August 21，2000.

Li Anshan，Liu Haifang，et al. ，FOCAC Twelve Years Later：Achievements，Challenges，and the Way Forward（Discussion paper 74，the Nordic Africa Institute，2012）.

Lindsay Whitefield ed. , *The Politics of Aid: African Strategies for Dealing with Donors* (Oxford: Oxford University Press, 2009).

Luís Mah, Raquel Freitas, "The Possibilities for Enhancing Ownership of Development in Africa: The Role of Regional Integration in the External Relations of Africa," CEsA Working Paper 112, 2012.

Maja Garb, "Evaluating The Success of Peace Operations," *Scientia Militaria, South African Journal of Military Studies*, Vol. 42, No. 1, 2014.

Manuel Manrique Gil, "Ideology and the Possibility of African Political Theory: African Socialism and 'Ubuntu' Compared," 7th Congress of African Studies, Lisbon, 2010.

Mary Farrell, "A Triumph of Realism over Idealism? Cooperation between the European Union and Africa," *European Integration*, Vol. 27, No. 3, 2005.

Martin Holland, " 'Imagined' Interregionalism: Europe's Relations with the African, Caribbean, Pacific states (ACP) ," in Heiner Hanggi, Ralf Roloff, Jürgen Rüland, eds. , *International and International Relations* (London: Routledge, 2006).

Martyn Davis, Hannah Edinger, Nastasya Tay, Sanusha Naidu, *How China Delivers Development Aid to Africa*, Center for Chinese Studies, University of Stellenbosch, 2008.

Matt Freear, Cedric de Coning, "Lessons from the African Union Mission (AMISOM) for Peace Operations in Mali," *Stability: International Journal of Security and Development*, Vol. 2, No. 2, 2013.

Maurizio Carbone, "Better Aid, Less Ownership: Multi – Annual Programming and the EU's Development Strategies in Africa," *Journal of International Development*, Vol. 20, Issue 2, 2008.

Maurizio Carbone, Between EU Actorness and Aid Effectiveness: The Logics of EU Aid to Sub – Saharan Africa [paper presented at the annual meeting of Societa Italiana di Scienza Politia (SISP), University of Rome III, September 13 – 15, 2012].

Maurizio Carbone, "The European Union and China's Rise in Africa: Competing Visions, External Coherence and Trilateral Cooperation," *Journal of*

Contemporary African Studies, Vol. 29, Issue 2, 2011.

Michael Mersiades, "Peacekeeping and Legitimacy: Lessons from Cambodia and Somalia," *Research Gate*, Vol. 12, Issue 2, 2005.

Michael W. Doyle, Nicholas Sambanis, *Making War and Building Peace: U-nited Nations Peace Operations* (New Jersey: Princeton University Press, 2006).

Monty G. Marshall, Conflict Trends in Africa, 1946 – 2004: A Macro – Comparative Perspective [report prepared for the Africa Conflict Prevention Pool (ACPP), Government of the United Kingdom, 2006].

Mpho G. Molomo, "Building A Culture of Peace in Africa: Towards A Trajectory of Using Traditional Knowledge Systems," *Journal of Peace – building and Development*, Vol. 4, No. 3, 2009.

Mulugeta Gebrehiwot, Alex de Waal, "The African Union Can and Must Intervene to Prevent Atrocities in South Sudan," *African Arguments*, July 13, 2016.

Sally Healy, "Seeking Peace and Security in the Horn of Africa: The Contribution of the Inter – Governmental Authority on Development," *International Affairs*, Vol. 87, No. 1, 2011.

SB Maphosa, "Partnerships in Peace Operations: Emerging and Promising Future Orientations of Peace Support Operations in Africa," *African Insight*, Vol. 44, No. 3, 2014.

Solomon A. Dersso, "The African Union's Mandating Authority and Processes for Deploying as ASF Mission," *African Security Review*, Vol. 19, No. 1, 2010.

Theo Neethling, "Pursuing an Effective African Peacekeeping Capability: What Could Be Learned from Burundi and Darfur," *Strategic Review for Southern Africa*, Vol. 29, No. 2, 2007.

Tim Murithi, "The African Union's Foray into Peacekeeping: Lessons from the Hybrid Mission in Darfur," *Journal of Peace, Conflict and Development*, Issue 14, July, 2009.

Vassilis Pergantis, Armin Von Bogdandy, "UN – AU Partnership in International Peace and Security and Issues of Responsibility Allocation in Cases of UN

Support to Regional Missions," *International Organizations Law Review*, Vol. 13, No. 1, 2016.

Nike Turse, "The Startling Size of US Military Operations in Africa," *Mother Jones*, September 6, 2013.

Nora Honkaniemi, "Conditionality in World Bank Crisis – Lending to Ghana," *The European Network on Debt and Development*, July, 2010.

NPP Communications Directorate, "Exposed! Information Minister Misinforms over ＄3 billion Chinese Loan," *Modern Ghana*, May 23, 2013.

Olajide Olagunju, "Traditional African Dispute Resolution (TADR) Mechanisms," November 15, 2014.

Oladeji O., Ojo, *Africa and Europe: The Changing Economic Relationship* (London: Zed books, 1996).

Olatunde J. C. B. Ojo, D. K. Orwa, C. M. B. Utete, *African International Relations* (New York: Longman, 1985).

Oliver Hensengerth, Interaction of Chinese Institutions with Host Governments in Dam Construction: The Bui Dam in Ghana (Discussion Paper of German Development Institution, March 2011).

Patrick Chabal, Jean – Pascal Daloz, *Africa Works: Disorder as Political Instrument* (Oxford: Indiana University Press, 1999).

Patrick Ebewo, "Theatre: A Cultural Tool for the Propagation of Peace in Africa," *Journal of Peace – building and Development*, Vol. 4, No. 3, 2009.

Paul D. Williams, "Autocrats United? Electing the African Union's Peace and Security Council," *IPI Global Observatory*, April 5, 2016.

Paul D. Williams, "The Peace and Security Council of the African Union: Evaluating An Embryonic International Instituttion," *The Journal of Modern African Studies*, Vol. 47, No. 4, 2009.

Paul D. Williams, "Keeping the Peace in Africa: Why 'African' Solutions Are Not Enough," *Ethics and International Affairs*, Vol. 22, No. 3, 2008.

Paul D. Williams, "Peace Operations in Africa: Lessons Learned Since 2000," *Africa Security Brief*, No. 25, July, 2013.

Paul F. Diehl, "New Roles for Regional Organizations," in Chester A.

Crocker, Fen Osler Hampson, Pamela R. Aall, eds. , *Leashing the Dogs of War*: *Conflict Management in a Divided World* (California: United States of Peace Press, 2007).

Peter W. Mwikisa, Maude M. Dikobe, "Stories and Literature in Culture as Sources of Indigenous Insights in Peacebuilding and Development," *Journal of Peace – building and Development*, Vol. 4, No. 3, 2009.

Peter Vale, Sipho Maseko, "South Africa and the African Renaissance," *International Affairs*, Vol. 74, No. 2, 1998.

Punam Chuhan – Pole, Manka Angwafo, eds. , *Yes Africa Can*: *Success Stories from a Dynamic Continent* (Washing, D. C. : The World Bank, 2011).

Ralf Roloff, "Interregionalism in Theoretical Perspective," in Heiner Hanggi, Ralf Roloff, Jürgen Rüland, eds. , *International and International Relations* (London: Routledge, 2006).

Raphael Kaplinsky, Dirk Messner, "The Impact of Asian Drivers on the Developing World," *World Development*, Vol. 36, No. 2, 2008.

Rene Dumont, *False Start in Africa* (London: Deutch Ltd. , 1966).

Robert B. Stauffer, "Great – Power Constraints on Political Development," *Studies in Comparative International Development*, Vol. 6, Issue 11, 1970.

Robert D. Putnam, "Diplomacy and Domestic Politics: The Logic of Two – Level Games," *International Organization*, No. 42, Summer, 1988.

Robert C. Johansen, "Review: UN Peacekeeping: How Should We Measure Success?" *Mershon International Studies Review*, Vol. 38, No. 2, 1994.

Robert Pritchard Armstrong, *Ghana Country Assistance Review*: *A Study in Development Effectiveness* (Washington D. C. : World Bank Publications, 1996).

Sally Matthews, "Post – Development Theory and the Question of Alternatives: A View from Africa," *Third World Quarterly*, Vol. 25, No. 2, 2004.

Samia Waheed Altaf, *So Much Aid*, *So Little Development*: *Stories from Pakistan* (Washington D. C. : Woodrow Wilson Center Press, 2011).

Samir Amin, "Underdevelopment and Dependence in Black Africa: Historical Origin," *Journal of Peace Research*, Vol. 9, No. 2, 1972.

Said Adejumobi, Adebayo Olukoshi, eds. , *The African Union and New Strat-*

egies for Development in Africa（New York： Cambria Press, 2008）.

Schrlett Cornelissen, Fantu Cheru, Timothy M. Shaw, *Africa and International Relations in the 21ˢᵗ Century*（New York： Palgrave Macmillan, 2012）.

Sophie Harman, William Brown, "In from the Margins? The Changing Place of Africa in International Relations," *International Affairs*, Vol. 89, No. 1, 2013.

Stefan Andreasson, *Africa's Development Impasse： Rethinking the Political Economy of Transformation*（London： Zed Books, 2010）.

Stephen Browne, *Aid and Influence： Do Donors Help or Hinder?*（London： outledge, 2006）.

Steven R. Ratner, *The New UN Peacekeeping*（New York： Palgrave Macmillan, 1996）.

Schrlett Cornelissen, Fantu Cheru, Timothy M. Shaw, *Africa and International Relations in the 21ˢᵗ Century*（New York： Palgrave Macmillan, 2012）.

Stephen Radelt, *Emerging Africa： How 17 Countries Are Leading the Way*（Washington, D. C. ： Centre for Global Development, 2010）.

Stephen R Hurt, "Understanding EU Development Policy： History, Global Context and Self – Interest?" *Third World Quarterly*, Vol. 31, No. 1, 2010.

Tandeka C. Nkiwane, "Africa and International Relations： Regional Lessons for a Global Discourse," *International Political Studies Review*, Vol. 22, No. 3, 2001.

Terry M. Mays, "African Solutions for African Problems： The Changing Face of African – Mandated Peace Operations," *The Journal of Conflict Studies*, Vol. XXIII, No. 1, Spring , 2003.

Tim Murithi, Hallelujah Lulie, *The African Union Peace and Security Council： A Five – Year Appaisal*, Institute for Security Studies, 2011.

Timothy M. Shaw, Natalie Mychajlyszyn, "Dilemmas of Peacekeeping at the Start of the Twenty – First Century," in Natalie Mychajlyszyn, Timothy M. Shaw, eds. , *Twisting Arms and Flexing Muscles： Humanitarian Intervention and Peacebuilding in Perspective*（Burlington： Ashgate, 2005）.

Ton Dietz, Kjell Havnevik, Mayke Kaag, Terje Oestigaard, *African Engage-*

ments: *Africa Negotiating An Emerging Multipolar World* (Leiden: Koninklijke, 2011).

Ulf Himmerlstrand, Kabiru Kinyanjui, Edward Mburugu, eds. , *African Perspectives on Development* (Kampala: Foundation Publishers, 1994).

United Nations Security Council, *Partnering for Peace: Moving towards Partnership Peacekeeping*, S/2015/229, April 1, 2015.

UNESCO, *Sources and Resources for A Culture of Peace in Africa*, Luanda, Angola, March 26 – 28, 2013.

Victoria K. Holt, Moira K. Shanahan, "African Capacity – Building for Peace Operations: UN Collaboration with the African Union and ECOWAS," the Henry L. Stimson Center, Washington D. C. , February, 2005.

Van Reisen, "The Enlarged European Union and the Developing World: What Future?" in Andrew Mold, ed. , *EU Development Policy in A Changing World: Challenges for the 21st Century* (Amsterdam: Amsterdam University Press, 2007).

Walter Rodney, *How Europe Underdeveloped Africa* (London: Bogle – L' Ouverture Publications, 1973).

William Easterly, *The White Man's Burden: Why the West's Efforts to Aid the Rest Have Done So Much Ill and So Little Good* (New York: Penguin Press, 2006).

William Easterly, How the Millennium Development Goals Are Unfair to Africa (Brookings Global Economy & Development Working Paper, No. 14, November, 2007).

William Wallis, Lionel Barber, "Ghana's Opposition Targets Chinese Loan," *Financial Times*, April 26, 2012.

Western Africa Department of Africa Regional Office, *Ghana 2000 and Beyond: Setting the Stage for Accelerated Growth and Poverty Reduction* (Washington D. C. : the World Bank, February, 1993).

World Bank, *Can Africa Claim the 21st Century?* (Washington D. C. : the World Bank, 2000).

World Bank, *Accelerating Development Outcomes in Africa: Progress and Change in the Africa Action Plan*, DC 2007 – 2008, April 6, 2007.

World Bank, *Africa's Future and the World Bank's Support to It*（Washington D. C.：The World Bank, March, 2011）.

World Bank, *Conditionality in Development Policy Lending*, November 15, 2007.

World Bank, *Review of World Bank Conditionality*, DC 2005 – 0013（Washington D. C.：The World Bank, September 9, 2005）.

World Bank, *International Development Association Program Document for the Economic Governance and Poverty Reduction Credit in the Amount of SDR* 193. 8 *Million*（*US $* 300 *million Equivalent*）*to the Republic of Ghana*, Report No. 47223 – GH, June 15, 2009.

Yasmin Sooka, Arnold Tsunga, David Deng, Betty KaariMurungi, "The Way forward the African Union in South Sudan," *Policy Brief*, January, 2016.

Yvonne M. Tsikata, "Ghana," in S. Devarajan, D. Dollar, and T. Holmgren, eds., *Aid and Reform in Africa*（Washington D. C.：The World Bank, 2001）.

Zenebe Kinfu Tafesse, Kester Kenn Klomegah, "China Offers Ghana Loans to Strengthen Its Economy," *Buziness Africa*, September 28, 2010.

（二）中文文献

〔美〕阿图罗·埃斯科瓦尔：《遭遇发展：第三世界的形成与瓦解》，汪淳玉等译，社会科学文献出版社，2011。

〔尼日利亚〕艾法姆：《中国对非洲的援助：中国对尼日利亚基础设施建设援助案例分析》，吉林大学博士学位论文，2011。

〔美〕黛博拉·布罗蒂加姆：《龙的礼物——中国在非洲的真实故事》，沈晓雷、高明秀译，社会科学文献出版社，2012。

〔赞比亚〕丹比萨·莫约：《援助的死亡》，王涛、杨惠等译，世界知识出版社，2010。

贺文萍：《从"援助有效性"到"发展有效性"：援助理念的演变及中国经验的作用》，《西亚非洲》2011年第9期。

贺文萍：《非洲安全形势特点及中非安全合作新视角》，《亚非纵横》

2015 年第 2 期。

贺文萍：《中国对非政策：驱动力和特点》，《亚非纵横》2007 年第 5 期。

贺文萍：《中国援助非洲：发展特点、作用及面临的挑战》，《西亚非洲》2010 年第 7 期。

胡建梅、黄梅波：《中国对外援助管理体系的现状与改革》，《国际经济合作》2012 年第 10 期。

黄梅波、郎建燕：《中国的对非援助及其面临的挑战》，《国际经济合作》2010 年第 6 期。

黄梅波：《中国对外援助机制：现状和趋势》，《国际经济合作》2007 年第 6 期。

李安山：《非洲民主化与国家民族建构的悖论》，《世界民族》2003 年第 5 期。

李安山：《论中国对非洲政策的调适与转变》，《西亚非洲》2006 年第 8 期。

李安山：《浅析法国对非洲援助的历史与现状——兼谈对中国援助非洲工作的几点思考》，《西亚非洲》2009 年第 11 期。

李安山：《全球化过程中的南南合作：中国对非援助的理念和行动》，中国共产党新闻网，http：//theory. people. com. cn/GB/136457/8326945. html，2008。

李安山：《全球化视野中的非洲：发展、援助与合作——兼谈中非合作中的几个问题》，《西亚非洲》2007 年第 7 期。

李安山：《中国的援非故事：一位美国学者的叙述》，《外交评论》2010 年第 5 期。

李安山：《中国对非援助：国际援助体系中的独特模式》，中国社科在线，http：//www. csstoday. net/guojiguancha/guoji/22580. html。

李小云、唐丽霞、武晋编著《国际发展概论》，社会科学文献出版社，2009。

李小云、武晋：《中国对非援助的实践经验与面临的挑战》，《中国农业大学学报》（社会科学版）2009 年第 4 期。

梁益坚、李兴刚：《非洲国际关系理论研究的困境、渊源与特点》，

《世界经济与政治》2008 年第 7 期。

刘爱兰、黄梅波：《非 DAC 援助国及其对外援助的特点》，《国际经济合作》2011 年第 10 期。

刘鸿武、肖玉华、梁益坚：《一个大陆的觉醒、抗争与自强——20 世纪非洲国际关系理论之研究论纲》，《世界经济与政治》2007 年第 1 期。

罗建波：《理想与现实：非盟与非洲集体安全机制的建构》，《外交评论》2006 年第 4 期。

〔南非〕马丁·戴维斯：《中国对非洲的援助政策及评价》，曹大松译，《世界经济与政治》2008 年第 9 期。

毛小菁：《中国对非援助之路》，《经济》2011 年第 10 期。

〔贝宁〕莫里斯：《中非发展合作：关于非洲新受援单位的思考》，《西亚非洲》2009 年第 5 期。

莫翔：《当代非洲安全机制》，浙江人民出版社，2013。

舒运国：《失败的改革——20 世纪末撒哈拉以南非洲国家结构调整评述》，吉林人民出版社，2004。

舒运国：《中国对非援助：历史、理论和特点》，《上海师范大学学报》（哲学社会科学版）2010 年第 5 期。

王晨燕：《中国对非援助：新形势下的战略选择》，《国际经济合作》2011 年第 10 期。

王学军：《非洲集体安全机制的理论基础与现实困境》，《西亚非洲》2014 年第 4 期。

王玉红：《和合发展：中国对非洲援助研究》，吉林大学博士学位论文，2012。

徐伟忠：《中国参与非洲的安全合作及其发展趋势》，《西亚非洲》2010 年第 11 期。

张春：《伊加特与非洲之角的安全治理》，《西亚非洲》2016 年第 4 期。

张春：《中非关系的国际贡献论初探》，《西亚非洲》2012 年第 3 期。

张春：《中国对非援助不值得吗?》，《社会观察》2012 年第 8 期。

张海冰：《发展引导型援助——中国对非洲援助模式研究》，上海人民出版社，2013。

张海冰：《中国对非洲援助的发展和问题》，载《中国的前沿文化复兴与秩序重构——上海市社会科学界第四届学术年会青年文集》，2006。

张海冰：《中国对非洲援助的"战略平衡"问题》，《西亚非洲》2012年第 3 期。

张宏明：《非洲发展问题的文化反思——兼论文化与发展的关系》，《西亚非洲》2001 年第 5 期。

张宏明：《中国对非援助政策的沿革及其在中非关系中的作用》，《亚非纵横》2006 年第 4 期。

张永宏：《非洲发展视域中的本土知识》，中国社会科学出版社，2010。

张永蓬：《国际发展合作与非洲：中国与西方援助非洲比较研究》，社会科学文献出版社，2012。

郑先武：《国际关系研究新层次：区域间主义理论与实证》，《世界经济与政治》2008 年第 8 期。

郑先武：《政府间发展组织与苏丹和平进程》，《国际观察》2011 年第 4 期。

《中国的对外援助（2014）白皮书》，中华人民共和国国务院新闻办公室，2014 年 7 月。

《中国对非洲政策文件》，2015 年 12 月。

钟伟云：《加纳经济调整与政治改革浅析》，《西亚非洲》1992 年第 5 期。

周弘主编《对外援助与国际关系》，中国社会科学出版社，2002。

周琦、陈楷鑫：《联合国在非洲的维和行动与非盟的伙伴地位浅析》，《当代世界与社会主义》2014 年第 6 期

周琦、成璐：《探析非洲特色的维和机制》，《求索》2012 年第 4 期。

周玉渊：《从被发展到发展：非洲发展理念的变迁》，《世界经济与政治论坛》2013 年第 2 期。

周玉渊：《从东南亚到非洲：日本对外援助的政治经济学》，《当代亚太》2010 年第 3 期。

周玉渊：《地区间主义的两种形式——基于欧盟与中国对非地区间合作经验的分析》，《世界经济与政治》2011 年第 7 期。

后　记

　　不知道是不是一个普遍现象，但我每天似乎都会问自己：我正在做的研究是否有意义？虽然没有去看过心理医生，但我总感觉自己或多或少有点强迫症，我似乎每天都在承受着怀疑人生的煎熬，尤其是在面对标题有意思无法打开并最终被遗忘的网页时，感叹信息大爆炸时代知识生产方式的变革与知识生产周期的缩短，而自己仍像蜗牛一样漫不经心。相比于读书期间做学问的单纯，当今知识生产的方式和结果是决定性的，真相或者问题本身并不见得有多大意义。研究这么多年我似乎终于"后知后觉"：社科研究中的所谓问题在社会人看来似乎滑稽可笑，与此同时，对真相的各种荒谬判断和因此得出的结论其实也无伤大雅。可以没有观点或者提出错误的观点，但不可以不说不写。

　　非洲问题研究加重了我的强迫症。非洲国家众多、国情复杂，任何一个国家、任何一个领域都可以成为一个人一辈子的研究课题。但当用上面的价值论来衡量时，一切又显得毫无意义。因为在中国的期刊中几乎无人发表有关非洲国别和微观研究的文章，即使相关文章在发表后的社会关注度甚至同行关注度也几乎为零。在政策导向、引用率、转载率至上的期刊评价体系中，这类文章绝对是作者与期刊之间的"相互伤害"。于是，非洲问题研究也开始在高大上的路上越走越远。一方面政策导向、课题导向、任务导向塞满了研究议程，另一方面却又无法集中于非洲具体的、深入的、长期的国别和议题研究。这导致的一个后果正是非洲知识储备的空心化。尤其是对我这个转行到非洲圈的"青椒"来说，虽然转到非洲圈也有八年光景，但仍感觉自己是个"门外汉"。虽然我在"非洲圈"的交际面越来越广，但感觉自己离真正的非洲问题研究越来越远。当被他人介绍为非洲专家时，我总有种莫名的羞愧感，为此，不得不经常自我安慰，这

277

是因为我对非洲知识和未知世界的敬畏。

我对非洲进行研究完全是机缘巧合、误打误撞的选择。我博士期间主要做东南亚问题研究，从来没有接受过系统的、专业的非洲学科训练，甚至可以说对非洲一无所知。然而，我在 2009 年博士毕业转行进入非洲问题研究领域之后，为了立足和生活，不得不马上在这一个全新的领域多出成果、快出成果，这不可避免地在某种程度上加重了我的强迫症，其具体表现为怀疑、彷徨、迷茫和投机。与此同时，中国的快速发展迅速造就了物欲横流、"资本称王"、"有房便是爷"的大时代，曾经的"板凳要坐十年冷""两耳不闻窗外事""躲进小楼成一统"的师训，在当今似乎已不再是著书立说之坚守原则，更像是对社会快速发展的逃避借口。我也在唏嘘蹉跎中逐渐步入中年，然而壮志未酬，心有不甘。

但庆幸的是，我终究没有在这繁华而浮躁的时代迷失。这必须感谢我的强迫症，它让我一直在坚持，一直在不停地追问，一直在推敲自己所写的每句话。虽然相比于各路"牛人"，我的研究进度很慢，但我总归也能做到问心无愧，偶尔也能"孤芳自赏"。本书就是一个最好的例子。它缘于 2013 年我从北京大学国际关系学院博士后出站时的报告，当时只有 8 万字，而且从严格意义上说逻辑结构也存在缺陷。当时我一方面向评委老师坦承这一研究只开了头，另一方面又诚恳地表示将继续就这一问题研究下去。由于态度谦虚诚恳，我最终得以顺利出站。然而，后来由于家庭原因，我从浙江师范大学非洲研究院辞职，进入了上海国际问题研究院。中间的折腾以及对大城市和新环境的适应使我在很长时间后才缓过神来，在彷徨了一段时间后，我最终下定决心完成这一研究。这一过程虽然使我孤独而艰难，但是成为治愈我的强迫症的良药。在这里，要感谢北京大学国际关系学院我的博士后导师王逸舟教授对我的悉心指导和为我提供的充分自由的研究环境，感谢李安山、刘海方、宋伟、贺文萍等老师提出的批评和建议。当时的承诺是我能够完成这一研究的重要动力。

上海国际问题研究院是一个综合性的国际问题研究机构和国际知名智库，虽然就战略重要性和议题热度而言，非洲问题研究并不是其一个核心领域。然而，由于院领导的高瞻远瞩、同事张春教授等的开拓之功和坚守之责，上海国际问题研究院有关非洲问题的研究也生机勃勃，独居一方。尽管我进入上海国际问题研究院后各种压力倍增，但这一高密度、高强度、严纪律的工作环境也极大地改变了我散漫、拖拉、不规律的生活和研究习惯。更重要的是，各种接待、出访、宣讲以及筹办会议对我的综合能力的提升也有极大帮助。由于充实感强了，我对时间的尊重使工作效率也随之提升。

完成书稿的过程恰逢我的第二个孩子出生，又赶上今年筹办会议、进行非洲调研、做课题研究等，我时常感叹分身乏术，所以不得不经常在陪老大参加各种培训班的间歇"码字"，也尝试在哄老二的过程中理清头绪。书写过程中的一些灵感和书中很多文字正是来自"亲子"过程，因此，必须向他们表示感谢。虽然我的妻子经常将"谁谁谁的老公""别人家的孩子"挂在嘴边，这确实使我非常苦恼，但她在照顾家庭以及对孩子的教育上也尽心尽力，这也时刻提醒着我积极履行家庭责任。这里最要感谢我的母亲，她任劳任怨，拖着年迈的身体依然在为我分忧解难。

社会科学文献出版社的专业精神和负责态度堪称业界良心。编辑老师们的"火眼金睛"和"掘地三尺"的"任性"让我怀疑我的语文真的是体育老师教的。他们对文字的推敲、文献和标点的排查以及数据的精确计算真的到了精益求精的地步，最大限度地减少了本书的错讹纰漏之处。这对我来说也绝对是一个再学习、再提高的过程。

这一研究得到了中国博士后科学基金特别资助（2013T60008）、教育部人文社科青年项目（12YJCGJW018）的支持，特表示感谢。

2017 年 9 月 11 日于上海

图书在版编目（CIP）数据

非洲世纪的到来？：非洲自主权与中非合作研究／
周玉渊著. -- 北京：社会科学文献出版社，2017.10
（非洲研究丛书）
ISBN 978 - 7 - 5201 - 1475 - 2

Ⅰ.①非… Ⅱ.①周… Ⅲ.①政策 - 研究 - 非洲 ②国
际合作 - 研究 - 中国、非洲 Ⅳ.①D740.22 ②D822.34

中国版本图书馆 CIP 数据核字（2017）第 240138 号

·非洲研究丛书·
非洲世纪的到来？
——非洲自主权与中非合作研究

著　　者／周玉渊

出 版 人／谢寿光
项目统筹／高明秀
责任编辑／王小艳　王春梅

出　　版／社会科学文献出版社·当代世界出版分社（010）59367004
　　　　　地址：北京市北三环中路甲 29 号院华龙大厦　邮编：100029
　　　　　网址：www.ssap.com.cn
发　　行／市场营销中心（010）59367081　59367018
印　　装／三河市尚艺印装有限公司

规　　格／开　本：787mm × 1092mm　1/16
　　　　　印　张：18.25　字　数：296 千字
版　　次／2017 年 10 月第 1 版　2017 年 10 月第 1 次印刷
书　　号／ISBN 978 - 7 - 5201 - 1475 - 2
定　　价／89.00 元

本书如有印装质量问题，请与读者服务中心（010 - 59367028）联系